Serie de Teoría Jurídica y Filosofía del Derecho n.º 65

La constitución de la democracia

Colón-Ríos, Joel I.

La constitución de la democracia / Joel I. Colón-Ríos ; traductora Graciela Rivera Muñoz. -- Bogotá : Universidad Externado de Colombia, 2013.
404 p. ; 16,5 cm. -- (Teoría Jurídica y Filosofía del Derecho ; 65)

ISBN: 9789587720532

1. Derecho constitucional 2. Reformas constitucionales 3. Garantías constitucionales -- Colombia 4. Garantías constitucionales -- Venezuela 5. Democracia 6. Derechos políticos 6. Derechos adquiridos I Rivera Muñoz, Graciela, traductor II Universidad Externado de Colombia III Título IV Serie

342 SCDD 15

Catalogación en la fuente -- Universidad Externado de Colombia. Biblioteca

Septiembre de 2013

Joel I. Colón-Ríos

La constitución de la democracia

Graciela Rivera Muñoz
Traductora

Universidad Externado de Colombia

Serie orientada por Carlos Bernal Pulido

ISBN 978-958-772-053-2

Calle 12 n.º 1-17 este, Bogotá
Tel. (57-1) 342 0288
publicaciones@uexternado.edu.co
www.uexternado.edu.co

Primera edición: octubre de 2013

Imagen de cubierta: *Marcha por la paz*, foto de Javier Casella
Diseño de cubierta: Departamento de Publicaciones
Composición: Marco Robayo
Impresión y encuadernación: Xpress Estudio Gráfico y Digital S.A.
Tiraje de 1 a 1.000 ejemplares

Impreso en Colombia
Printed in Colombia

CONTENIDO

Presentación

El conjunto de ensayos que el lector tiene entre sus manos expresa un cuerpo sistemático de ideas provocadoras sobre la tensión entre el constitucionalismo y la democracia. Su autor, el profesor Joel Colón-Ríos, boricua, formado en las dos facultades de derecho canadienses de mayor renombre, e investigador de una de las mejores universidades de Oceanía, las ha fraguado a lo largo de más de un lustro y debatido con gran éxito ante la elite intelectual de Norteamérica.

La propuesta central del libro es una original reivindicación de la democracia frente al constitucionalismo. Su institucionalización consiste en un constitucionalismo débil. La piedra angular de este modelo es una constitución inacabada, permanentemente abierta al cambio, que permite y promueve la participación y la deliberación popular continua, en particular, mediante el potencial ejercicio del poder constituyente en cualquier momento. De esta manera, el pueblo tiene la posibilidad de hablar por sí mismo cuando lo juzgue pertinente. Puede cuestionar y reformular los principios básicos de la organización social. No está supeditado a las decisiones adoptadas por los ancestros que expidieron la Constitución, ni por sus representantes que, en el Congreso, ostentan el poder de reformarla.

En este modelo, la legitimidad del ordenamiento no descansa en la prosapia democrática de la Constitución vigente, sino en la posibilidad de que la Constitución pueda ser reformada en todo tiempo mediante un ejercicio democrático del poder constituyente. En este sentido, una Constitución es legítima si y solo si incluye "algún mecanismo institucional designado para permitir a los ciudadanos iniciar, deliberar y decidir sobre cambios constitucionales fundamentales". La previsión de este mecanismo implica aceptar la pervivencia latente del poder constituyente tras la expedición de la Constitución y auspiciar su ejercicio democrático, aun a riesgo de que un nuevo ejercicio de este poder destruya la institucionalidad democrática existente. En ese sentido, contra RAWLS, COLÓN-RÍOS deplora la imposición de límites al poder constituyente. Sin embargo, a diferencia de SCHMITT, aduce que el "ejercicio del poder constituyente debe ser entendido a la luz de sus conexiones con el ideal democrático".

De forma consecuente, COLÓN-RÍOS aboga por la institucionalización de procedimientos de reforma constitucional altamente participativos, sobre todo cuando se trata de "transformaciones constitucionales fundamentales". Como paradigma de estos procedimientos sugiere la Asamblea Constituyente, convocada por el legislador o por los ciudadanos. Junto a ella aboga por permitir la introducción de reformas no fundamentales a la Constitución por la vía de procedimientos de iniciativa popular. Asimismo, desacredita la institución del referendo por carecer de apertura deliberativa.

Tras un análisis de derecho constitucional comparado acerca de la posibilidad de reformas constitucionales inconstitucionales en la doctrina de los Estados Unidos, la jurisprudencia de Alemania (país cuya Ley Fundamental prevé cláusulas de intangibilidad), de la India (cuya Constitución no incluye cláusulas de tal naturaleza), y de Puerto Rico, Venezuela y Colombia, Colón-Ríos enfatiza el talante antidemocrático de dicha posibilidad. De forma análoga sostiene que, en todo caso, por razones que atañen al concepto de poder constituyente, dicha posibilidad de ningún modo podría predicarse de la obra de una Asamblea Nacional Constituyente democrática. Una asamblea semejante sería, por definición, omnímoda. En este sentido, mantiene que la doctrina del poder constituyente resulta idónea para lograr un equilibrio entre constitucionalismo y democracia. La teoría del poder constituyente restablece el estatus prioritario de la democracia al posibilitar el ejercicio del derecho de los ciudadanos a re-crear la Constitución, mediante un proceso deliberativo en el que el pueblo participe activamente.

El libro culmina con una denodada insinuación: democratizar los procedimientos de reforma constitucional provee una solución plausible para el problema de la legitimidad democrática del control de constitucionalidad. Si los ciudadanos pueden reformar la Constitución por medio de "cuerpos extraordinarios, activados mediante referendo y atribuidos con el mandato específico de deliberar acerca de [una] decisión judicial" que suscite controversia, este tipo de control no seguiría estando sujeto a la, así llamada, dificultad contra-mayoritaria. De este modo, si el pueblo (no el legislador) está en desacuerdo con una sentencia de constitucionalidad, puede hacer que pierda sus efectos mediante una reforma a la Constitución. Esto implica la posibilidad de involucrar al pueblo en el control de constitucionalidad. De acuerdo con COLÓN-RÍOS, la forma más apropiada de llevar a cabo esta propuesta es la convocatoria de una asamblea no-constituyente. Esta asamblea es un cuerpo integrado por ciudadanos que está llamado a deliberar sobre decisiones judiciales recientes. Solo tendría competencia para dejar sin efectos una sentencia de constitucionalidad por la vía de una reforma constitucional puntual o de la imposición de una interpretación de la Constitución contraria a la sentencia *sub examine*.

No es este el lugar pertinente para ofrecer un comentario crítico a las bien fundadas elaboraciones analíticas y normativas que este libro expone. Con todo, no me resisto a hacer ciertas sugerencias que, en medio de la fruición que esta obra produce, el lector crítico podría considerar. Es posible desafiar al constitucionalismo débil, primero, por idealizar lo que podemos esperar de la democracia participativa en sociedades dominadas por los medios de comunicación de masas, y cautivas por quienes ostentan los recursos financieros para dirigir la deliberación popular, y segundo, por soslayar los costos de transacción y la inestabilidad aneja al ejercicio continuo del poder constituyente. A pesar de sus desventajas, la rigidez constitucional aminora la complejidad de los sistemas político, jurídico y económico. A ello se aúna la proclividad de este tipo de constitucionalismo a eliminar barreras a los abusos de los derechos fundamentales, del Estado de Derecho y de la propia democracia por la vía de la manipulación de la reforma constitucional. Por lo menos en América Latina, la historia reciente de reformas constitucionales promovidas con éxito desde los palacios presidenciales para obtener la perpetuación en el Ejecutivo de los gobiernos de turno, aconsejaría el mantenimiento de dichas barreras y de la fortaleza del constitucionalismo. En circunstancias políticas, sociales, económicas y culturales alejadas de los presupuestos de la democracia deliberativa, el constitucionalismo débil parece implicar necesariamente el debilitamiento de la propia democracia participativa que se pretende fortalecer.

No puedo terminar sin resaltar que la publicación de este libro en esta Serie de Teoría del Derecho es de gran importancia para el derecho latinoamericano actual, precisamente, por la profusión de reformas constitucionales acaecidas durante la última década y por la paradójica falta de reflexión sobre ellas. En mi calidad de coordinador de la serie, agradezco al profesor Joel Colón-Ríos por el entusiasmo y el apoyo a esta publicación, y al Departamento de Publicaciones de la Universidad Externado de Colombia, en especial, a su director, Jorge Sánchez, por el pulcro trabajo editorial que hay detrás de estas páginas.

Finalmente, quisiera extender mi agradecimiento al Rector de la Universidad Externado de Colombia, JUAN CARLOS HENAO, por su apoyo decidido e inquebrantable a la difusión del conocimiento en el área de la teoría del derecho.

CARLOS BERNAL PULIDO

CAPÍTULO 1

INTRODUCCIÓN PARA EL LECTOR LATINOAMERICANO

Este es un libro acerca de la relación entre el constitucionalismo y la democracia. Dicha relación siempre ha sido difícil, pues, a pesar de sus muchos puntos de encuentro, estos ideales apuntan hacia extremos distintos: el primero busca limitar el poder político, la segunda proveer una puerta de escape al poder ilimitado del pueblo. El examen de esta tensión ha dominado a una parte importante de la teoría constitucional anglo-americana, la cual se ha enfocado en la pregunta acerca del tipo de ordenamiento jurídico que establece el mejor balance entre la supremacía constitucional y la soberanía popular. Dicha literatura hace especial énfasis en la relación entre las cortes y las legislaturas. Es decir, la mayor parte de los teóricos constitucionales que abordan este tema, están interesados en justificar una de las estrategias institucionales típicas del constitucionalismo: proveer a los jueces el poder de declarar inválidas aquellas leyes inconsistentes con la constitución.

Para algunos demócratas la revisión judicial es problemática, pues supone otorgar prioridad a las interpretaciones constitucionales de una entidad no electa (la Corte), sobre la voluntad de los representantes del pueblo (que idealmente sería una voluntad razonada, producto de un examen acerca de la constitucionalidad de las leyes que se están aprobando). A pesar de que el libro, especialmente en el capítulo 7, aborda el tema de la legitimidad democrática de la revisión judicial de la legislación, el mismo examina la relación entre el constitucionalismo y la democracia en un contexto distinto. Es decir, el libro es un intento de ir más allá del debate acerca de la legitimidad de la institución de la revisión judicial y mover la discusión hacia el terreno de la reforma constitucional.

Por supuesto, este no es un enfoque nuevo: las primeras discusiones sobre la relación entre el constitucionalismo y la democracia ocurrieron precisamente en este contexto. El mejor ejemplo es el conocido debate entre JAMES MADISON y THOMAS JEFFERSON.

JEFFERSON se refería con desprecio a lo que él llamaba 'constituciones perpetuas'. Se quejaba de que "algunos hombres ven las constituciones con sagrada reverencia y las consideran la clave de un pacto, demasiado sacras como para ser tocadas. Le atribuyen a los hombres de generaciones anteriores una sabiduría sobrehumana, y piensan que lo que ellos hicieron no debe ser enmendado"[1].

Para JEFFERSON, no solo las constituciones deberían cambiar como resultado del "progreso de la mente

---

1 THOMAS JEFFERSON, "Letter to Samuel Kercheval, July 12, 1816" en *The Portable Thomas Jefferson* (Penguin, 1975), p. 558-559.

humana"[2], sino que aquellos que nacieron bajo una constitución adoptada por generaciones anteriores deberían tener el derecho de corregir los errores contenidos en ella. JEFFERSON llegó incluso a sugerir que, en determinados momentos (luego del advenimiento a la adultez de una nueva generación, lo que ocurría cada 19 años de acuerdo con su interpretación de las estadísticas de mortalidad en Europa), el orden constitucional debería caducar y una nueva Asamblea Constituyente (o, en la terminología Norteamericana de la época, una Convención Constitucional) ser automáticamente convocada[3]. Ese mecanismo permitiría a las generaciones actuales escoger "la forma de gobierno que entiendan consistente con su propia felicidad"[4]. Tal y como años antes le escribiera desde París a su amigo JAMES MADISON, JEFFERSON insistía en que "la tierra pertenece a los vivos"[5].

---

2 *Ibíd.*, p. 559.

3 La idea de asambleas constituyentes periódicas ya estaba presente en ROUSSEAU. Ver, JEAN-JACQUES ROUSSEAU, *The Social Contract and the Discourses* (London, Campbell Publishers, 1993), p. 259, 269. Además, durante la Revolución Francesa la idea fue defendida por CONDORCET y también sugerida por SIEYÈS. Ver, LUCIEN JAUME, "Constituent Power in France: The Revolution and its Consequences", in *The Paradox of Constitutionalism: Constituent Power and Constitutional Form* (Martin Loughlin & Neil Walker eds.) (Oxford: Oxford University Press, 2007), p. 72.

4 JEFFERSON, *supra* nota 1, "Letter to Samuel Kercheval", p. 560.

5 *Ibíd.*, "Letter to James Madison", p. 445.

Desde esa perspectiva, las constituciones perpetuas, aquellas que se asumen válidas con el paso del tiempo y que no pueden ser enmendadas con facilidad, niegan la soberanía de los vivos o, dicho de otra manera, el poder constituyente del pueblo. MADISON se opuso vehementemente a la mayoría de estos planteamientos. Pensaba que las propuestas de JEFFERSON venían acompañadas del "peligro de alterar la tranquilidad pública apelando demasiado a las pasiones del pueblo"[6].

No es que MADISON defendiera la idea de que las constituciones nunca deben enmendarse[7]. Sin embargo, estaba convencido de que, de ponerse en práctica la teoría jeffersoniana, se crearía en el pueblo la idea de que el orden constitucional vigente era defectuoso y necesitaba ser corregido, privándolo así de esa "veneración que el pasar del tiempo le imprime a todo, y sin la cual quizás los más sabios y libres gobiernos no poseerían la estabilidad necesaria"[8]. Así, en vez de Asambleas Constituyentes periódicas que ponían la constitución a merced de las "decisiones de la sociedad

---

6 *The Federalist Papers* no. 49 (Clinton Rossiter ed.) (New York: New American Library, 1961).

7 De hecho, MADISON al menos favoreció un cambio constitucional importante. En una carta dirigida a GEORGE HAY (23 de agosto de 1823), se expresó a favor de un cambio en las reglas para la elección del Presidente. Ver, SANFORD LEVINSON, *Our Undemocratic Constitution: Where the Constitution Goes Wrong (And How the People can Correct It* (New York: Oxford University Press, 2006), p. 95.

8 *The Federalist*, *supra* nota 6

completa"[9], MADISON favoreció un procedimiento de enmienda complicado, que requiriera el consentimiento de mayorías cualificadas a nivel federal y estatal. En otras palabras, un proceso de enmienda que hiciera a la reforma constitucional difícil e improbable, y cuyos protagonistas no fueran los ciudadanos ordinarios (pues esto sería demasiado riesgoso), sino los legisladores federales y estatales. Como sabemos, la posición de MADISON resultó triunfadora y quedó reflejada en el artículo V de la Constitución de los Estados Unidos de América[10].

Pero no es una exageración decir que esta posición no solo prevaleció en Estados Unidos, sino que, de

---

9 *Ibíd.*

10 El artículo V sin duda ha logrado su objetivo. Desde su adopción en 1787, la Constitución de Estados Unidos ha sido solamente enmendada en 27 ocasiones (las primeras diez enmiendas constituyen la Carta de Derechos, y fueron adoptadas en conjunto en 1789). La enmienda número 27 tomó más de 200 años en ser ratificada: la misma fue propuesta por el propio MADISON en 1789 pero no fue ratificada hasta el año 1992. En su parte relevante, el artículo V dispone: "Siempre que las dos terceras partes de ambas Cámaras lo juzguen necesario, el Congreso propondrá enmiendas a esta Constitución, o bien, a solicitud de las legislaturas de los dos tercios de los distintos Estados, convocará una convención con el objeto de que proponga enmiendas, las cuales, en uno y otro caso, poseerán la misma validez que si fueran parte de esta Constitución, desde todos los puntos de vista y para cualesquiera fines, una vez que hayan sido ratificadas por las legislaturas de las tres cuartas partes de los Estados separadamente o por medio de convenciones reunidas en tres cuartos de los mismos, según que el Congreso haya propuesto uno u otro modo de hacer la ratificación...".

una manera u otra, ha quedado reflejada en la mayoría de las constituciones modernas (incluyendo a las constituciones latinoamericanas de los siglos XIX y XX, a pesar de que, a nivel de la práctica constitucional, la idea de una constitución perpetua no haya sido exitosa en la región).

Como ha señalado VÍCTOR MUÑIZ FRATICELLI, casi todas las constituciones vigentes aspiran a ser constituciones perpetuas[11]. Es decir, son constituciones que intentan establecer, de una vez por todas y por un tiempo indefinido, las estructuras políticas de un país y el reconocimiento de ciertos derechos. Además, son constituciones que rara vez harán explícita la posibilidad de su propia destrucción y la potencial adopción de una constitución nueva. Algunas constituciones de este tipo incluso colocan algunas disposiciones o principios fuera del alcance del poder reformador por medio de cláusulas pétreas. Aunque normalmente establecen un proceso formal de enmienda que puede utilizarse para llevar a cabo diversas transformaciones constitucionales, el mismo estará diseñado para dificultar cualquier cambio en el texto constitucional vigente.

El antes mencionado artículo V (al cual me referiré en varias ocasiones a lo largo de los próximos capítulos), ejemplifica esta noción, la cual a su vez refleja

---

11 VÍCTOR MUÑIZ FRATICELLI, "The Problem of a Perpetual Constitution" en *Intergenerational Justice* (AXEL GOSSERIES & LUCAS MEYER eds.) (Oxford University Press, 2009), p. 379-380.

la visión del constitucionalismo que ha dominado la teoría constitucional moderna y contemporánea. Conforme a esa visión dominante, la mejor forma de garantizar la realización, tanto del constitucionalismo como de la democracia, es por medio de una constitución difícil de modificar, y cuyos procesos de cambio no ofrezcan oportunidades importantes para la participación popular. Una vez se acepta que esa es la teoría que debe prevalecer, las fronteras del debate se disminuyen exponencialmente. Es decir, ya no se trata (como en el debate entre JEFFERSON y MADISON) de si los ciudadanos ordinarios deben tener el poder de modificar su constitución cuando les plazca y cuando lo entiendan necesario, sino que las preguntas serán mucho más modestas: ¿Deben tener los jueces la facultad de invalidar las leyes ordinarias? ¿Es el presidencialismo superior al parlamentarismo? ¿Qué sistema electoral tiende a expresar mejor la voluntad de distintos sectores de la sociedad?

No es que esas preguntas no sean importantes (pues obviamente lo son), sino que tienen lugar en un espacio muy limitado, en donde asuntos fundamentales acerca de la relación entre la democracia y el constitucionalismo ya han sido resueltos a favor de este último. El libro tiene el propósito de llevar el debate a un terreno menos seguro y más democrático, en donde las preguntas básicas acerca del poder constituyente del pueblo, de la participación popular en la reforma constitucional, y de las maneras en que una constitución puede frustrar el autogobierno democrático, asumen un papel central.

Así, se propone un constitucionalismo democrático, un constitucionalismo *débil*, que se caracterice por promover la participación y la deliberación popular en el contexto de la reforma constitucional. Dicho de otra manera, un constitucionalismo que requiere una constitución permanentemente abierta al cambio y que provea mecanismos para que el poder constituyente se manifieste de tiempo en tiempo.

Los capítulos que prosiguen han sido publicados en el idioma inglés (con excepción del capítulo 5, originalmente publicado en castellano) como artículos separados. No obstante, los mismos han sido modificados para propósitos de presentar al lector un argumento coherente y evitar repeticiones innecesarias, así como para reflejar desarrollos jurisprudenciales nuevos. El capítulo 2, originalmente titulado "The End of the Constitutionalism-Democracy Debate", fue publicado en el 2010 por el *Windsor Review of Legal and Social Issues*. El capítulo 3 y el capítulo 4 están basados en un artículo titulado "The Legitimacy of the Juridical: Democracy, Constituent Power and the Limits of Constitutional Reform", publicado en el 2010 por el *Osgoode Hall Law Journal*. El capítulo 5, "¿Puede Haber Enmiendas Constitucionales Inconstitucionales?: Una Mirada al Derecho Comparado", fue publicado en el 2008 por la *Revista Jurídica de la Universidad Interamericana de Puerto Rico*. El capítulo 6, originalmente titulado "Carl Schmitt and Constituent Power in Latin American Constitutions: The Cases of Venezuela and Colombia", fue publicado en el 2011 por *Constellations: An International Journal of Critical and Democratic Theory*. El capítulo 7, originalmente titulado "The Counter-Majoritarian Difficulty and the Road not Taken: Democratizing Amendment Rules" fue publicado en el 2012 por el *Canadian Journal of Law and Jurisprudence*.

Estos capítulos intentan desarrollar un concepto democrático del constitucionalismo, mediante una mirada crítica a su relación con la democracia, de un análisis de los criterios que debe satisfacer un orden constitucional para gozar de legitimidad democrática, de un re-examen de la teoría del poder constituyente (así como de los mecanismos para ejercerlo y de su relación con los límites a la reforma constitucional), y del desarrollo de una noción de la democracia conforme a la cual un orden constitucional debe aspirar a satisfacer los principios de la participación popular y de la apertura democrática. A pesar de presentar un análisis teórico-constitucional, el libro intenta combinar la teoría y la práctica mediante una mirada a las maneras en que distintos ordenamientos constitucionales, principalmente en América Latina, pero también en países como Canadá, Estados Unidos, y el Reino Unido, intentan balancear el constitucionalismo y la democracia y proveer (o negar) una apertura para el ejercicio del poder constituyente. En este sentido, y a pesar de tener como punto de partida a la teoría constitucional anglo-americana, el libro busca presentar un argumento de aplicación general, una teoría constitucional democrática que aspira tener algo que decir en cuanto a los órdenes constitucionales vigentes en diversos países.

CAPÍTULO 2

EL FIN DEL DEBATE EN TORNO AL CONSTITUCIONALISMO Y LA DEMOCRACIA*

Hay algo extraño en la literatura producida por teóricos constitucionales norteamericanos a finales del siglo XX acerca de la relación entre el constitucionalismo y la democracia. El problema siempre tuvo dos raíces: un énfasis excesivo en la aparente ilegitimidad de la revisión judicial[1] y una insistencia en defender la legitimidad del orden constitucional vigente. Por una parte, el énfasis en la revisión judicial usualmente tendía a obscurecer lo que siempre debió haber sido el punto central del debate –la pregunta acerca de si los ciudadanos[2] ordinarios deben o no tener la facultad de re-constituir

---

* Originalmente titulado "The End of the Constitutionalism-Democracy Debate", fue publicado en el 2010 por el *Windsor Review of Legal and Social Issues*.

1 En el libro utilizaré la frase revisión judicial (*judicial review*) para referirme al poder ostentado por algunas instituciones (ya sean foros de jurisdicción general o cortes constitucionales) de invalidar aquellas normas que estimen inconsistentes con el texto constitucional.

2 El término 'ciudadano' será utilizado en este capítulo (así como a lo largo de todo el libro) de la forma más general posible, es

el ordenamiento jurídico en el cual viven, mediante procedimientos democráticos. Por otra parte, estos teóricos raramente proponían cambios institucionales importantes en las constituciones de sus países (con la excepción de proponer ocasionalmente la abolición de la revisión judicial). Dicho de otra manera, el debate se caracterizaba por tener finales felices, en los cuales el constitucionalismo y la democracia eran siempre presentados como dos lados de la misma moneda. Esto siempre fue particularmente sorprendente, pues es difícil pensar que no existen maneras de alterar el 'balance' entre el constitucionalismo y la democracia a favor de esta última.

De hecho, sería asombroso que tradiciones constitucionales originadas en intentos de proteger determinadas instituciones de las pasiones de multitudes desorganizadas no dejaran nada que desear desde el punto de vista de la democracia. Con fines tan poco ambiciosos, no debe sorprender a nadie que este debate parezca haberse estancado. Podría ser tentador decir que detrás del no reconocimiento de un conflicto real entre estos dos ideales y de la ausencia de propuestas dirigidas a proveer mayores oportunidades para la participación popular en la producción de las leyes fundamentales, se esconde un profundo temor a lo que podría resultar del envolvimiento de la ciudadanía en el cambio constitucional. Así, esas teorías estarían

---

decir, para referirme a todos aquellos que viven bajo un orden constitucional.

en el fondo caracterizadas por una desconfianza en la habilidad de los ciudadanos ordinarios de tomar parte en discusiones sobre principios; no serían otra cosa que ideas presentadas por juristas insuperablemente apegados a la 'belleza' de la interpretación judicial, académicos que por alguna razón asumieron la responsabilidad de encontrar argumentos que apoyaran la permanencia de la constitución vigente.

Pero esto no sería justo: los teóricos constitucionales activos en este debate (incluidos aquellos cuyos trabajos consideraré en este capítulo) indudablemente estaban comprometidos con alguna versión del ideal democrático. Quizás los propios contornos del debate evitaron que asumieran posiciones más fuertemente democráticas, aunque en algunos casos esta actitud fuese el resultado de un compromiso político con el liberalismo constitucional puro y fuerte; su esplendor anti-populista en su máxima expresión. Ahora bien, este capítulo no tiene el objetivo de descubrir las verdaderas causas detrás de este aparente déficit de entusiasmo democrático. Nuestro propósito es explorar las principales tendencias del debate, identificar sus limitaciones, y comenzar a construir los pilares básicos de una teoría constitucional decidida y firmemente democrática. Una teoría constitucional conforme a la cual los ciudadanos son atribuidos con la posibilidad real de convertirse en protagonistas de transformaciones constitucionales importantes. De este modo, el capítulo presenta una aproximación a la relación entre el constitucionalismo y la democracia que hace énfasis en la participación popular y que aspira a la realización de la democracia en los sistemas constitucionales contemporáneos.

Con estos fines, el capítulo comienza con una breve introducción al referido debate y con un examen de la obra de RONALD DWORKIN, JEREMY WALDRON, y BRUCE ACKERMAN[3]. El pensamiento de estos tres autores sobre el mayoritarismo, la revisión judicial, y la reforma constitucional, ejemplifica las tres tendencias principales en la literatura sobre el constitucionalismo y la democracia[4]. En el trabajo de estos tres auto-

3 En América Latina, una obra que se ubica al centro de este debate, es la de ROBERTO GARGARELLA, *La Justicia Frente al Gobierno: Sobre el Carácter Contra-Mayoritario del Poder Judicial* (Quito: Corte Constitucional de Ecuador, 2011). Ver además el importante libro de CARLOS NINO, *La Constitución de la Democracia Deliberativa* (Barcelona: Gedisa, 1997).

4 Al discutir las obras de estos tres autores, mi objetivo es presentar ejemplos de tres tendencias en la teoría constitucional contemporánea. La primera de estas tendencias, ejemplificada por DWORKIN y su identificación del constitucionalismo con la democracia, también está expresada en la obra de STEPHEN HOLMES y su defensa del pre-compromiso constitucional. Ver, STEPHEN HOLMES, *Passions and Constraints: On the Theory of Liberal Democracy* (Chicago: The University of Chicago Press, 1995). La segunda tendencia, que ejemplifico mediante el trabajo de WALDRON y que se centra en el carácter contra-mayoritario de la revisión judicial, también está presente en los enfoques de JOHN HART ELY, MARK TUSHNET Y RICHARD PARKER. Ver, JOHN HART ELY, *Democracy and Distrust: A Theory of Judicial Review* (Massachusetts: Harvard University Press, 1980); MARK TUSHNET, *Taking the Constitution Away from the Courts* (New Jersey: Princeton University Press, 1999); RICHARD D. PARKER, *Here the People Rule: A Constitutional Populist Manifesto* (Massachusetts: Harvard University Press, 1994). En Canadá,

res podemos identificar las limitaciones del debate (pero, como veremos, sus ideas también nos permiten descubrir maneras de llevar al debate a un terreno plenamente democrático). Las implicaciones de la teoría constitucional de DWORKIN, por ejemplo, pueden ser mortales para cualquier proyecto democrático: la potencial petrificación de un régimen constitucional que se reputa consistente con una serie de principios

---

la obra de MICHAEL MANDEL es un ejemplo de esta perspectiva. Ver, MICHAEL MANDEL, *The Charter of Rights and the Legalization of Politics in Canada* (Toronto: Thompson Educational Publishing, Inc., 1994). Por otra parte, aquellos que proponen la teoría del diálogo, como PETER HOGG y KENT ROACH, se encuentran entre las dos posturas previas por cuanto procuran evitar un rechazo total de la supremacía parlamentaria y, al mismo tiempo, defienden la institución de la revisión judicial. PETER HOGG & ALLISON A. BUSHELL, "The *Charter* Dialogue Between Courts and Legislatures: (Or Perhaps The *Charter of Rights* Isn't Such A Bad Thing After All)" 35 *Osgoode Hall LJ* 75 (1997); KENT ROACH.: *The Supreme Court on Trial: Judicial Activism or Democratic Dialogue* (Toronto: Irwin Law Inc., 2001). Finalmente, la tercera tendencia, representada aquí por ACKERMAN y su defensa de la distinción entre el Pueblo y la legislatura, se encuentra presente –en diferentes medidas– en las obras de autores como AKHIL REED AMAR y SANFORD LEVINSON. Ver, AKHIL REED AMAR, "The Consent of the Governed: Constitutional Amendment Outside Article V", 94 *Colum. L. Rev.* 457 (1994); SANFORD LEVINSON, *Our Undemocratic Constitution: Where the Constitution Goes Wrong (And How We the People can Correct It)* (New York: Oxford University Press, 2006). En Canadá, PETER RUSSELL ha adoptado -de manera implícita- el enfoque de ACKERMAN en su análisis de la historia constitucional de ese país. Ver, PETER H. RUSSELL, *Constitutional Odyssey: Can Canadians Become a Sovereign People?* (Toronto: University of Toronto Press, 1992).

abstractos. El enfoque de WALDRON, a pesar de que le atribuye al 'pueblo' el derecho de adoptar una constitución con cualquier contenido, termina por tratar a la ciudadanía como equivalente al poder legislativo, y deja a un lado cualquier discusión a favor de la participación popular en los procesos de reforma constitucional (más allá de la elección de los miembros de una legislatura ordinaria).

Por su parte, la política constitucional de ACKERMAN insiste en mirar a la ciudadanía y a la legislatura como dos entidades distintas, pero al precio de sustituir a los seres humanos de carne y hueso que viven bajo un orden constitucional, por un 'Pueblo' mitológico (siempre con la 'P' mayúscula) cuyos actos solo pueden ser identificados de forma ex post facto. En contraste con estas teorías, este capítulo propone una noción del constitucionalismo según la cual la constitución debe permanecer siempre abierta a transformaciones democráticas. Bajo este constitucionalismo 'débil', contrario a lo que el análisis de DWORKIN implica, no hay tal cosa como una constitución 'terminada' (es decir, una constitución que pueda evolucionar por medio de la interpretación judicial, pero cuyo texto permanecería idealmente intacto a lo largo del tiempo). Solo este concepto del constitucionalismo, cuando viene acompañado de una democracia 'fuerte', es consistente con un compromiso serio con el ideal democrático; el mismo supone que la democracia no se agota en las legislaturas y la gobernanza diaria, sino que se extiende a deliberar y decidir sobre el contenido mismo de la constitución.

En este sentido, y a diferencia de WALDRON, el capítulo defiende una distinción entre la democracia a nivel de la gobernanza diaria y la democracia a nivel de las leyes fundamentales. Por su propia naturaleza (diaria *versus* episódica), cada una de estas dimensiones exige y permite diferentes niveles de participación popular. Por último, considero algunas de las implicaciones institucionales de este acercamiento a la relación entre el constitucionalismo y la democracia. A diferencia de ACKERMAN, propongo la adopción de mecanismos destinados a permitir la participación de los ciudadanos en la constitución y re-constitución del ordenamiento jurídico. Estos mecanismos se discutirán de manera más detallada en el capítulo 4. Aunque una parte importante de esta discusión está dedicada al examen y a la crítica de la obra de estos tres autores estadounidenses, mis propuestas substantivas no se dirigen al análisis de ningún país en particular. Son, en cambio, ejemplos de maneras en que el constitucionalismo puede ser 'democratizado' y, en ese sentido, son invitaciones para hacer avanzar el debate hacia instancias más fuertemente democráticas.

I. El constitucionalismo y la democracia

El dilema constitucionalismo / democracia, la idea de que el constitucionalismo y la democracia están en tensión o en conflicto (el primero apuntando hacia un poder político limitado por una constitución suprema, la segunda insistiendo en el poder político ilimitado del soberano popular) no es solo una cuestión de interés para la teoría constitucional. De hecho, el problema ha sido objeto de tratamiento judicial en varios casos en los que, de una u otra manera, los jueces vinieron llamados a examinar los principios fundamentales del orden jurídico en cuestión. En América del Norte, uno de estos casos es *Reference re Secession of Quebec*, en donde la Corte Suprema de Canadá examinó la legalidad de una (hipotética) secesión unilateral de Quebec[5]. En un intento de equilibrar principios democráticos y constitucionales, la Corte sostuvo que la constitución canadiense, la cual no contiene una disposición que permita a las provincias separarse de Canadá, no podía ser legalmente eludida, incluso si la mayoría de los quebequenses votaran a favor de la secesión. Según la Corte, la noción canadiense de la democracia no es la de un mero sistema de gobierno de mayoría, sino que, entendida a la luz del constitucionalismo, es consistente con la idea de que "los representantes políticos del pueblo de una provincia tienen la capacidad y el poder de comprometerse a respetar las normas constitucionales"[6] que se hayan adoptado.

5 *Reference re Secession of Quebec*, [1998] 2 SCR 217.

6 *Ibíd.*, en párr. 76. Es interesante notar aquí que los 'representantes políticos' de la provincia de Quebec no consintieron a los cambios constitucionales de 1982 (que, entre otras cosas, crearon un nuevo procedimiento de enmienda que debilitó el poder de veto históricamente reclamado por la provincia).

Conforme al razonamiento de la Corte, lejos de negar la democracia, el constitucionalismo crea un marco ordenado que permite a las personas tomar decisiones políticas: "Vistos correctamente, el constitucionalismo y el imperio de la ley no están en conflicto con la democracia, sino que son esenciales para esta"[7]. Un año después, la Corte Suprema de Justicia de Venezuela examinó una cuestión similar. El caso no implicaba la secesión de una unidad política de la federación, sino la creación de un nuevo orden constitucional mediante un proceso no previsto por la regla de enmienda de la constitución entonces vigente[8]. La controversia se originó cuando el gobierno recién instalado llamó a un referendo que le preguntaba al electorado si deseaba convocar a una Asamblea Constituyente con el fin de reconstituir la República. El problema era que el proceso de enmienda de la constitución colocaba el poder de enmienda exclusivamente en la legislatura. Como era de esperarse, algunos juristas argumentaban que convocar a una Asamblea Constituyente era contrario al orden jurídico establecido y en todo caso requería la adopción de una enmienda constitucional previa.

En una decisión que se refirió expresamente a la existencia de una tensión entre el constitucionalismo y la democracia, la Corte sostuvo que el procedimiento de reforma contenido en la constitución solamente

---

7 *Ibíd.*, en párrs. 77-78.

8 Este caso se discutirá en detalle en el capítulo 6.

vinculaba al Congreso Nacional y no al pueblo en el ejercicio del poder constituyente[9].

Las decisiones de estas dos cortes, las cuales operan en contextos y países con tradiciones jurídicas diferentes, ejemplifican con claridad insospechada una realidad que permea a la mayoría de las discusiones en torno a la relación entre el constitucionalismo y la democracia: los demócratas, que ven las constituciones como una molestia, y los constitucionalistas, que perciben a la democracia como una amenaza[10]. Una visión preliminar de las características centrales de estos dos ideales basta para demostrar por qué. La democracia, en el sentido más tradicional, equivale a auto-gobierno. Su idea básica es que los propios ciudadanos decidan el contenido de las leyes que organizan su asociación política y regulan su conducta[11]. Esto no solo supone la participación popular en la constitución del gobierno, sino que además es incompatible con la existencia de leyes permanentes, es decir, leyes que deben darse por sentado y que no son -o no deberían ser- objeto de revisión.

Es decir, un régimen democrático es aquel en el que los ciudadanos no solamente adoptan leyes ordinarias y

---

9 Fallo n.º 17 de la Corte Suprema de Justicia de Venezuela (19 de enero de 1999).

10 STEPHEN HOLMES, "Precommitment and the Paradox of Democracy" en *Constitutionalism and Democracy* (JON ELSTER & RUNE SLAGSTAD eds.) (New York: Cambridge University Press, 1988), p. 197.

11 FRANK I. MICHELMAN, *Brennan and Democracy* (New Jersey: Princeton University Press: 1999), p. 5-6.

fundamentales, sino en el cual también pueden modificarlas: un sistema permanentemente abierto al cambio. Estas características, las que elaboraré más adelante, parecen estar en contradicción con el constitucionalismo en dos sentidos relacionados pero no idénticos. En primer lugar, el constitucionalismo pretende limitar los tipos de leyes que pueden ser creadas por la legislatura ordinaria, un límite que normalmente toma la forma institucional de la revisión judicial. En segundo lugar, y como parte de una preocupación general por la estabilidad y la supremacía constitucional, el constitucionalismo requiere constituciones que solamente puedan ser alteradas con dificultad (por ejemplo, mediante supermayorías legislativas), y cuya alteración no esté al alcance de los ciudadanos ordinarios. Como veremos más adelante, las soluciones dadas por Dworkin, Waldron y Ackerman a esta tensión son demasiado respetuosas del constitucionalismo y, como resultado, relegan a la democracia a un segundo plano[12].

---

12 Existen, por supuesto, otros tipos de enfoques que también podrían ser considerados 'soluciones' al dilema constitucionalismo/democracia (en el sentido de que buscan aliviar la tensión entre estos ideales). Ver, por ejemplo. Lawrence B. Solum, "Semantic Originalism" (2008) Illinois Public Law and Legal Theory Research Paper Series n.º 07-24; Wilfred J. Waluchow, *A Common Law Theory of Judicial Review: The Living Tree* (New York: Cambridge University Press, 2007); Jack M. Balkin. "Framework Originalism and the Living Constitution",103 *Nw. UL Rev.* 549 (2009).

a. Primera solución: el constitucionalismo como democracia

A lo largo de su carrera, RONALD DWORKIN insistió en que la supuesta tensión entre el constitucionalismo y la democracia es el resultado de un malentendido. En su opinión, aquellos que sostienen que hay algo antidemocrático en el constitucionalismo no entienden de lo que realmente trata la democracia[13]. Es cierto, explica DWORKIN, que la democracia significa 'gobierno del pueblo', pero el mayoritarismo defendido por algunos demócratas descansa en un concepto erróneo[14]. El mayoritarismo no logra explicar qué es lo 'bueno' de la democracia, pues incorrectamente asume que el peso de los números, por sí solo, aporta algo de valor a una decisión política[15]. El entendimiento cabal del ideal del 'gobierno del pueblo', se encuentra en lo que él llama el 'concepto constitucional' de la democracia' (y, más recientemente, el *partnership view*)[16]. Este concepto rechaza la premisa mayoritaria y la reemplaza con un tipo de democracia que requiere "(...) que las decisiones colectivas sean tomadas por

---

13 RONALD DWORKIN, "Equality, Democracy, and Constitution: We the People in Court" (1990) 28 *Alta. L. Rev.* 324.

14 RONALD DWORKIN, *Freedom's Law: The Moral Reading of the American Constitution* (Cambridge: Harvard University Press, 1996), p. 16.

15 RONALD DWORKIN, *Is Democracy Possible Here? Principles for a New Political Debate* (New Jersey: Princeton University Press, 2006), p. 143.

16 *Ibíd.*, p. 134

instituciones políticas cuya estructura, composición y prácticas traten a todos los miembros de la comunidad, como individuos, con igual preocupación y respeto"[17]. Conforme a esa noción, la democracia es, ante todo, un sistema para la protección de los derechos individuales, ya que estos garantizarán que el Estado se relacione con los ciudadanos de determinada manera.

Así, los resultados asumen prioridad sobre el proceso: la democracia es consistente con algunas normas e inconsistente con otras, independientemente de los procesos mediante los cuales dichas normas hayan sido adoptadas. Es fácil entender cómo Dworkin deriva de este planteamiento una defensa de la revisión judicial: si la decisión de una Corte exige la supresión o anulación de una ley aprobada por una mayoría legislativa (o para todos los efectos, por el voto unánime de la población) porque viola derechos individuales, no ocurre nada negativo desde una perspectiva democrática. Por el contrario, ocurriría algo positivo, pues un resultado inconsistente con la noción constitucional de la democracia habría sido suprimido. El hecho de que dicha 'supresión' haya tenido lugar por medio de una institución sin credenciales democráticas es irrelevante. Cuando uno traduce esta idea al lenguaje del derecho constitucional y a un tipo específico de constitución, la solución propuesta por Dworkin al dilema constitucionalismo-democracia se puede apreciar

17 Dworkin, *Freedom's Law*, *supra* nota 14, p. 17.

con mayor claridad. Para él, una constitución sirve objetivos democráticos en la medida que contiene los principios abstractos correctos. Quién estableció la constitución, quién está autorizado a modificarla y cómo, son todos asuntos secundarios. Es decir, las credenciales democráticas de las leyes fundamentales de un país dependen de su contenido y no de cómo o por quién fueron establecidas[18].

Por ejemplo, si una constitución establece un gobierno "más o menos receptivo, basado en una franquicia más o menos equitativamente distribuida; un sistema legislativo no discriminatorio y una prohibición de distinciones de casta; un sistema de protección en contra del uso arbitrario y opresivo de los poderes del Estado; [y] derechos fuertes de autonomía moral", estamos frente a un régimen democrático[19]. DWORKIN, como buen constitucionalista, no quisiera que una constitución que tenga el contenido correcto pueda ser fácilmente alterada, por lo que defiende un procedimiento de enmienda difícil, y en el cual las instituciones ordinarias del Estado (por ejemplo, supermayorías legislativas) jueguen el papel central. En su opinión, el tipo de constitución necesaria para la democracia es idéntica a la requerida por el constitucionalismo: una constitución que contenga ciertos derechos, que establezca límites a los tipos de decisiones políticas a ser tomadas por los representantes electos, y que

18 MICHELMAN, *supra* nota 11, p. 16-18.
19 *Ibíd.*

convierta al cambio constitucional en un evento raro e improbable[20]. Conforme a la teoría dworkiniana, no hay conflicto alguno entre el constitucionalismo y la democracia, porque si uno mira de cerca a estos ideales, no debería encontrar muchas diferencias.

b. Segunda solución: la asamblea legislativa como el pueblo

Algunos lectores se sorprenderán al ver el nombre de JEREMY WALDRON incluido en un grupo de académicos cuyo trabajo es presentado como problemático desde

---

20 "Podríamos proteger mejor el igual respeto a los ciudadanos si se incrustaran ciertos derechos individuales en una constitución que sea interpretada por jueces en vez de por representantes electos, y luego proveer que la constitución solo pueda ser enmendada por supermayorías." DWORKIN, *Is Democracy Possible Here?*, *supra* nota 15, p. 144. Parte del problema de este concepto es que el miedo al cambio constitucional no solamente resulta (si todo lo demás marcha bien) en la protección de derechos políticos y de instituciones que permiten que un gobierno democrático tenga lugar. Es decir, cuando los demócratas constitucionales hablan de proteger o de hacer avanzar a la democracia mediante una constitución que resulte difícil de cambiar y que proteja derechos democráticos básicos, están protegiendo al mismo tiempo (consciente o inconscientemente) el sistema tradicional liberal de gobierno que viene acompañado por una visión del mercado como una característica esencial de la vida democrática. También están haciendo muy difícil determinadas transformaciones constitucionales que, aunque protegerían (e inclusive podrían expandir) los derechos democráticos básicos, son incompatibles con otros aspectos del gobierno liberal cuyas conexiones con la democracia son débiles o inexistentes.

una perspectiva democrática. Después de todo, Waldron ha denunciado, junto a un demócrata radical como Roberto Mangabeira Unger, el secretito feo de la jurisprudencia contemporánea: su incomodidad con la democracia[21]. ¿No debería su defensa de la participación popular y su ataque sostenido contra la revisión judicial considerarse suficiente para satisfacer incluso a los más recalcitrantes demócratas? Para Waldron, el carácter democrático de todas las leyes (incluidas las fundamentales) depende de quién las estableció y mediante qué tipos de procedimientos; este autor simplemente no tolera la insistencia del constitucionalismo tradicional en limitar legalmente el contenido de las decisiones tomadas por el pueblo (o sus representantes). El problema es que Waldron, a pesar de su indiscutible compromiso democrático, no parece darse cuenta de que el principio de la participación popular no significa mucho si se entiende satisfecho en las acciones de una legislatura ordinaria.

Y, como veremos a continuación, esto es exactamente lo que sucede en la teoría waldroniana de la democracia. Para Waldron, los individuos tienen derecho a participar por igual en todos los aspectos del gobierno de su comunidad, es decir, no solo en materias intersticiales de política social y económica, sino también en

---

21 Roberto Mangabeira Unger, *What Should Legal Analysis Become?* (London: Verso, 1996), p. 72. Ver además, Jeremy Waldron, "Can there be a Democratic Jurisprudence?", 58 *Emory Law Journal* 675 (2009).

decisiones sobre principios fundamentales[22]. La idea misma de poseer derechos se basa en una visión del titular de derechos como un ente inteligente, capaz de deliberación moral y de trascender el interés personal, y esto requiere otorgar un respeto especial al derecho a participar en todos los aspectos del gobierno de la comunidad[23]. Esto no quiere decir que el derecho a participar deba tener prioridad sobre otros derechos individuales, sino que cuando hay un desacuerdo sobre el contenido y alcance de esos otros derechos (y el desacuerdo sobre los derechos es simplemente inevitable), el ejercicio del derecho a la participación es el más apropiado para resolver el conflicto[24]. Esta es otra manera de decir que no puede existir una democracia a menos que los ciudadanos tengan la última palabra acerca de las decisiones políticas importantes, que "el pueblo o sus representantes" deben tener la facultad de determinar libremente (por la regla de mayoría como método de toma de decisiones)[25]

---

22 JEREMY WALDRON, *Law and Disagreement* (New York: Oxford University Press, 1999), p. 213.

23 *Ibíd.*, p. 250.

24 *Ibíd.*, p. 232.

25 JEREMY WALDRON considera a la regla de la mayoría como un método democrático para la toma de decisiones, ya que este es "neutral entre los resultados impugnados, trata a los participantes equitativamente y brinda a cada opinión expresada el mayor peso posible compatible con otorgar el mismo peso a todas las opiniones". Ver, JEREMY WALDRON, "The Core of the Case Against Judicial Review", 115 *Yale LJ* 1346 (2006) p.1388.

los principios de su asociación y el contenido de las leyes a las que estarán sujetos[26].

Este enfoque es, por supuesto, incompatible con la revisión judicial, ya que dicha institución permite a una entidad no electa (por ejemplo, una Corte Constitucional), invalidar los actos de los representantes del pueblo. Incluso si WALDRON está de acuerdo con DWORKIN en torno a las respuestas a preguntas importantes de moral política (como la permisibilidad del aborto o la pena de muerte), WALDRON piensa que los legisladores, como debidos representantes del pueblo, son quienes deberían deliberar y decidir acerca de esas preguntas. Por eso, WALDRON señala que en "los países que no permiten que la legislación se invalide de esta manera [mediante la revisión judicial], el propio pueblo es quien decide finalmente, por procedimientos legislativos ordinarios, si desean permitir el aborto, la acción afirmativa, los vales escolares, o el matrimonio homosexual"[27]. Como resultado, un sistema que brinda a sus ciudadanos o a sus representantes (nótese aquí la identificación del pueblo con la legislatura)[28] el poder de decidir sobre cuál será el contenido y el alcance de las garantías constitucionales, representa (al menos potencialmente)

26 WALDRON, "Democratic Jurisprudence", *supra* nota 21, p. 7.

27 WALDRON, "The Core of the Case Against Judicial Review, *supra* nota 25, p. 1349.

28 Para un análisis de este aspecto del pensamiento de WALDRON, ver DIMITRIOS KYRITSIS, "Representation and Waldron's Objection to Judicial Review" (2006) 26 *Oxford J. Legal Studies*, 733.

una verdadera victoria democrática. Bajo esta noción, la tensión entre el constitucionalismo y la democracia no es más que un producto de los límites inapropiadamente impuestos por la revisión judicial a un poder legislativo democráticamente electo. Si el poder de imponer estos límites se suprime, la tensión entre el constitucionalismo y la democracia desaparecería.

c. Tercera solución: el pueblo como 'El Pueblo'

La teoría constitucional de BRUCE ACKERMAN ha sido objeto de muchas discusiones y críticas. Aunque centrada en la tradición constitucional de Estados Unidos, es posible extender esta teoría a otras democracias liberales. La afirmación central de ACKERMAN es que Estados Unidos tiene una constitución dualista. Es decir, una constitución que tiene como meta distinguir entre dos tipos de decisiones: las decisiones del gobierno y las decisiones del 'Pueblo'[29]. ACKERMAN identifica al primer tipo de decisiones como la política *normal* y a las segundas como la política *constitucional.* Estos últimos períodos, en los cuales se establecen o modifican las leyes fundamentales, constituyen 'la forma más alta de política', los momentos en que "Nosotros, el Pueblo" (*We the People*) habla sin estar sujeto a formas constitucionales preestablecidas. Debido a su carácter extraordinario, la política constitucio-

---

29 BRUCE ACKERMAN, *We the People: Foundations* (Massachusetts, Belknap Press of Harvard University Press, 1991), p. 6.

nal debe tener lugar solamente durante momentos especiales que ACKERMAN caracteriza como episodios de "concientización política intensa"[30]. Durante el transcurso de la política normal, por el contrario, es solo el gobierno quien habla. Contrario a WALDRON, ACKERMAN sugiere que las instituciones representativas deben ser vistas con sospecha, y que las acciones de la legislatura no deben ser confundidas con la voz genuina de "Nosotros, el Pueblo Reunido"[31].

Es decir, la idea de que los órganos electos representan al pueblo debe entenderse metafóricamente, y "no debe confundirse nunca con la forma en que el Pueblo expresa su voluntad durante esos raros episodios de política constitucional, cuando la masa de ciudadanos (...) se moviliza en un esfuerzo colectivo para renovar y redefinir el bien público"[32]. ACKERMAN es fácilmente capaz de presentar una defensa de la revisión judicial partiendo de esa noción dualista de la constitución. Los representantes ordinarios son solo 'sustitutos' del Pueblo, y en algunos casos podrían intentar poner en peligro las leyes fundamentales creadas en los momentos de política constitucional. El

---

30 BRUCE ACKERMAN, "Neo-Federalism?" en *Constitutionalism and Democracy* (JON ELSTER & RUNE SLAGSTAD eds.) (New York: Cambridge University Press, 1988) p. 163. ACKERMAN identifica tres períodos de políticas constitucionales en la historia estadounidense: la creación de la constitución, las enmiendas de la Guerra Civil y el triunfo judicial del Nuevo Trato.

31 *Ibíd.*, p. 167.

32 *Ibíd.*, p. 170.

papel de la revisión judicial es, precisamente, proteger los logros del pueblo durante esos episodios extraordinarios: "Hasta que un movimiento constitucional modifique exitosamente nuestra ley superior, la tarea del tribunal es proteger a las decisiones del Pueblo en contra de la erosión a manos del proceso legislativo ordinario"[33]. El enfoque de ACKERMAN es muy distinto al de DWORKIN y WALDRON. Para él, la gran ventaja de una constitución dualista es que no nos obliga a decidir entre la supremacía de las cortes y la de la legislatura.

De hecho, ACKERMAN rechaza, tanto el "fundamentalismo de los derechos" (la idea de que la primera y principal preocupación de la constitución es proteger derechos, aunque esto implique otorgarle un poder especial a las cortes)[34], como el "monismo" (el otorgar plena autoridad política a los ganadores de la última elección)[35]. Por el contrario, ACKERMAN nos invita a distinguir entre las decisiones tomadas por el Pueblo

---

33 ACKERMAN, *We the People*, *supra* nota 29, p. 72.

34 *Ibíd.*, p. 11. Para ACKERMAN, el reconocimiento y la protección constitucional de los derechos humanos depende de una afirmación democrática previa. No obstante, dicho autor piensa que los Estados Unidos deberían imitar a la Ley Fundamental alemana y colocar los derechos fundamentales, mediante una cláusula de intangibilidad, fuera del alcance de la reforma constitucional. En este sentido, ACKERMAN confunde un poco el poder de reforma constitucional con los actos del 'Pueblo', pues sugiere (sin mucha discusión) que la adopción de una cláusula de intangibilidad operaría en contra de este último. Ver, BRUCE ACKERMAN, "Rooted Cosmopolitanism" (1994) 104 Ethics 516, p. 533.

35 ACKERMAN, *We the People*, *supra* nota 29, p. 8.

y las decisiones tomadas por los legisladores, y como buenos demócratas, a aceptar que el primero debe tener prioridad sobre los segundos. Sin embargo, y como veremos a continuación, su teoría dualista no necesariamente provee avenidas para que los ciudadanos participen directamente en la toma de decisiones acerca del contenido de la constitución, sino que se enfoca en identificar las maneras en que el gobierno podría obtener el apoyo de un misterioso "Nosotros, el Pueblo" y hablar a nombre de él. Conforme a esa noción, resolver la tensión entre el constitucionalismo y la democracia no requiere grandes transformaciones institucionales (ya que, después de todo, el constitucionalismo no impone límites al Pueblo), sino juristas sensibles al carácter dual de la constitución, capaces de discernir entre la política constitucional y la política normal u ordinaria.

II. UN ENFOQUE DEMOCRÁTICO AL DEBATE SOBRE EL CONSTITUCIONALISMO Y LA DEMOCRACIA

Este breve resumen del pensamiento de DWORKIN, WALDRON, y ACKERMAN sobre la relación entre el constitucionalismo y la democracia permite identificar lo que considero algunas de las deficiencias democráticas de sus propuestas. DWORKIN y ACKERMAN son enérgicos apologistas del status quo constitucional: para ellos es posible *entender* el presente 'balance' entre el constitucionalismo y la democracia de una manera que respete el ideal democrático. En cambio, WALDRON insiste en que existe un déficit democrático en la mayoría de los órdenes constitucionales contemporáneos, un problema que se resolvería por medio de la abolición de la revisión judicial. Sin embargo, como veremos más adelante, independientemente de la posición que se adopte con respecto al carácter democrático o antidemocrático de otorgar a los jueces la facultad de invalidar leyes ordinarias, y aún si, siguiendo a WALDRON, aboliéramos la institución de la revisión judicial, nos quedaríamos muy cortos en avanzar en un proyecto plenamente democrático.

El ideal democrático, por supuesto, es incompatible con disposiciones constitucionales 'permanentes' y las apelaciones a un Pueblo que actúa de maneras misteriosas (y que además está sujeto a una constitución que carece de mecanismos participativos de reforma constitucional).

Pero tampoco puede agotarse en un sistema que funciona conforme a la doctrina de la soberanía parlamentaria. Es decir, la democracia es un ideal mucho más rico, y por eso, para poder llevar el debate a otro nivel, los enfoques representados en la obra de estos tres autores deben ser objeto de una crítica basada en una noción participativa o 'fuerte' de la democracia[36].

---

36 Ver, ALLAN C. HUTCHINSON, *The Province of Jurisprudence Democratized* (New York: Oxford University Press, 2009); BENJAMIN R. BARBER, *Strong Democracy Participatory Politics for a New Age* (Berkeley: University of California Press, 1984). No considero que la idea de democracia participativa o 'fuerte' sea meramente una versión más del ideal democrático; pienso que es la única versión consistente con la idea del 'gobierno del pueblo'.

En esta sección me dispongo a hacer precisamente eso. Contrario a Dworkin, argumentaré que la noción constitucional de la democracia está en conflicto con el principio de la apertura democrática (la idea de que todas las leyes, incluyendo las fundamentales, deben estar permanentemente abiertas a ser transformadas por medio de procedimientos democráticos). La apertura democrática, junto al principio de la participación popular, es uno de los componentes básicos del ideal democrático. Contra Waldron, sostendré que la democracia y la participación popular van más allá de la toma de decisiones por mayorías legislativas: la democracia tiene una segunda dimensión que nos obliga a mirar hacia las maneras en las que los ciudadanos comunes y corrientes pueden (o no pueden) alterar las leyes fundamentales. Por último, y contrario a Ackerman, argumentaré que un procedimiento de cambio constitucional genuinamente democrático requeriría la participación real de los ciudadanos en la política constitucional, lo cual es muy distinto a conseguir el *apoyo* del pueblo y ser capaz de hablar en su nombre.

a. Apertura democrática y la concepción constitucional de la democracia

La noción constitucional de la democracia defendida por Dworkin identifica al ideal democrático con el contenido tradicional de una constitución liberal. Bajo este punto de vista, la democracia se agota en el contenido constitucional correcto, pues su objetivo es garantizar la protección de una constitución 'ejemplar', cuyas disposiciones cumplen con la visión de Dworkin. De hecho, la mera posibilidad de que los ciudadanos ordinarios interfieran con el contenido de una 'buena' constitución es una amenaza para esta noción de la democracia, por lo que Dworkin favorece un procedimiento de enmienda que haga al cambio constitucional difícil y poco probable. Para él, las mayorías no deben ser permitidas "siempre que lo deseen, a modificar la estructura constitucional básica" que obliga al gobierno a tratar a los ciudadanos con igual preocupación y respeto[37]. Dicho de otra manera, bajo la noción de Dworkin, podría haber tal cosa como una democracia bajo una constitución 'impuesta'. Es decir, alguien (por ejemplo, un grupo de expertos occidentales) escribe una constitución que establece una Asamblea Legislativa a ser periódicamente electa y un sistema de protección de derechos liberales básicos y le dice a un grupo de gente: 'aquí está su constitución democrática, ahora obedézcanla (pero no la cambien) y gobiérnense a sí mismos 'democráticamente'.'

A mi juicio, este enfoque está en un conflicto claro y directo con la democracia, ya que niega uno de los componentes básicos de este ideal. Es cierto que 'democracia' es uno de los términos más ambiguos de nuestra cultura política, y no está claro lo que esta requiere en el contexto de sociedades grandes y complejas. Sin embargo, hay algunos principios

37 Ronald Dworkin, *Is Democracy Possible Here? supra* nota 15, p. 144.

básicos que son inherentes a la idea del 'gobierno del pueblo' (el significado específico y literal del término democracia)[38]. Una vez que la teoría y la práctica constitucional empiezan a apartarse de estos principios, surge rápidamente algo no-democrático. Uno de estos principios es que una sociedad democrática es una sociedad abierta, es decir, una sociedad en la que incluso los principios más fundamentales son susceptibles a ser reformulados o reemplazados. El principio de la *apertura democrática* da la bienvenida al conflicto y a la disidencia, y es incompatible con proteger la permanencia de determinado contenido constitucional. Para parafrasear a CASTORIADIS, una sociedad democrática "no es una sociedad que ha adoptado leyes justas, de una vez por todas, sino una en donde la pregunta acerca de lo que es justo permanece constantemente abierta"[39].

La noción de una sociedad abierta está directamente conectada a la idea de 'gobierno del pueblo'. Hablar de un pueblo que se gobierna a sí mismo, de un pueblo que se auto-gobierna, es hablar de un grupo de seres humanos que se reúnen como entes

---

38 ELLEN MEIKSINS WOOD, "Democracy: An Idea of Ambiguous Ancestry" en *Athenian Political Thought and the Reconstruction of American Democracy* (J. PETER EUBEN et al., eds.) (New York: Cornell University Press, 1994), p. 59.

39 CORNELIUS CASTORIADIS, "Socialism and Autonomous Society", 43 *Telos* 104 (1980). Ver, ALLAN C. HUTCHINSON, *It's All in the Game: A Non-Foundationalist Account of Law and Adjudication* (Durham: Duke University Press, 2000).

políticos *iguales* y se dan a sí mismos las leyes que regularán su conducta y las instituciones bajo las cuales vivirán. Esto implica dos puntos importantes y relacionados. En primer lugar, para que estas normas le pertenezcan al pueblo, debe ser el pueblo actual el que gobierne y no las generaciones pasadas, por más sabios o bien intencionados que hayan sido los padres fundadores, e independientemente del contenido de las disposiciones que hayan sido incluidas en el texto constitucional. Es decir, la idea del pre-compromiso constitucional (perfectamente en sintonía con la lógica del constitucionalismo) no puede ser llevada a una reconciliación definitiva con la democracia[40]. En segundo lugar, para que haya auto-gobierno democrático, ninguna norma puede darse por sentado o no ser susceptible a la crítica y a la eventual revisión. El que se auto-gobierna debe ser capaz de reformular sus compromisos fundamentales[41].

En este sentido, tanto la idea de hacer a la reforma constitucional altamente improbable mediante requisitos difíciles de satisfacer, como la colocación de parte del texto constitucional fuera del ámbito de la política democrática, está en clara tensión con el ideal de apertura democrática y con la idea misma del gobierno del pueblo. Como Claude Lefort ha expresado, la demo-

---

40 Para una defensa del pre-compromiso constitucional, ver, Holmes, *supra* nota 4.

41 Ver, Alan Keenan, *Democracy in Question: Democratic Openness in a Time of Political Closure* (Stanford: Stanford University Press, 2003), p. 10.

cracia no permite "ninguna ley fija, cuyos artículos no puedan ser impugnados, [y], cuyos fundamentos no sean susceptibles de ser puestos en duda"[42]. El enfoque de DWORKIN, conforme al cual existe tal cosa como una serie de principios que toda constitución debe contener y que una vez así contenidos, conformarían un orden constitucional democrático, niega el principio de la apertura democrática de manera importante. Es decir, para DWORKIN, la democracia es perfectamente compatible con una constitución terminada: una constitución que puede ser mejorada mediante la corrección de algunos errores históricos aquí y allá (principalmente por medio de la interpretación judicial)[43], pero cuyas

---

42 CLAUDE LEFORT, "The Image of the Body and Totalitarianism" en *The Political Forms of Modern Society: Bureaucracy, Democracy, Totalitarianism* (JOHN B. THOMPSON ed.) (Cambridge: The MIT Press, 1986), p. 303-304.

43 Es cierto que el tipo de constitución que defiende DWORKIN puede ser ampliada (y para todos los efectos prácticos modificada) mediante la interpretación judicial, lo que motiva a algunos teóricos constitucionales a caracterizarla como un documento en un estado permanente de cambio. Ver p. ej. WALUCHOW, *supra* nota 12. Sin embargo, la teoría de interpretación constitucional de DWORKIN implica límites importantes a los tipos de cambio que serán permisibles: "Aún un juez que crea que la justicia abstracta requiere igualdad económica, no puede interpretar la cláusula de la igual protección de las leyes como si exigiera la igualdad económica o la propiedad colectiva de los recursos productivos, pues esa interpretación simplemente no encaja ni en la práctica o historia americana ni con el resto de la Constitución." DWORKIN, *Freedom's Law*, *supra* nota 14, p. 11. Ya que existen ciertos cambios que simplemente están fuera del alcance de la interpretación constitucional (por lo menos en

disposiciones fundamentales, así como la estructura de gobierno por ella creada, deben ser más o menos impermeables al cambio constitucional (aún si dicho cambio pudiese tener lugar por medio de procedimientos altamente democráticos)[44].

Si una constitución contiene los principios abstractos correctos y si las cortes pueden interpretar y reinterpretar sus disposiciones, ¿por qué deberíamos estar preocupados por cómo la misma fue creada?, o ¿por qué alguien querría volver a escribir sus disposiciones fundamentales? No es una exageración decir que la solución de DWORKIN al dilema constitucionalismo-

---

determinados momentos históricos) hacer 'crecer' o expandir principios constitucionales mediante la interpretación no satisface el principio de la apertura democrática (y aún si lo hiciera, todavía existiría una objeción basada en el aspecto *democrático* de ese principio, ya que la interpretación judicial está muy lejos de ser participativa). En el propio caso *Edwards v. AG of Canada,* [1930] 1 DLR 98, AC 124 se sugirió que la idea del árbol viviente está sujeta a ciertos límites: "El *British North America Act* sembró en Canadá un árbol viviente capaz de crecimiento y expansión dentro de sus *límites naturales*" (énfasis añadido).

44 La perspectiva de JOHN RAWLS acerca de los límites a la reforma constitucional sirve para ejemplificar esta noción. RAWLS sostiene que para que una reforma o enmienda constitucional sea válida, debe (1) ajustar valores constitucionales básicos a cambios políticos y sociales o incorporar un entendimiento más amplio de esos valores; o (2) eliminar debilidades que surgen mediante la práctica constitucional. Como veremos en el siguiente capítulo, RAWLS considera que una enmienda que va mas allá de esos objetivos debe ser declarada inválida por las cortes. JOHN RAWLS, *Political Liberalism* (New York: Columbia University Press, 2005).

democracia mantiene intacto al constitucionalismo tradicional, y esquiva así la realización plena de la democracia. Ahora bien, el hecho de que todo en una democracia esté abierto al reemplazo, implica que la democracia siempre asume el riesgo de sustituirse a sí misma. Por ejemplo, un proceso altamente participativo podría (al menos teóricamente) resultar en la abolición de los derechos políticos básicos. No debe haber ninguna duda de que la democracia siempre viene acompañada de riesgos importantes, pero estos son riesgos que un demócrata –si es que quiere seguir siendo demócrata– no tiene más remedio que aceptar[45]. Hacer lo contrario significaría sacrificar la

---

45 Con frecuencia, los constitucionalistas olvidan que si existen algunas formas de opresión (p.ej. esclavitud) que consideramos impensables en sociedades liberales contemporáneas, no es porque existan leyes o constituciones contrarias a ese tipo de práctica, sino porque sería difícil imaginar a cualquier grupo o individuo con una fuerza política capaz de imponerlas. Ver: CORNELIUS CASTORIADIS, "The Greek Polis and the Creation of Democracy" en DAVID AMES, ed.: *Castoriadis Reader* (Oxford: Blackwell, 1997) p. 283. La existencia de instituciones que generalmente están asociadas con la democracia (p. ej. libertad de expresión, asociación y el derecho al voto), se deben menos al atrincheramiento de protecciones legales y constitucionales que a la existencia de una "cultura política de respeto mutuo". WALDRON, *Law and Disagreement, supra* nota 22, p. 310. Ver: ROBERT DAHL, *Democracy and Its Critics* (New Haven: Yale University Press, 1989), p. 172-73. Cada orden constitucional que no se encuentra acompañado por una cultura democrática, sin importar cuán liberal es su constitución y cuán riguroso es su procedimiento de reforma constitucional, siempre se encuentra en riesgo. Como ha expresado RICHARD D. PARKER: "Aunque

creatividad de los pueblos junto con la posibilidad de crear sociedades más justas, por temor a una extraña ciudadanía que, por medio de procedimientos participativos e inclusivos, estaría dispuesta a renunciar a las propias instituciones que hacen su autonomía posible.

b. Las dos dimensiones de la democracia y la supremacía parlamentaria

A diferencia de DWORKIN, WALDRON toma en serio el principio de la apertura democrática. Para él, el sentido y alcance de cada precepto constitucional debe ser determinado por el poder legislativo, no por un grupo de jueces no electos. El enfoque de WALDRON es democráticamente superior al de DWORKIN, pero tiene una limitación importante. WALDRON parece concebir la apertura democrática únicamente en el contexto de lo que llamaré la *primera dimensión de la democracia* (o gobernanza democrática o diaria). Si la legislatura y el pueblo se entienden como entidades equivalentes (como en WALDRON), el papel real de este último en la potencial reformulación de los fundamentos del orden constitucional será, a lo sumo,

---

sientas el *deseo* de creer en el 'constitucionalismo' fuerte y puro, tienes que reconocer que, como muchos deseos fuertes, este solo puede satisfacerse en las nubes de una fantasía. No hay *garantías* supra-políticas de nada. Todo lo que existe es política.": RICHARD D. PARKER, *Here, the People Rule: A Constitutional Populist Manifesto* (Cambridge: Harvard University Press, 1994), p. 113-14.

bastante modesto. Debe quedar claro que este no es un ataque contra la democracia representativa, sino un reconocimiento de la existencia de una *segunda dimensión de la democracia* (la democracia a nivel de las leyes fundamentales) en la cual las instituciones ordinarias representativas llamadas a operar durante el gobierno del día a día deben ceder el paso a mecanismos más participativos. Vista desde el punto de vista del principio de la apertura democrática, la segunda dimensión de la democracia requiere que dicha apertura sea accesible a los ciudadanos ordinarios, que la misma no solamente opere dentro de las cuatro paredes de una legislatura.

Los próximos párrafos distinguen entre estas dos dimensiones del ideal democrático y sostienen que la noción de WALDRON (como la mayoría de los argumentos que se centran en la legitimidad de la revisión judicial) opera exclusivamente en el ámbito de la gobernanza democrática. Cuando decimos que un determinado país es 'democrático', generalmente nos referimos a que sus leyes e instituciones requieren elecciones frecuentes y a los ciudadanos se les permite asociarse en diferentes organizaciones (incluyendo partidos políticos) para expresar sus opiniones sin temor a represalias del Estado. En otras palabras, estamos diciendo que el país en cuestión cumple con los requisitos de lo que ROBERT DAHL ha identificado como la poliarquía[46]. La gobernanza democrática tie-

46 DAHL, *supra* nota 45.

ne que ver con el funcionamiento diario del aparato jurídico estatal y con los procesos que dan lugar a la adopción de leyes ordinarias y a la implantación de políticas públicas. Por ejemplo, la existencia de una cámara legislativa no electa (como el Senado de Canadá), así como el debate acerca de las fronteras de los distritos electorales en Estados Unidos, son problemas de gobernanza democrática.

De igual manera, asuntos como las restricciones al financiamiento de las campañas políticas, la legitimidad de la revisión judicial, la representación proporcional, y el igual tratamiento a los ciudadanos por el aparato burocrático estatal, también pertenecen al terreno de esta primera dimensión de la democracia. En este sentido, la gobernanza democrática está relacionada de manera importante con el contenido de las leyes fundamentales: ¿Prevé la constitución el sufragio universal? ¿Son las leyes ordinarias adoptadas por una legislatura electa? ¿Protege la constitución libertades políticas básicas? Si este tipo de preguntas, en el contexto de un orden constitucional particular, reciben una respuesta negativa, es porque existe un déficit o una ausencia de gobernanza democrática. La segunda dimensión de la democracia, por el contrario, no necesariamente se ve afectada por el funcionamiento diario del aparato político del Estado, pues la misma trata acerca de la relación entre el pueblo y la constitución.

Es decir, la democracia a nivel de las leyes fundamentales no se centra en la adopción, o en el contenido, de las leyes ordinarias, o en quién debe tener la última palabra para interpretar las disposiciones constitucionales existentes, sino en dos asuntos principales: (i) ¿Mediante qué tipo de procedimientos fue creado este orden constitucional?; y (ii) ¿Cómo puede dicho orden constitucional ser alterado? Estas son preguntas acerca de las maneras en que los ciudadanos han participado (o pueden participar) en la toma de decisiones durante los procesos de creación y reforma constitucional. En lo que respecta a la creación de nuevas constituciones, la segunda dimensión de la democracia es incompatible con las constituciones 'impuestas', independientemente de cuán liberal o sofisticado sea su contenido o cuán bien intencionados hayan estado sus creadores. Esta dimensión de la democracia también requiere que la constitución sea creada por medio de los procedimientos más participativos posibles (procesos que combinen instituciones de democracia directa e indirecta, y que promueven periodos de intensa deliberación pública). A la misma vez, y en el contexto de la reforma constitucional, la segunda dimensión de la democracia es incompatible con la idea de que nunca se debe intervenir con la constitución o de que pueda existir tal cosa como una constitución 'terminada'.

Así, la democracia a nivel de las leyes fundamentales requiere que las transformaciones constitucionales importantes tengan lugar mediante procesos democráticos similares a los que deberían ser utilizados cuando una constitución es adoptada por primera vez. Dado que el ejercicio de la democracia a nivel de las leyes fundamentales es por naturaleza episódico, el mismo permite experimentar con procesos altamente participativos, difíciles o imposibles de poner en práctica en el gobierno del día a día[47]. Mientras que el enfoque de WALDRON es más consistente con el principio de apertura democrática que el de DWORKIN, ambos autores proceden como si la democracia fuese un ideal unidimensional, susceptible de ser satisfecho por la existencia (o no existencia) de determinadas prácticas o instituciones a nivel de la gobernanza diaria. WALDRON atribuye a la legislatura el poder que le quita a las cortes, lo cual no requiere ninguna forma de participación directa de los ciudadanos en la elaboración del contenido de las leyes fundamentales. La afirmación de que los ciudadanos tienen el "derecho a participar en igualdad de condiciones" en la determinación del contenido y alcance de los derechos cuando existan desacuerdos, no significa mucho si la legislatura hará todo el trabajo y el papel

---

47 Esta distinción no tiene por objeto sugerir que la gobernanza democrática y la democracia al nivel de las leyes fundamentales no estén relacionadas entre sí. Es probable que los ciudadanos de un gobierno fuertemente democrático, acostumbrados a debatir y a participar en la creación de leyes ordinarias, estén más dispuestos a llevar a cabo una reconstitución democrática de las leyes fundamentales, que los ciudadanos que viven en un sistema caracterizado por una ausencia de gobernanza democrática. Para la idea de la democracia como episódica por naturaleza, Ver, SHELDON S. WOLIN, "Fugitive Democracy" en *Democracy and Difference: Contesting the Boundaries of the Political* (Seyla Benhabib ed.) (Princeton: Princeton University Press, 1996).

de los ciudadanos solo será elegir a los legisladores cada cierto número de años[48].

Yo no creo que WALDRON en realidad piense que el ideal democrático puede ser plenamente satisfecho mediante una legislatura autorizada a adoptar leyes ordinarias sin verse limitada por la posibilidad de la revisión judicial, pero su defensa de la supremacía parlamentaria y del derecho a participar no tiene nada que decir acerca de lo que hemos llamado la segunda dimensión de la democracia. Para ser justos con WALDRON, se podría decir que su planteamiento no excluye una defensa de la democracia a nivel de las leyes fundamentales y que, de hecho, sería totalmente compatible con ella. Pero esa es precisamente mí crítica: la solución de WALDRON al dilema constitucionalismo/democracia hace equivalentes al pueblo y a la legislatura, y por lo tanto, opera exclusivamente en el ámbito de la gobernanza diaria. Como consecuencia, no es de extrañarse que WALDRON no se ocupe de promover la adopción de procedimientos más democráticos y participativos para modificar el contenido de la constitución, y ampliar (o limitar) el alcance y contenido los derechos.

c. La participación popular en los cambios constitucionales

El trabajo de ACKERMAN evita algunos de los problemas que caracterizan a los enfoques de DWORKIN y WALDRON

---

48 WALDRON, *Law and Disagreement*, *supra* nota 22, p. 244.

En primer lugar, su teoría rechaza expresamente el 'fundamentalismo de los derechos' de Dworkin y parece abrazar el principio de la apertura democrática. Para Ackerman, el Pueblo debe tener la facultad de alterar la constitución en la forma que desee, incluso en formas que eluden el procedimiento formal de reforma. En segundo lugar, Ackerman rechaza el 'monismo' de Waldron, distinguiendo claramente entre el Pueblo y la legislatura. Según Ackerman, no reconocer esta distinción equivale a no entender la constitución dualista de los Estados Unidos. Aunque la teoría de Ackerman tiene importantes similitudes con la distinción entre las dos dimensiones de la democracia, hay una diferencia importante y decisiva: la política constitucional de Ackerman no necesariamente requiere la participación directa de los ciudadanos en la reforma constitucional. Es decir, es suficiente que los ciudadanos expresen su *consentimiento* indirecto a una reforma. Aun si se toma como cierto que los períodos de política constitucional en Estados Unidos identificados por Ackerman (la creación de la constitución, las enmiendas adoptadas al final de la Guerra Civil, y la validación judicial del Nuevo Trato) se caracterizaron por movilizaciones ciudadanas masivas no hay duda de que los mismos fueron formalmente impulsados por las élites políticas del momento.

La perspectiva de Ackerman sobre la participación popular en los procesos de reforma constitucional trata, sobre todo, de cómo obtener el apoyo de la ciudadanía y convertirse en portavoz del Pueblo. La política constitucional es un proceso complejo que incluye al Congreso, al Poder Ejecutivo y a la Corte Suprema, en el cual los ciudadanos ordinarios solo vienen llamados a expresar su apoyo o rechazo al cambio constitucional (principalmente con su voto en elecciones nacionales)[49]. En otras palabras, la política constitucional no viene acompañada de mecanismos que aumenten la participación de los ciudadanos (como son las asambleas constituyentes convocadas 'desde abajo' y las iniciativas populares) en la re-constitución del sistema jurídico. El problema, por supuesto, es que el principio de la *participación popular* es, junto con la apertura democrática, uno de los componentes básicos del ideal democrático. El hecho de que la democracia requiera la participación popular en la producción de todas las leyes es casi axiomático. El autogobierno democrático no solo supone una "comunidad de ciudadanos -el *demos*- [que] proclama que es absolutamente soberano" (es decir, el principio de

49 Considere, por ejemplo, la propuesta de ACKERMAN acerca de una Iniciativa Soberana Popular: "En vez de intentar reformar la constitución conforme al procedimiento establecido en el artículo V, el vehículo para un cambio constitucional debería ser una ley especial que voy a denominar Iniciativa Popular Soberana. Propuesta por un presidente (en su segundo periodo), esta Iniciativa deberá ser sometida al Congreso para obtener la aprobación de dos tercios de sus miembros y luego deberá ser sometida a los votantes como parte de las próximas dos elecciones presidenciales. Si pasa estas pruebas, la Corte Suprema debería otorgarle un estatus constitucional" BRUCE ACKERMAN, *We the People 2: Transformations* (London: Belknap Press of Harvard University Press, 1998), p. 415.

la apertura democrática), sino que también requiere afirmar la "distribución equitativa de la actividad y el poder" entre todos los ciudadanos[50].

La democracia, después de todo, significa 'gobierno del pueblo' y las personas que la inventaron, los griegos, institucionalizaron esta definición en sus ordenamientos jurídicos. El ejemplo más famoso es la asamblea ateniense del siglo V (a. C.), la cual estaba abierta a todos ciudadanos hombres, libres y adultos[51] y que se reunía decenas de veces al año[52]. Esta institución descansaba en la premisa de que la

---

50 CASTORIADIS, "The Greek Polis", *supra* nota 45, p. 275.

51 Estas limitaciones son, por supuesto, inaceptables bajo estándares actuales, pero no debe olvidarse que hasta el siglo XX muchos países le negaban a las mujeres el derecho al voto y que fue hace menos de 200 años que la esclavitud fue abolida en algunas de las 'democracias más antiguas' del mundo.

52 CLAUDE AKE, "Dangerous Liaisons: The Interface of Globalization and Democracy" en *Democracy's Victory and Crisis* (Alex Hadenius) (Cambridge: Cambridge University Press, 1997), p. 282. No está del todo claro cuántos atenienses asistían a la asamblea con regularidad. Una buena indicación es provista por TUCÍDIDES, quien expresó que por lo general había 5.000 ciudadanos presentes, así como por el hecho de que el quórum requerido para algunas decisiones se encontraba establecido en 6.000. Ver, CHRISTOPHER W. BLACKWELL, "The Assembly" en *Demos: Classical Athenian Democracy* (A. MAHONEY & R. SAIFE eds.) (2003) online: The Stoa: a consortium for electronic publication in the humanities <http://www.stoa.org>. Por supuesto, esto no quiere decir que todos los ciudadanos presentes participaran activamente de los debates. Sobre este punto, ver, NADIA URBINATI, *Representative Democracy: Principles and Genealogy* (Chicago University Press, 2006).

gente común no solo es competente para elegir a sus gobernantes, sino para hacer juicios políticos sobre cuestiones de fondo[53]. Los revolucionarios europeos y norteamericanos del siglo xviii también entendieron a la democracia de ese modo, como el gobierno de todos por todos[54]. Los críticos modernos, como Jean Bodin[55] y Adam Ferguson[56], también la visualizaban así, y precisamente por esa razón se oponían a ella[57]. Para ellos, la participación popular era problemática por naturaleza, ya que necesariamente incluía la concesión de poder político a las clases bajas, lo que consideraban por sí mismo una razón para preocuparse. Los federalistas estadounidenses también están

---

53 Wood, *supra* nota 38.

54 Ver, Michael Hardt & Antonio Negri, *Multitude: War and Democracy in the Age of Empire* (New York: Penguin Press, 2004).

55 Bodin describió a los 'estados populares' como "...el refugio de todos los espíritus desordenados, rebeldes, traidores, marginados que incitan y ayudan a las clases bajas a arruinar lo grande. Por las leyes guardan ninguna estima" Jean Bodin, *Six Books of the Commonwealth,* MJ Tooley (trad.) (New York: Macmillan Company, 1955), p. 192-93.

56 Ferguson, hablando durante el siglo xviii, dudaba de que las mayorías pobres, personas que durante todas sus vidas habían confinado sus esfuerzos a luchar por su propia subsistencia, pudiesen ser confiados con el gobierno de naciones. Aquellos hombres, escribió, "[C]uando son admitidos a deliberar sobre cuestiones de Estado, traen a los consejos confusión y tumulto o servilismo y corrupción." Adam Ferguson, *An Essay on the History of Civil Society, 1767* (Edinburgh: Edinburgh University Press, 1978), p. 187.

57 Ake, "Dangerous Liaisons", *supra* nota 52.

incluidos en este grupo y nunca fueron tímidos en demostrar su miedo a la democracia.

Por ejemplo, James Madison advirtió que "las democracias puras siempre han sido espectáculos de turbulencia y contención, nunca han sido compatibles ni con la seguridad personal ni con los derechos de propiedad, y en general, sus vidas han sido cortas, como violentas han sido sus muertes"[58]. Los federalistas no solo pensaban que la democracia exigía la participación popular, sino que ofrecieron un sistema representativo como una alternativa más segura[59]. Madison llegó a sostener que la voz de los representantes sería "más acorde con el bien público que si se pronunciara por el pueblo mismo"[60], y por momentos pareció recomendar una federación grande (en oposición a una confederación de entidades autónomas)

---

58 James Madison, "Federalist n.º 10" en *The Federalist Papers* (Clinton Rossiter ed.) (New York: New American Library, 1961), p. 61. Hay que señalar, sin embargo, que para Madison, así como para la mayoría de los críticos tempranos de la democracia, la 'democracia' era siempre entendida como democracia directa, no como democracia representativa.

59 Ake, "Dangerous Liaisons", *supra* nota 52, p. 283. Ver, además, Wood, *supra* nota 38, p. 77. El problema aquí no es el principio de representación en sí mismo (y no tengo como propósito plantear un conflicto entre democracia directa y representativa), el cual es una pieza inevitable de cualquier sistema político contemporáneo, sino una idea muy presente en el contexto de la experiencia americana del siglo xviii: que el pueblo debería entregar su poder político a sus representantes y que las decisiones sustantivas deben ser dejadas en manos de estos últimos.

60 Madison, *supra* nota 58, p. 82.

con el fin de hacer necesario ese tipo de sistema[61]. Tanto para los griegos como para los críticos modernos de la democracia, las implicaciones prácticas de este ideal son razonablemente claras: la democracia exige la adopción de instituciones que den lugar a la participación directa de los ciudadanos –en la medida de lo posible– en todos los aspectos de la actividad de gobernar. Como en una democracia el gobierno del pueblo se extendería a todos los asuntos, incluida la creación y re-creación de las leyes fundamentales,

61 "La pregunta resultante es si las repúblicas pequeñas o grandes son más favorables a las elecciones de los guardianes correctos del bienestar público; y se responde claramente en favor de las últimas por dos consideraciones obvias: En primer lugar, debe subrayarse que, por muy pequeña que sea una república, los representantes deben ser elevados a cierto número a fin de proteger contra las conspiraciones de unos pocos; y que, por muy grande que una república pueda ser, deben ser limitados a cierto número a fin de proteger contra la confusión de la multitud. Por lo tanto, el número de representantes, en los dos casos, no siendo proporcional a la de los dos constituyentes, y siendo proporcionalmente mayor en la pequeña república, se sigue que, si la proporción de caracteres correctos no será menor en la república grande que en la pequeña, la anterior presentará una opción mejor y, consecuentemente, una posibilidad mayor de una buena elección. En segundo lugar, como cada representante será electo por un número mayor de ciudadanos en la república grande, será más difícil que candidatos indignos practiquen con éxito el arte vicioso por el cual las elecciones son llevadas a cabo con mucha frecuencia; y el sufragio del pueblo será más libre, tenderá a centrarse más en hombres que poseen méritos...". Ver MADISON, *supra* nota 58; Ver, AKE.: "Dangerous Liaisons", *supra* nota 52, p. 283; WOOD, *supra* nota 38, p. 77.

los críticos consideraban a la participación popular como una amenaza.

No es difícil entender por qué el principio de la participación popular es un componente básico de la democracia: este principio respeta la igualdad de todos los ciudadanos, y reconoce su capacidad para gobernarse a sí mismos mediante la deliberación sobre cuestiones políticas. Un proceso de reforma constitucional liderado por expertos o élites políticas expresa una incomodidad con el auto-gobierno, lo cual sugiere que algunas personas están mejor preparadas para decidir acerca del contenido del orden constitucional. No es sorprendente que el principio de participación popular haya sido descuidado por influyentes exponentes de la teoría democrática[62]. El argumento usual es que no importa cuán deseable sea, la participación continua de los ciudadanos en la creación del derecho no es posible en sociedades grandes y complejas. Aunque eso podría ser cierto en lo que respecta a la democracia al nivel del gobierno de todos los días (y de hecho este es precisamente el foco de dichas teorías), no lo es con respecto a la reforma constitucional, cuya naturaleza episódica hace posible otros tipos de prácticas políticas.

Por eso, cualquier teoría constitucional democrática debería contemplar la elaboración de propuestas

---

62 El mejor ejemplo es Dahl, *supra* nota 45. Ver además la obra y los trabajos influenciados por Joseph Schumpeter, *Capitalism, Socialism and Democracy* (New York: Harper & Row, 1976).

dirigidas a maximizar el papel de los ciudadanos comunes y corrientes en la producción de normas constitucionales. Una teoría constitucional que no hace tal esfuerzo, sino que se centra en presentar argumentos dirigidos a demostrar que, a pesar de toda la evidencia de lo contrario, la democracia reina en los regímenes constitucionales liberales, no merece la etiqueta de 'democrática'. Desafortunadamente, Ackerman no presenta argumentos ni propuestas claras para un aumento en la participación popular en la reforma constitucional, a menos que uno entienda por 'participación popular' lo que ocurre cuando un gobierno avanza determinados cambios constitucionales con el *apoyo* de 'Nosotros el Pueblo'[63]. Así, mientras Ackerman representa un avance parcial respecto a la propuesta de Waldron, procede de forma muy abstracta, sin tratar de proporcionar los medios para que los ciudadanos puedan deliberar y decidir directamente sobre el contenido de su constitución.

III. Por un constitucionalismo débil

Cada uno de los enfoques discutidos anteriormente adolece de un déficit democrático importante. Sin embargo, es posible recuperar importantes enseñanzas de cada uno. En primer lugar, el énfasis en los derechos

---

63 Esto no quiere decir que Ackerman no considere a la participación y deliberación popular importante. Ver, por ejemplo, Bruce Ackerman & James S Fishkin, *Deliberation Day* (New Haven, CT: Yale University Press, 2004).

de Dworkin nos recuerda que, independientemente de las limitaciones que imponen los derechos a la voluntad popular, hay una conexión importante entre la democracia y los derechos. Es decir, hay algunos derechos, como la libertad de asociación, el derecho al voto y la libertad de expresión (pero también otros derechos individuales necesarios para el desarrollo de opiniones independientes así como para la satisfacción de necesidades básicas)[64], sin los cuales cualquier ejercicio democrático sería imposible. En segundo lugar, el rechazo de la revisión judicial por parte de Waldron apunta hacia una consecuencia ineludible de cualquier teoría constitucional democrática: las decisiones importantes deben estar, como mínimo, en manos de instituciones democráticamente electas. Finalmente, la teoría dualista de Ackerman nos muestra que la democracia es más que lo que sucede dentro

64 Existe una clara relación entre los derechos y la democracia, que va mucho más allá de los derechos políticos básicos. Por supuesto, los derechos políticos básicos son una condición necesaria para la existencia de procesos democráticos, pero no son una condición suficiente para la democracia. Por ejemplo, los ciudadanos necesitan tener la oportunidad de desarrollar sus opiniones en una esfera libre de intervención de terceros (lo cual requiere el respeto de derechos de privacidad), y en sociedades desiguales, la ausencia de protección de derechos económicos y sociales dificulta (o en algunos casos imposibilita) cualquier expresión democrática. Para un análisis ver: Jürgen Habermas, *Between Facts and Norms: Contributions to a Discourse Theory of Law and Democracy* (Cambridge: MIT Press, 1996); Corey Brettschneider, *Democratic Rights: The Substance of Self-Government* (Princeton: Princeton University Press 2007).

de los parlamentos, y que el cambio constitucional no necesariamente debe ocurrir mediante los procedimientos ordinarios de reforma. Si uno quiere construir una teoría constitucional democrática, esas ideas son importantes, pero no suficientes. Es necesario mover al constitucionalismo más cerca de la democracia en vez de llevar a la democracia más cerca del constitucionalismo. Es decir, alterar el 'balance' entre estos ideales en favor del auto-gobierno.

La democracia constitucional es la teoría dominante (defendida de diferentes formas por Dworkin, Waldron, y Ackerman) al respecto de cuál debe ser la relación entre el constitucionalismo y la democracia, así como el balance entre estos dos ideales. Pero no es ni la única teoría, ni el balance propuesto es el único posible. Existe una noción del constitucionalismo más sensible a los principios de la participación popular y la apertura democrática. Yo llamo a esa noción el *constitucionalismo débil*, en el cual descansan las propuestas que serán presentadas a lo largo de este libro[65]. El constitucionalismo débil, para usar la frase de Unger, entiende a la constitución como la "creación y propiedad de un pueblo libre y democrático"[66], y no la coloca bajo el dominio exclusivo de juristas y expertos. Al tomar en serio la segunda dimensión de la

---

65 Para una defensa del constitucionalismo débil, ver, Joel I. Colón-Ríos, *Weak Constitutionalism: Democratic Legitimacy and the Question of Constituent Power* (London: Routlegde, 2012).

66 Roberto Mangabeira Unger, *What Should Legal Analysis Become?* (London: Verso, 1996).

democracia, no percibe a una ciudadanía activa como una amenaza (incluso cuando sus acciones podrían resultar en la destrucción de la constitución y en el surgimiento de una nueva), sino como la posibilidad de crear un orden constitucional más justo. A diferencia de la versión tradicional del constitucionalismo, no concibe a una constitución liberal como la encarnación de principios universales. Por el contrario, toma a las constituciones por lo que realmente son –obras de distintos grupos de seres humanos y el resultado de luchas políticas– y reconoce la necesidad de mantener un terreno político-constitucional permanentemente abierto.

A continuación, esbozo las premisas básicas de una teoría del constitucionalismo débil. En primer lugar, el constitucionalismo débil no asume el ejercicio del poder constituyente como un acontecimiento político que se debe evitar a toda costa[67]. En ese sentido, se aparta de la noción de Dworkin, quien indirectamente defiende la prioridad de las formas constitucionales sobre el poder constituyente del pueblo. El constitucionalismo débil descansa en la idea de que existe una tensión permanente (y sin solución jurídica) entre la constitución y el poder político sobre el cual esta se apoya. En lugar de privilegiar la supremacía de las formas constitucionales por medio de una constitución difícil o imposible de modificar, reconoce a

67 La teoría del poder constituyente será discutida en detalle en el capítulo 3.

la constitución como ley superior (y en este sentido, establece límites al poder legislativo, tanto respecto a la creación de leyes ordinarias como con respecto a la reforma constitucional), pero deja la puerta abierta para el ejercicio futuro del poder constituyente. Así, el constitucionalismo débil no trata de resolver la tensión entre el constitucionalismo y la democracia, sino que la reconoce como una consecuencia inevitable de adoptar una ley suprema y, más aún, la intensifica al otorgar a los ciudadanos los medios para transformar el texto constitucional en cualquier momento. Dicho de otra manera, el constitucionalismo débil exige que la distinción entre la gobernanza democrática y la democracia a nivel de las leyes fundamentales asuma un significado real en la práctica constitucional.

En segundo lugar, el constitucionalismo débil viene acompañado de la idea, ausente en el enfoque de Waldron, de que las transformaciones constitucionales importantes no deben ser llevadas a cabo por las instituciones ordinarias del Estado. Estas instituciones están diseñadas para operar al nivel del gobierno de todos los días, donde la maximización de la participación popular no es posible. El constitucionalismo débil no recomienda una constitución que, al igual que una ley ordinaria, puede ser fácilmente modificada por las mayorías populares, si el término mayorías populares se refiere simplemente a la mayoría de los funcionarios estatales que se sientan en una legislatura[68]. Cuando

---

68 El constitucionalismo débil requiere un grado de apertura

una transformación constitucional importante es necesaria, el constitucionalismo débil exige que esta se realice mediante un ejercicio de participación popular similar al proceso ideal presente cuando una constitución es originalmente adoptada (lo cual no significa necesariamente que alterar el texto constitucional será fácil, sino que el proceso para modificarlo debe ser altamente participativo). La participación popular no puede limitarse a un proceso en que los expertos redactan el texto constitucional y lo someten a un 'sí' o 'no' en un referendo, sino que implica un proceso por medio del cual los ciudadanos pueden proponer, deliberar y decidir sobre el contenido de su constitución.

---

democrática que no resulta posible ni tampoco deseable en el contexto de una legislatura ordinaria. Si la legislatura es atribuida con el poder de alterar libremente la constitución (aún si es sometida a obstáculos procedimentales ausentes en la aprobación de leyes ordinarias) sin la intervención de los ciudadanos, la legitimidad democrática del orden constitucional se verá afectada (el concepto de legitimidad democrática será objeto de análisis en el capítulo 3). Deberían ser los ciudadanos, y no la legislatura, quienes decidan libremente el contenido de su constitución (en un contexto consistente con el principio de apertura democrática). Además, generalmente, reescribir una constitución significa alterar las maneras en que el poder legislativo es ejercido (p.ej. sustituir una legislatura bicameral con una unicameral, introducir instituciones como el referendo revocatorio etc.). Permitir a una legislatura deliberar y decidir sobre ese tipo de cambios conduciría a la violación del antiguo principio que establece que nadie debería ser el juez en su propia causa. Ver: Andrew Arato, "Dilemmas Arising from the Power to Create Constitutions in Eastern Europe", 14 *Cardozo L. Rev.* 661 (1993) p. 668.

En tercer lugar, el constitucionalismo débil descansa en una noción participativa de la ciudadanía. El ciudadano no es visto simplemente como un ser humano con derechos que participa en la política mediante la elección de funcionarios cada cierto tiempo, sino como alguien capaz de participar en la (re) creación de las normas que rigen el Estado. En otras palabras, un ciudadano es alguien que participa (no en el sentido de ACKERMAN sino en un sentido real, por medio de mecanismos extraordinarios, como iniciativas populares y asambleas constituyentes, mecanismos que serán examinados en el capítulo 4) en la legitimación democrática del orden constitucional y que sabe que, a pesar de todas las imperfecciones de ese orden, el mismo se puede transformar. Esta noción del ciudadano no solo es más consistente con el ideal democrático, sino que podría dar lugar al desarrollo de un sentido de identificación de los ciudadanos con el orden constitucional, lo que les permitiría ver a la constitución como su propio trabajo en curso, y no simplemente como la encarnación de la voluntad colectiva de un misterioso 'Pueblo'[69].

69 Para un enfoque sobre las maneras en que una ciudadanía activa puede realzar la virtud cívica y mejorar la calidad de gobernanza democrática, ver, FRANCES HAGOPIAN, "Latin American Citizenship and Democratic Theory" en *Citizenship in Latin America* (JOSEPH S. TULCHIN & MEG RUTHENBURD eds.) (Colorado: Lynne Reinner Publishers, 2006); MICHAEL WALZER, "The Civil Society Argument" en *Theorizing Citizenship* (RONALD EBEINER ed.) (Albany: State University of New York Press, 1995);

Cuando considera que una reforma constitucional es necesaria, esa ciudadanía lleva a cabo distintos actos de participación política con el fin de crear el clima adecuado para que los mecanismos extraordinarios de reforma constitucional sean activados.

IV. Conclusión

El debate entre el constitucionalismo y la democracia nunca alcanzó su potencial. Las perspectivas dominantes en la teoría constitucional norteamericana, aquí analizadas por medio de las obras de Dworkin, Waldron y Ackerman, se caracterizan por presentar el constitucionalismo como el *telos* democrático. Incluso los teóricos de claras inclinaciones democráticas, como Waldron, tienden a defender la supremacía parlamentaria y a dirigir sus energías en contra de la institución de la revisión judicial. El resultado inevitable es que la participación de los ciudadanos ordinarios en la reforma constitucional es movida a un segundo plano[70]. Para abordar la relación entre el

---

Robert D. Putnam, *Making Democracy Work: Civic Traditions in Modern Italy* (Princeton: Princeton University Press, 1993).

70 Una notable excepción es Allan C. Hutchinson que, además de ser un crítico de la revisión judicial, va más allá de la dicotomía entre supremacía judicial/parlamentaria y hace énfasis en la participación popular en la reforma constitucional (incluyendo una propuesta de asambleas jeffersonianas convocadas más o menos cada década). Allan C. Hutchinson, "A 'Hardcore' Case against Judicial Review",121 *Harv. Law. Rev. Forum* 57 (2008), p. 58.

constitucionalismo y la democracia desde una perspectiva decididamente democrática, es necesario repensar las maneras en que los ciudadanos se relacionan (y pueden relacionarse) con el orden constitucional. En ese sentido, la adopción o el rechazo de la revisión judicial no es tan central como el hecho de que los ciudadanos tengan posibilidades de deliberar y decidir sobre el contenido de su constitución. La institución de la revisión judicial de la legislación, en el contexto de la democracia a nivel de las leyes fundamentales, no representa un problema, siempre y cuando, al igual que cualquier otra institución y principio, esté abierto a la reconsideración democrática[71]. El pueblo podría optar -quizás equivocadamente pero mediante un proceso democrático- por experimentar con la revisión judicial de la misma forma que podría decidir experimentar con otras instituciones que sufren de déficits democráticos fundamentales[72].

Ir más allá de la cuestión de la legitimidad de la revisión judicial nos permite pensar en la relación entre el constitucionalismo y la democracia desde una nueva perspectiva. Nos vemos obligados a mirar hacia la relación entre los ciudadanos y las constituciones, a los medios disponibles (y no disponibles) para realizar la democracia a nivel de las leyes fundamen-

71 La institución de la revisión judicial será objeto de análisis en el capítulo 7.

72 Por supuesto, en los órdenes constitucionales contemporáneos este no es el caso: la revisión judicial se presenta casi como una característica 'natural' e inmutable de una sociedad justa.

tales, en vez de centrar nuestra atención en quienes deben tener la última palabra sobre el significado de una disposición constitucional. Esto, por supuesto, aumenta las expectativas de manera exponencial: los teóricos constitucionales ya no deben decidir cuál de las dos instituciones (el poder judicial o legislativo) debería gozar de más o menos poder. Por el contrario, tendrían la obligación de poner a prueba su confianza en (y sus prejuicios sobre) los ciudadanos ordinarios. En otras palabras, la decisión estaría entre confiar en la creatividad política de la ciudadanía y proponer mecanismos para incrementar la participación popular en la reforma constitucional, o la de abiertamente declarar el miedo –honesto y bien intencionado– a otorgar tal grado de poder político a grandes multitudes. Se trata de una decisión altamente política que no le resulta cómoda al mundo de las constituciones, de los principios y de las adjudicaciones razonadas, pero que tiene el potencial de producir una nueva forma de pensar sobre lo que significa proponer una teoría constitucional democrática en el siglo XXI.

CAPÍTULO 3

LA LEGITIMIDAD DE LO JURÍDICO: DEMOCRACIA, PODER CONSTITUYENTE, Y LOS LÍMITES DE LA REFORMA CONSTITUCIONAL*

No todos los órdenes constitucionales son resultado de procesos altamente democráticos. De hecho, muchos países que disfrutan de distintos grados de gobernanza democrática, frecuentemente operan bajo constituciones adoptadas con poca o ninguna participación de los ciudadanos ordinarios[1]. Otros países sufren de un problema distinto: operan a partir de constituciones adoptadas bajo la presión de poderes

---

* Basado en un artículo titulado "The Legitimacy of the Juridical: Democracy, Constituent Power and the Limits of Constitutional Reform", publicado en el 2010 por el *Osgoode Hall Law Journal*.

1 El caso de Canadá en 1982 constituye un buen ejemplo. Un país con una economía fuerte y con una arraigada tradición democrática llevó a cabo una serie de importantes cambios constitucionales mediante un proceso liderado por las élites políticas del momento y en el cual la participación de los ciudadanos ordinarios estuvo limitada a un número de consultas en comités que carecían de poder de decisión. Para un debate ver, Peter H. Russell, *Constitutional Odyssey: Can Canadians Become a Sovereign People?* (Toronto: Toronto University Press, 2004).

extranjeros, aun cuando hayan sido redactadas por asambleas constituyentes electas por el pueblo y ratificadas en referendo[2]. ¿Será posible que órdenes constitucionales como esos, adoptados de arriba abajo o caracterizados por un origen dudosamente democrático, pudiesen caracterizarse de legítimos desde una perspectiva democrática? Este capítulo defenderá la tesis de que el hecho de que una constitución haya sido el resultado de un proceso no-democrático, no necesariamente la convierte en ilegítima. Por el contrario, su legitimidad democrática podría descansar en que, a pesar de sufrir de un déficit democrático a nivel de las leyes fundamentales (por ejemplo, constituciones adoptadas por un grupo selecto de juristas bien intencionados o bajo las órdenes de un gobierno extranjero), la misma puede ser democráticamente *re-constituida*.

---

2 Un ejemplo de este tipo es Puerto Rico, que adoptó una constitución (Constitución del Estado Libre Asociado, 1952) por medio de una Convención Constituyente electa y luego de una serie de referendos, pero cuyo contenido fue limitado de antemano (así como luego de que la constitución fuese adoptada) por el Congreso de Estados Unidos. Ver, JOSÉ TRÍAS MONGE, *Historia Constitucional de Puerto Rico*, Vol. III (San Juan: Editorial de la Universidad de Puerto Rico, 1982). Uno de los más recientes ejemplos de constituciones impuestas desde afuera pero adoptada bajo procesos formalmente democráticos, es la Constitución de Irak (2005). Ver, ANDREW ARATO, *Constitution Making Under Occupation: The Politics of Imposed Revolution in Iraq* (New York: Columbia University Press, 2009); NOAH FELDMAN, "Imposed Constitutionalism", 27 *Connecticut Law Review* 857 (2005).

Una vez defendida esa tesis, intentaré responder a la pregunta sobre qué características debe tener una constitución para que pueda ser considerada susceptible a una re-constitución democrática. Para responder a este interrogante, desarrollaré la distinción entre la reforma constitucional ordinaria y el ejercicio del poder constituyente; la primera sujeta a ciertos límites, el segundo apuntando hacia episodios de intensa participación popular en los cuales la sociedad produce nuevas formas jurídicas sin verse atada al derecho positivo vigente. Para alcanzar este objetivo, el capítulo necesita hacer dos cosas. Primero, deberá proveer una explicación de lo que se quiere comunicar mediante la idea de *legitimidad democrática*, utilizada por diversos autores de maneras distintas. La noción de legitimidad democrática defendida en este capítulo es altamente procesal y está conectada de manera importante al concepto de poder constituyente. Es diferente, por ejemplo, de las nociones 'sociológicas' o 'filosóficas' de la legitimidad. Según fue sugerido anteriormente, la misma mantiene que, en el contexto de un orden constitucional, la legitimidad democrática depende de una condición básica: la constitución debe ser susceptible de ser re-constituida democráticamente.

Esto quiere decir que, además de reconocer derechos básicos de participación política, la constitución debe incluir algún mecanismo institucional designado para permitir a los ciudadanos iniciar, deliberar y decidir sobre cambios constitucionales fundamentales; una apertura para que el poder constituyente pueda manifestarse de tiempo en tiempo. Así, la idea de democracia que le da forma a esta noción de la legitimidad requiere que los ciudadanos tengan la facultad de convertirse en autores de su constitución (incluso si no lo fueron en el momento en el que la constitución fue creada). Además, la misma supone que el ejercicio del poder constituyente es una manifestación de la democracia a nivel de las leyes fundamentales, y que este no se agota en el acto original de creación constitucional. Segundo, el capítulo debe considerar las implicaciones de esta noción de legitimidad democrática en relación con la reforma constitucional. La legitimidad democrática de un orden constitucional, después de todo, depende de su actitud frente a la posibilidad de la reforma y de las oportunidades que este provee para la participación popular en los momentos de cambio.

Sin embargo, si fuese necesario que cada cambio constitucional se adoptara mediante procesos extraordinarios y altamente participativos, la idea de legitimidad democrática carecería de toda aplicación práctica. Las constituciones a veces deben ser enmendadas para corregir defectos menores o para reemplazar alguna disposición que se haya vuelto anacrónica[3]. Un sistema en el cual *todas* las enmiendas

3 Un ejemplo (en el contexto de la constitución de Canadá) de una enmienda constitucional que, si bien es importante, no parecería requerir un proceso de alta participación popular, fue la enmienda que cambió el nombre de la "Provincia de Newfounland", a la "Provincia de Newfoundland y Labrador".

deben ser adoptadas por medio de un proceso que requiera altos niveles de participación popular no sería ni práctico ni deseable. La solución, sin embargo, no se encuentra en el extremo opuesto, es decir, en sistemas en los cuales supermayorías parlamentarias pueden llevar a cabo *cualquier* cambio constitucional, con una participación ciudadana mínima o inexistente (este es el caso, por ejemplo, de Estados Unidos y la mayoría de los Estados constitucionales modernos). La solución a este problema, a mi juicio, requiere acudir a una distinción entre cambios constitucionales ordinarios y fundamentales, cada uno sujeto a distintos procesos (y solamente los segundos requerirían un ejercicio del poder constituyente)[4].

El capítulo ha sido organizado de la siguiente manera: en la primera parte se introducen los conceptos de poder constituyente y legitimidad democrática. Esta primera parte (la cual descansa en la noción de la democracia presentada en el capítulo 1), comienza exponiendo los principios básicos de la teoría del poder constituyente y examina la relación entre poder constituyente y el ideal democrático. Además, explica como la condición básica de la legitimidad democrática (la susceptibilidad a la re-constitución), surge de una lectura democrática de la teoría del

---

Constitution Amendment 2001 (Newfoundland and Labrador). Le debo este ejemplo a Richard Albert.

4 En Colombia, un acercamiento similar fue propuesto en la aclaración de voto de Rodrigo Uprimny a la Sentencia 572 de 2004.

poder constituyente. La segunda parte analiza la distinción entre el cambio constitucional ordinario y el cambio constitucional fundamental mediante una discusión del pensamiento de CARL SCHMITT y JOHN RAWLS sobre los límites a la reforma constitucional. Esta distinción es central para mi argumento: solo el segundo tipo de cambio es equivalente al acto de crear una nueva constitución, y por eso requeriría el ejercicio del poder constituyente.

I. PODER CONSTITUYENTE Y LEGITIMIDAD DEMOCRÁTICA

Es posible analizar, atacar o defender la legitimidad democrática de un gobierno; la legitimidad democrática de una decisión de una legislatura o la legitimidad democrática de un oficial gubernamental particular. En este capítulo, sin embargo, la pregunta de la legitimidad democrática estará dirigida a los órdenes constitucionales. El orden constitucional incluye la constitución (ya sea una constitución escrita o no escrita)[5], y las estructuras jurídicas creadas por esta

5 Una clarificación importante es necesaria en este momento. Introducir cambios fundamentales en una constitución basada en la costumbre es, al menos teóricamente, mucho más fácil que hacerlo en el texto de una constitución escrita. Digo 'al menos teóricamente' ya que, aunque las constituciones no escritas pueden normalmente ser alteradas por simples mayorías legislativas, determinadas costumbres (las llamadas 'convenciones constitucionales') pueden estar tan arraigadas en la cultura jurídico-política de un país que su modificación, en la práctica, puede ser altamente difícil o virtualmente

(por ejemplo, las ramas judicial, legislativa, y ejecutiva), así como las interpretaciones oficiales acerca de lo que la constitución requiere. En otras palabras, un orden constitucional es el aparato jurídico que le da forma al ejercicio del poder en determinada jurisdicción, y su componente más fundamental es el documento o el grupo de principios conocidos como 'la constitución'. En ese sentido, hablar del nacimiento de un orden constitucional y del nacimiento de una constitución nueva es más o menos lo mismo. Esta noción de lo que constituye un 'orden constitucional' y una 'constitución' es estrictamente doméstica: las obligaciones creadas por tratados internacionales (por ejemplo, las obligaciones adquiridas como resultado de acuerdos comerciales) que para todos los efectos prácticos funcionan como una suerte de *supra-*

---

imposible. Las constituciones no escritas (o contenidas parcialmente en la legislación ordinaria, como las del Reino Unido y Nueva Zelanda), y por lo tanto susceptibles a ser enmendadas a través de los mismos procesos aplicables a la creación de cualquier ley, son generalmente vistas como menos vulnerables a distintos tipos de críticas que se le hacen (desde una perspectiva democrática) a las constituciones escritas. Sin embargo, este tipo de constitución no necesariamente cumplirá con la condición mínima de la legitimidad democrática propuesta en este capítulo. Es decir, la legitimidad democrática requiere una constitución que pueda ser alterada mediante procesos altamente participativos, parecidos a aquellos que se utilizan en la creación de nuevas constituciones, no por medio de los actos de legislaturas ordinarias. Para un análisis, ver, Joel I. Colón-Ríos, "New Zealand's Constitutional Crisis", 24 *New Zealand Universities Law Review* 448-477 (2011).

constitución, quedan por lo tanto excluidas[6]. Según lo señalado en la introducción, la noción de legitimidad democrática presentada en este capítulo descansa de manera importante en la teoría del poder constituyente. Procedo entonces a introducir el concepto de poder constituyente y enfatizo en sus conexiones con la democracia y con la legitimidad democrática.

a. Un acercamiento a la teoría del poder constituyente

El poder constituyente, un concepto hasta recientemente ausente de la teoría constitucional anglo-americana, pero muy presente en el constitucionalismo latinoamericano, se refiere al poder de crear una constitución[7].

---

6 Este es por supuesto un tema importante, pero el mismo requiere un tratamiento separado. Ver, por ejemplo, STEPHEN CLARKSON, *Uncle Sam and Us, Globalization, Neoconservatism and the Canadian State* (Toronto: University of Toronto Press, 2002); DAVID SCHNEIDERMAN, *Constitutionalizing Economic Globalization: Investments Rules and Democracy's Promise* (Cambridge: Cambridge University Press, 2008).

7 Aunque el concepto de poder constituyente recientemente ha comenzado a aparecer en los trabajos de teóricos constitucionales en países como Estados Unidos y Reino Unido (ver, por ejemplo, *The Paradox of Constitutionalism: Constituent Power and Constitutional Form* (MARTIN LOUGHLIN and NEIL WALKER eds.) (Oxford: Oxford University Press, 2007), es todavía muy común encontrar escritos sobre reforma constitucional y creación de nuevas constituciones en los cuales las referencias a la teoría del poder constituyente son escasas o inexistentes. Ver, por ejemplo, BRUCE ACKERMAN, *We the People: Foundations* (Cambridge, MA: Harvard University Press, 1991); AKHIL REED AMAR, "The Consent of the Governed: Constitutional Amendment Outside

Es la fuente última de las normas que componen a un sistema jurídico. La teoría clásica del poder constituyente descansa en la distinción entre una voluntad política previa y superior a la constitución existente (el poder *constituyente*) y las formas constitucionales creadas por el titular del poder constituyente (los poderes *constituidos*). El titular del poder constituyente viene llamado a determinar las maneras en que el poder público será ejercido y a establecer los procesos para la creación de leyes ordinarias, y los poderes constituidos a ejercer las funciones y facultades enumeradas en la constitución. De forma más controversial, las formulaciones más conocidas de la teoría del poder constituyente (desarrolladas por Emmanuel Sieyès y Carl Schmitt)[8] le atribuyen al poder constituyente no solo la facultad de crear nuevas constituciones, sino además la capacidad de no agotarse una vez que la nueva constitución entra en vigor (y, por lo tanto, la facultad de prevalecer por sobre las normas constitucionales establecidas).

Article v", 94 *Columbia L. Rev.* 457 (1994); Sanford Levinson, *Our Undemocratic Constitution: Where the Constitution Goes Wrong (And How the People can Correct It* (New York: Oxford University Press, 2006); Walter Murphy, *Constitutional Democracy: Creating and Maintaining a Just Political Order* (Baltimore: The Johns Hopkins University Press, 2007).

8 Emmanuel Joseph Sieyès, *What is the Third Estate?* (New York: Praeger, 1963) [Emmanuel Joseph Sieyès, *¿Qué es el Estado Llano?* (Madrid: Instituto de Estudios Políticos, 1950)]; Carl Schmitt, *Teoría de la Constitución* (Madrid: Editorial Revista de Derecho Privado, 1927).

La primera elaboración[9] de la distinción entre poder constituyente y poder constituido es atribuible a Sieyès, y está contenida en su influyente *¿Qué es el Tercer Estado?*[10] Allí Sieyès identificó *la nación* como único titular legítimo del poder constituyente y, en consecuencia, como poseedora de la facultad de adoptar una constitución para Francia[11]. "La nación", escribió

---

9 En un discurso en la Asamblea Constituyente, Sieyès reclamó que la distinción entre poder constituyente y poder constituido fue 'descubierta' por los franceses en 1788 (es decir, el año en que él mismo escribió *¿Qué es el Tercer Estado?*). En sus *Mémoires,* La Fayette ubicó el origen del concepto de poder constituyente en la tradición constitucional norteamericana, y rechazó la idea de que hubiese sido Sieyès el creador de esta distinción. Raymond Carré De Malberg, *Teoría General del Estado* (Fondo de Cultura Económica, 1948), p. 1186. Ver, además, Andrew Arato, "Dilemmas Arising from the Power to Create Constitutions in Eastern Europe" 14 *Cardozo L. Rev.* 661 (1993), p. 666; Claude Klein, "A Propos Constituent Power: Some General Views in a Modern Context", en Antero Jyränky (ed.) *National Constitutions in the Era of Integration* (The Hague: Kluwer Law International, 1999). De hecho, el término 'poder constituyente', ha hecho varias apariciones en el discurso constitucional inglés desde tan temprano como el siglo xvii y además estuvo presente durante la revolución de independencia en los Estados Unidos (aunque la teoría del poder constituyente ya no juegue un papel importante en la tradición anglo-americana). Para una discusión, ver, Joel Colón-Ríos, "Five Conceptions of Constituent Power" (a publicarse en: *Law Quarterly Review,* 2014). No obstante, todo apunta hacia que Sieyès fue probablemente el primero en elaborar la distinción entre poder constituyente y poder constituido a nivel teórico.

10 Sieyès, *supra* nota 8.

11 La concepción de 'la nación', en Sieyès puede separarse de

SIEYÈS, "existe ante todo y es el origen de todo. Su voluntad es siempre legal, es la ley misma. Antes de ella, por encima de ella, no hay más que el derecho natural"[12]. La nación, como titular del poder constituyente, se encuentra en una situación similar a los individuos en el estado de naturaleza, lo cual implica

---

cualquier consideración étnica: una nación para SIEYÈS consiste en un cuerpo de asociados que viven bajo las mismas leyes y que son representados por la misma asamblea. SIEYÈS, *supra* nota 8, p. 58. Ver, además, WILLIAM E. SCHEUERMAN, "Revolutions and Constitutions" en *Law as Politics: Carl Schmitt's Critique of Liberalism* (DAVID DYZENHAUS ed.) (Durham: Duke University Press 1998), p. 259.

12 SIEYÈS, *supra* nota 8, p. 124 [147]. Para SIEYÈS, el poder constituyente no es un poder arbitrario, sino que se encuentra limitado por los imperativos del derecho natural. Por ejemplo, SIEYÈS consideraba que la voluntad nacional, para gozar de legitimidad, debía actuar de manera consistente con la seguridad, libertad, y bienestar de la sociedad. Ver, SCHEUERMAN, *supra* nota 11, p. 260. SIEYÈS también consideraba sagrado el derecho de propiedad, el cual le servía de 'límite' a la voluntad nacional. Ver, J. L. TALMON, *The Origins of Totalitarian Democracy: Political Theory and Practice During the French Revolution and Beyond* (Penguin Books, 1952), p. 74-75. Por supuesto, estos límites, al igual que los límites basados en el derecho natural que JEAN BODIN consideraba aplicables a los monarcas absolutos, no pueden ser impuestos a la nación por ninguna entidad externa. Además, SIEYÈS pensaba que el ejercicio del poder constituyente estaba sujeto a tres límites de un carácter más general: dicho ejercicio debería resultar en la adopción de una constitución; debía ser consistente con la voluntad del pueblo; y era temporal (terminando en la adopción de una nueva constitución, aunque pudiese ser activado nuevamente en el futuro). SIEYÈS, *supra* nota 8, p. 131 [155-156].

que su voluntad es superior e independiente de todas las formas constitucionales o procedimientos legales. El poder constituyente, de acuerdo con SIEYÈS, apunta hacia la habilidad de crear un nuevo punto de partida jurídico, una capacidad de colocarse fuera del orden constitucional vigente, evaluar su deseabilidad, y reemplazarlo o transformarlo de maneras fundamentales: "La voluntad nacional (...) no tiene necesidad más que de su realidad para ser siempre legal, porque es el origen de toda legalidad. No solamente la nación no está sometida a una constitución, sino que no *puede* estarlo, no *debe* estarlo, lo que equivale a decir que no lo está"[13].

---

13 SIEYÈS, *supra* nota 8, p. 126. La asociación del poder constituyente con el estado de naturaleza (por ejemplo, la idea de que la nación, en el ejercicio del poder constituyente, es equivalente a un individuo que se encuentra en el estado de naturaleza) no debe confundirse con la idea de que el ejercicio del poder constituyente solo tiene lugar durante la transición desde estado de naturaleza a la sociedad civil, una idea rechazada por el propio SIEYÈS (y como veremos posteriormente, por CARL SCHMITT). No existe duda de que el ejercicio del poder constituyente tiene lugar en el contexto de la creación de un nuevo estado, y por lo tanto el concepto de poder constituyente tiene importantes conexiones con los trabajos de THOMAS HOBBES, JOHN LOCKE, y JEAN JACQUES ROUSSEAU. Sin embargo, en las sociedades contemporáneas, el ejercicio del poder constituyente supone que el estado de naturaleza ya ha sido superado y que se está creando un nuevo orden constitucional (bajo el mismo estado) Cf. MURRAY FORSYTH, "Thomas Hobbes and the Constituent Power of the People", 29(2) *Political Studies* 191(1981).

A diferencia de otros teóricos del contrato social (como George Lawson y John Locke), Sieyès no condicionó el ejercicio del poder constituyente a instancias de tiranías y abusos del poder político en los cuales el gobierno se disuelve, y la soberanía es devuelta a la comunidad, quien entonces está autorizada a crear un orden constitucional nuevo. Es decir, Sieyès pensaba que la nación no podía quedar permanentemente sujeta a una constitución, que las generaciones presentes no podían renunciar a su derecho a recrear el orden constitucional y a alterar sus decisiones "desde el momento en que su interés lo exija"[14]. Las instituciones legales y políticas creadas mediante ejercicio del poder constituyente son identificadas por Sieyès como los poderes *constituidos*. Estos cuerpos (por ejemplo, el poder ejecutivo, judicial, y legislativo) siempre se encuentran limitados por las disposiciones constitucionales a las que deben su existencia y no pueden legítimamente llevar a cabo actos constituyentes (es decir, carecen de la facultad de crear constituciones nuevas)[15]. Por ejemplo, una legislatura ordinaria se ve obligada a adoptar leyes en la manera dispuesta por la constitución y, si la constitución le confiere el ejercicio del poder de reforma, solo puede ejercerlo

---

14 Sieyès, *supra* note 8, at 127 [150].

15 "Un cuerpo sometido a formas constitutivas no puede decidir nada más que según su constitución". Sieyès, *supra* nota 8, p. 134 [159]. "El Gobierno no ejerce un poder real más que en tanto es constitucional; solo es legal cuando es fiel a las leyes que le han sido impuestas". *Ibíd.*, p. 126 [149].

conforme a los procesos y límites contenidos en el texto constitucional.

En este sentido (y esta idea adquirirá gran importancia más tarde en este capítulo), para Sieyès, el poder de reformar una constitución es de una naturaleza distinta al poder constituyente[16]. Sin embargo, esto ayuda a salir a la superficie a una serie de preguntas adicionales, las cuales, como veremos posteriormente, tienen implicaciones importantes para la noción de legitimidad democrática aquí defendida. ¿Está sujeto el poder de reforma a límites de tipo sustantivo? ¿Qué hacer si el contenido de una reforma constitucional, a pesar de haber sido adoptado conforme al proceso de enmienda dispuesto en el texto constitucional, invade el terreno del poder constituyente y crea, para todos los efectos, una constitución nueva? Estas preguntas fueron consideradas por Schmitt y serán examinadas en un momento. Por ahora, concentrémonos en las maneras en que Schmitt desarrolló las ideas de Sieyès. En su famoso estudio de la Constitución de Weimar[17], Schmitt definió el poder constituyente como "la voluntad política cuya fuerza o autoridad es capaz de adoptar la concreta decisión de conjunto sobre modo

---

16 En este capítulo evitaré (hasta donde sea posible) hacer referencia a la distinción entre poder constituyente derivado y poder constituyente originario, distinción ausente tanto en Sieyès como en Schmitt. Sin embargo, recurriré a esa distinción en capítulos posteriores.

17 Schmitt, *supra* nota 8.

y forma de propia existencia política, determinando así la existencia de la unidad política como un todo"[18].

Así, en vez de adoptar la doctrina Kelseniana[19], conforme a la cual la validez de una constitución descansa en una norma básica presupuesta por el jurista, para SCHMITT dicha validez es el resultado de que la misma descansa en una decisión política: "La Constitución vale por virtud de la voluntad política existencial de aquel que la da"[20]. SCHMITT le atribuyó al titular del poder constituyente un poder soberano, es decir, la habilidad de ir más allá del orden constitucional establecido. Por eso, el ejercicio del poder constituyente no puede ser limitado o regulado por ninguna forma de derecho positivo. Esto no quiere decir, sin embargo, que el poder constituyente deba ser visto como equivalente a la voluntad arbitraria de un sujeto con la autoridad de violar la ley en cualquier momento[21]. El titular del poder constituyente

---

18 *Ibíd.*, p. 86.

19 HANS KELSEN, "The Function of a Constitution" en *Essays on Kelsen* (RICHARD TUR et al., eds.), (Clarendon Press: Oxford, 1986); HANS KELSEN, *General Theory of Law and State* (Cambridge, MA: Harvard University Press, 1949).

20 *Ibíd.*, p. 25.

21 Esta es la conclusión a la que llegan algunos autores descansando en la definición de soberanía contenida en *Teología Política:* "Soberano es quien decide sobre el caso de excepción". CARL SCHMITT, *Teología Política* (1922) en HÉCTOR ORESTES AGUILAR, *Carl Schmitt, Teólogo de la Política* (México: Fondo de Cultura Económica, 2001), p. 23. Ver, por ejemplo, GIORGIO AGAMBEN, *Homo Sacer: Sovereign Power and Bare Life* (Stanford: Stanford University Press, 1998). ANDREAS KALYVAS ha argumentado convincentemente

(al igual que para SIEYÈS), no puede verse sometido a ninguna forma de derecho positivo porque es el origen de todas las normas; es una fuerza creadora que solamente ignora el orden constitucional vigente porque se dispone a crear uno nuevo (no porque intenta convertirse en un legislador supremo permanente). SCHMITT también desarrolló la idea de SIEYÈS acerca de que las constituciones nacen y mueren, pero que el poder constituyente en el que descansan no puede ser destruido o consumido por el producto de su ejercicio: "Una vez ejercitado, no por ello se encuentra acabado y desaparecido el Poder constituyente. La decisión política implicada en la Constitución no puede reobrar contra su sujeto, ni destruir su existencia política. Al lado y por encima de la Constitución, sigue subsistiendo esa voluntad"[22].

---

que esta noción no toma debidamente en cuenta la distinción que SCHMITT hace entre la dictadura 'soberana' y la dictadura basada en una 'comisión'. En el segundo tipo de dictadura, el dictador posee la autoridad para suspender determinadas protecciones constitucionales (mediante la declaración de un Estado de excepción) con el único objetivo de eliminar una amenaza el orden constitucional vigente. Por el contrario, el dictador 'soberano' (quien para SCHMITT puede tomar la forma de un individuo o de una asamblea democráticamente electa), es el que crea un orden constitucional nuevo. En ese sentido el 'dictador soberano' no necesariamente equivale a un ejecutivo investido del poder necesario para restablecer el orden, sino que se refiere al poder soberano de adoptar una constitución nueva. ANDREAS KALYVAS, "Carl Schmitt and the Three Moments of Democracy" 21 *Cardozo Law Rev.* 1525 (2000), p. 1534.

22 SCHMITT, *supra* nota 8, p. 88.

La idea es que el poder constituyente no desaparece luego de la adopción de una constitución, que lejos de ser un evento que solo ocurre una vez en un pasado más o menos lejano (lo cual es, para todos los efectos prácticos, la realidad de la mayoría de los órdenes constitucionales), su ejercicio futuro permanece como una posibilidad siempre presente. Tal como ha sugerido SCHEUERMAN, para SCHMITT, el poder constituyente "continúa teniendo una existencia real por encima y más allá del complejo institucional del constitucionalismo liberal"[23]. Precisamente por ello, el poder constituyente no debe ser identificado con la creación de un nuevo Estado. Para SCHMITT, el ejercicio del poder constituyente presupone la existencia del Estado, la existencia de un pueblo políticamente organizado. En el lenguaje de la teoría política moderna, su ejercicio presupone que el 'contrato social' ya ha sido llevado a cabo, que la transición del estado de naturaleza a la sociedad civil ya ha ocurrido[24]. Como veremos a continuación, es un poder que, a pesar de aparecer como una amenaza permanente al orden constitucional vigente, tiene el potencial de convertirse en una fuerza democrática legalmente ilimitada.

---

23 SCHEUERMAN, *supra* nota 11, p. 257.

24 "El contrato social está ya presupuesto en la doctrina del poder constituyente del pueblo". SCHMITT, *supra* nota 8, p. 70.

b. Poder constituyente, participación popular, y aperturas democráticas

"Hablar sobre el poder constituyente", ha expresado ANTONIO NEGRI "es hablar de democracia. En la edad moderna los dos conceptos han estado frecuentemente relacionados"[25]. El poder constituyente (como la democracia), apunta hacia un *demos* que se autodetermina, un grupo de seres humanos que adopta la constitución que regulará su asociación política. En ese sentido, decir que el pueblo tiene la facultad de ejercer el poder constituyente es hablar de un pueblo soberano, capaz de adoptar una constitución nueva en cualquier momento. Por eso no es sorprendente que, tanto la teoría del poder constituyente como la democracia, hayan sido históricamente acusados de venir acompañados de los mismos defectos: inestabilidad, revolución, y desinterés por el Estado de Derecho. Una multitud siempre obteniendo los cambios jurídicos deseados, continuamente haciendo y deshaciendo las leyes fundamentales que gobiernan a la sociedad, representa la antítesis del buen gobierno; el gobierno de los siempre cambiantes deseos de los seres humanos contra el imperio de la ley y la razón[26].

---

25 ANTONIO NEGRI, *Insurgencies: Constituent Power and the Modern State* (Minneapolis: University of Minnesota Press, 1999), p. 1.

26 Ver, JEAN BODIN, *Six Books of the Commonwealth* (Oxford: Blackwell, n.d.) p. 192-193. Ver, ADAM FERGUSON, *An Essay on the History of Civil Society* (Duncan Forbes ed.) (Edinburgh: Edinburgh University Press Paperbacks, 1978), p. 187.

Este es precisamente el tipo de desastre que una constitución intenta evitar mediante la domesticación de la voluntad popular, la cual necesita ser canalizada y limitada por determinadas formas jurídicas.

Pero el poder constituyente no es meramente la facultad de crear una constitución sin estar sometido a ninguna forma de derecho positivo; es además el poder de crear una constitución *junto a otros*. Mediante el ejercicio del poder constituyente, un grupo de seres humanos crea las formas constitucionales que regularán *su* comunidad política. En otras palabras, si se toma en serio, el concepto de poder constituyente requiere que aquellos que viven bajo un conjunto de leyes fundamentales puedan participar en su creación y re-creación. El propio significado literal de la frase 'poder constituyente' sugiere que las normas constitucionales deben ser creadas con la participación de aquellos que estarán obligados a obedecerlas. Como ha explicado ANDREAS KALYVAS, el término *constituere,* que está formado por el prefijo *con* (que significa 'con', 'en conjunto') y el sufijo *statuere* (que significa 'crear', 'construir', 'colocar'), literalmente se refiere al acto de crear, de co-establecer algo junto a los demás: "El uso correcto del término 'constituir' requiere que si uno quiere constituir una nueva constitución, por ejemplo, uno *tiene* que *co*-instituirla, instituirla junto a otros"[27].

27 ANDREAS KALYVAS, "The Basic Norm and Democracy in Hans Kelsen's Legal and Political Theory" 32(5) *Philosophy and Social Criticism* 588 (2006), p. 589.

Incluso CARL FRIEDRICH, quien identificaba al poder constituyente con el 'derecho a la revolución', definió el poder constituyente como el poder de un *grupo* de establecer una constitución[28]. De forma similar, ULRICH PREUSS mantiene que: "Conceptualmente [el poder constituyente] no puede atribuírsele a ninguna persona en particular, ni siquiera a un monarca"[29]. El poder constituyente, añade, "es el poder de un colectivo, que por medio del acto de darse una constitución, ejerce su derecho a gobernarse a sí mismo"[30].

---

28 CARL FRIEDRICH, *Constitutional Government and Democracy: Theory and Practice in Europe and America* (New York: Blaisdell Publishing Company, 1950), p. 132.

29 ULRICH PREUSS, "Constitutional Powermaking for the New Polity: Some Deliberations on the Relations between Constituent Power and the Constitution", 14 *Cardozo L. Rev.* 635 (1993), p. 647. Al menos dos dictadores del siglo XX reclamaron ser titulares del poder constituyente: Pinochet en Chile y Franco en España. Ver, RENATO CRISTI, "The Metaphysics of Constituent Power: Schmitt and the Genesis of the Chile's 1980 Constitution", 21 *Cardozo L. Rev.* 1748 (2000). SCHMITT admitía la posibilidad de que un monarca (o cualquier entidad o grupo selecto con el poder de adoptar una nueva constitución) fuese titular del poder constituyente, y hasta identificó como la *destrucción* de la constitución al cambio en la identidad del sujeto constituyente (por ejemplo, cuando un monarca es sustituido por el pueblo como titular del poder constituyente luego de una revolución democrática). Sin embargo, Schmitt pensaba que en una democracia (una forma política que él no favorecía) solo el pueblo podía legítimamente ejercer el poder constituyente. SCHMITT, *supra* nota 8, p. 93, 142, 147.

30 PREUSS, "Constitutional Power Making for the New Polity", *supra* nota 29, p. 647.

Aunque el poder constituyente es por definición un poder democrático, su carácter absoluto e ilimitado significa que podría poner en riesgo el contenido democrático de un orden constitucional. Sin embargo, como se sugirió más arriba, a pesar de su naturaleza ilimitada (con respecto al derecho positivo), el poder constituyente viene necesariamente acompañado de una importante limitación procesal: su ejercicio debe incluir la participación de aquellos que vivirán bajo el orden constitucional a inaugurarse. La relación entre este aspecto del poder constituyente y la democracia es obvio: la democracia, como el poder constituyente, requiere la participación de los ciudadanos ordinarios en la creación de todas las leyes, incluyendo las leyes fundamentales.

La democracia, como vimos en el capítulo 2, supone que todos los ciudadanos tendrán la oportunidad de participar en el ejercicio del poder político[31]. En una democracia, cada ciudadano es llamado a participar en la producción del derecho, aunque por razones prácticas (por ejemplo, el tamaño y la complejidad de las sociedades contemporáneas), dicha participación a veces tenga que ser indirecta y limitada. Por ejemplo, en el contexto de la gobernanza diaria, no sería posible que la totalidad de la ciudadanía sea quien proponga, delibere, y decida sobre el contenido

---

31 Cornelius Castoriadis, "The Greek Polis and the Creation of Democracy" en *Castoriadis Reader* (David Ames ed.), (Oxford: Blackwell Publishers, 1997), p. 275.

de cada ley ordinaria. Pero cuando la participación popular directa en la toma de decisiones políticas no es una imposibilidad práctica (como por ejemplo, en los episodios de cambio constitucional), la democracia requiere la presencia de mecanismos que promuevan la realización del principio de la participación popular. De hecho, sería muy extraño encontrar a alguien que mantenga estar comprometido con el ideal democrático pero, a la misma vez, argumentara que, como cuestión de principio, los ciudadanos comunes y corrientes no deberían participar en procesos de creación constitucional, que no debería permitírseles convertirse en autores del orden constitucional que estarán llamados a obedecer.

No obstante, es precisamente esa visión la que mejor describe la manera en que un gran número de órdenes constitucionales regulan su propia reforma. En Canadá, por ejemplo, el procedimiento de reforma coloca el cambio constitucional exclusivamente en manos de la legislatura federal y las legislaturas provinciales[32]. El poder constituyente, en virtud de no estar sujeto a ninguna forma de derecho positi-

32 Ver Parte v, Schedule B., *Constitution Act, 1982*. Se ha argumentado, sin embargo, que desde el fracaso del Charlottetown Accord ha surgido una costumbre constitucional (*constitutional convention*) conforme a la cual las reformas constitucionales importantes deben ser sometidas a referendo. Ver, Russell, *supra* nota 1, p. 239. No obstante, según veremos posteriormente, un referendo, por sí solo, no es un mecanismo suficiente para satisfacer el principio de participación popular.

vo, también está directamente relacionado con otro componente básico del ideal democrático, el cual identificamos anteriormente como el principio de la apertura democrática: la idea de que una sociedad democrática es una sociedad abierta, es decir, una sociedad en la cual, inclusive los principios más fundamentales, son susceptibles a ser reformulados o reemplazados mediante procedimientos democráticos. El poder constituyente es una expresión conceptual del principio de la apertura democrática: la facultad de los seres humanos para hacer y re-hacer las leyes que reglamenten su asociación política y de alterar sus compromisos fundamentales a través de procesos participativos. Como se mencionó anteriormente, uno de los más importantes (y controvertidos) aspectos de la teoría clásica del poder constituyente es precisamente este: que el *pouvoir constituant* no se extingue y puede ser ejercido luego de que la constitución haya sido establecida. Los procedimientos de enmienda de las constituciones modernas, como la de Estados Unidos y Canadá, que deliberadamente buscan hacer al cambio constitucional difícil y poco probable (en el caso de la constitución canadiense, esta dificultad está presente al menos en lo que respecta a ciertos tipos de modificaciones) son por supuesto inconsistentes con todo lo anterior[33].

Los procedimientos típicos de enmienda, por lo general, implican un conjunto de requisitos que se

---

33 Ver, por ejemplo, el artículo v de la Constitución de Estados Unidos.

caracterizan, no solo por ser difíciles de superar, sino a veces más difíciles de cumplir que los seguidos cuando la constitución fue aprobada inicialmente (una vez más, la experiencia canadiense es elocuente en este sentido: la constitución requiere la unanimidad provincial para algunos cambios, aunque fue adoptada sin el consentimiento de la Provincia de Quebec)[34]. Esto no es sorprendente, pues el cambio constitucional ha sido tradicionalmente asociado con supermayorías y otros obstáculos diseñados para disminuir la posibilidad de transformaciones importantes. No solo eso, sino que además, como veremos más adelante, algunas constituciones ubican ciertas cláusulas fuera del alcance del poder de reforma[35].

---

34 A pesar de la frecuente afirmación de que las constituciones no deben ser susceptibles al cambio por medio de mayorías simples, pues son adoptadas por mayorías cualificadas, la ruta que generalmente sigue la mayoría de las asambleas constituyentes alrededor del mundo es la adopción de constituciones mediante la regla de mayoría simple (a veces unida a un referendo popular, también sujeto a la regla de mayoría simple), pero al mismo tiempo, exigir supermayorías legislativas (y, en algunos casos, referendos) para las enmiendas constitucionales. Por ejemplo, la Constitución del Ecuador de 2008 se aprobó por medio de una Asamblea Constituyente que tenía el poder de aprobar el texto constitucional (que luego se presentaría ante el electorado en un referendo) mediante el voto afirmativo de una mayoría simple de sus miembros, mientras que la regla de enmienda que creó requiere supermayorías legislativas, además de ratificación popular.

35 Este tipo de cláusulas serán discutidas en la tercera parte de este capítulo. Sobre el tema ver además: Richard Albert,

Ahora bien, esto no quiere decir que una constitución flexible (por ejemplo, una constitución no escrita que puede ser alterada por simples mayorías legislativas), es necesariamente compatible con el principio de apertura democrática. La apertura *democrática* tiene que ser accesible a la ciudadanía, y por eso tiene que venir acompañada de oportunidades reales para la participación de los ciudadanos ordinarios.

c. Poder constituyente y legitimidad democrática

Conforme al argumento presentado en este capítulo hasta ahora, determinar la legitimidad democrática de un orden constitucional requiere mirar los procesos mediante los cuales este puede ser modificado[36]. Esta

---

"Nonconstitutional Amendments", 22(1) *Canadian Journal of Law and Jurisprudence* 5(2009).

36 La cuestión de la legitimidad democrática es abordada de manera directa por Schmitt, quien sostiene que "la doctrina democrática no conoce consecuentemente otra constitución legítima que la que se apoye en el Poder Constituyente del pueblo". Schmitt, *supra* nota 8, p. 109-110. Debe quedar claro que mi argumento se aleja de manera decisiva de la noción schmittiana en un sentido fundamental. La noción de Schmitt acepta el mero 'consentimiento' del electorado (expresado, por ejemplo, en la participación en elecciones ordinarias) como evidencia de que la constitución vigente descansa en el poder constituyente del pueblo: "En la simple participación en la vida pública fijada por una constitución, puede verse, por ejemplo, una conducta concluyente, mediante la cual basta a manifestarse con claridad la voluntad constituyente del pueblo. Esto puede decirse de la participación en las elecciones que

es una noción de la legitimidad democrática que se pregunta si una constitución es consistente con los principios de participación popular y apertura democrática, es decir, si la constitución mantiene la puerta abierta para el ejercicio futuro del poder constituyente. Desde esta perspectiva, la legitimidad democrática de una constitución no depende del procedimiento que ésta establece para la creación de leyes ordinarias, sino de los procedimientos disponibles para su propia transformación; es una noción fuertemente influida por la lectura democrática de la teoría del poder constituyente. No todo el mundo concibe la legitimidad democrática de esta manera. Algunos autores sostienen, por ejemplo, que la legitimidad de una constitución depende de si "aquellos que están sujetos a ella, incluyendo las instituciones estatales, aceptan sus prescripciones"[37]. Así, la "legitimidad será casi siempre relativa, pues siempre habrá ciudadanos con puntos de vista distintos inclusive acerca de los preceptos de una constitución popular y bien establecida"[38].

---

una cierta situación política comporta". SCHMITT, *supra* nota 8, p. 105. A diferencia de esta noción, mi acercamiento al poder constituyente supone episodios de alta participación popular mediante mecanismos extraordinarios, no el mero ejercicio del derecho al voto en el curso de la política ordinaria.

37 FRANÇOIS VENTER, "Constitution Making and the Legitimacy of the Constitution" en *National Constitutions in the Era of Integration* (Antero Jyränki ed.) (The Hague: Kluwer Law International, 1999), p. 21.

38 *Ibíd.*

Este tipo de enfoque (el cual nos hace recordar a la noción sociológica de la legitimidad de MAX WEBER)[39], no solamente se encuentra en conflicto con la idea de legitimidad *democrática*, sino, al menos potencialmente, con la idea de democracia. Por ejemplo, este enfoque consideraría legítima una constitución impuesta por un agente externo sobre un grupo de seres humanos, conforme a la cual un solo individuo ejerce la totalidad del poder político, siempre y cuando aquellos sujetos acepten la constitución como legítima. Por supuesto, hay otras concepciones de la legitimidad que rechazan esa visión, y que en su lugar argumentan que la legitimidad de una constitución depende de si su contenido puede ser justificado a la luz de principios normativos con los cuales cualquier persona racional y no parcializada estaría de acuerdo. Esta concepción de la legitimidad puede ser identificada como el 'enfoque filosófico', y se encuentra ejemplificada en el trabajo de JOHN RAWLS[40]. Conforme a la visión de Rawls, el ejercicio del poder político es legítimo si tiene lugar en el contexto de una constitución cuyos elementos esenciales serían "respaldados por todos

39 Para un debate ver, DAVID BEETHAM, *The Legitimation of Power* (New Jersey: Humanities Press International, 1991).

40 JOHN RAWLS, *Political Liberalism* (New York: Columbia University Press, 2005), p. 224. Ver, además, RANDY E. BARNETT, "Constitutional Legitimacy", 103 *Columbia L. Review* 111 (2003), quien argumenta que la legitimidad de una constitución depende de si la misma establece procesos destinados a garantizar la producción de leyes justas.

los ciudadanos, actuando como libres e iguales, a la luz de principios e ideales aceptables a la racionalidad humana que comparten"[41]. Una constitución como esa, señala RAWLS, sería consistente con el "principio liberal de la legitimidad"[42].

A pesar de ser sofisticados y atractivos, los acercamientos a la legitimidad arriba discutidos son insuficientes en el sentido de que son potencialmente consistentes con una constitución adoptada de forma no democrática y no susceptible a cambios mediante procesos abiertos y participativos. Hago referencia a esas nociones, sin embargo, pues me interesa enfatizar que la 'legitimidad democrática' es un concepto más amplio que la 'legitimidad' en sentido estricto. Su carácter 'democrático' no hace otra cosa que conectar al concepto de la legitimidad con la democracia y sus corolarios: el principio de participación popular y el principio de la apertura democrática. En este sentido, es una noción con un significado bastante específico. Por ejemplo, JOSHUA COHEN ha argumentado que "la idea fundamental de la legitimidad democrática es que la autorización para ejercer el poder estatal debe surgir de las decisiones colectivas de los miembros de la sociedad que son gobernados por ese poder"[43].

---

41 RAWLS, *supra* nota 40, p. 137. Para un cuestionamiento de la separabilidad de distintas concepciones de la legitimidad ver, RICHARD FALLON, "Legitimacy and the Constitution", 118 *Harvard Law Review* 1787 (2005).

42 RAWLS, *ibíd.* p. 137.

43 JOSHUA COHEN, "Procedure and Substance in Deliberative De-

Pero esta definición es demasiado general. Es decir, no explica cómo es que se tomarán esas decisiones colectivas, cómo es que los ciudadanos autorizarán el ejercicio del poder político y si podrán modificar, en el futuro, las maneras en que será ejercido dicho poder. Por eso, es mejor decir que la condición básica de la legitimidad democrática es la realización de la democracia a nivel de las leyes fundamentales: la misma dependerá de si los ciudadanos tienen la posibilidad real de participar en la re-constitución de las normas que gobiernan al Estado. En otras palabras, la legitimidad democrática de un orden constitucional depende de la manera en que este enfrenta al poder constituyente del pueblo[44].

---

mocracy" en *Democracy and Difference: Contesting the Boundaries of the Political* (SEYLA BENHABIB, ed.) (Princeton: Princeton University Press, 1996), p. 95.

44 KALYVAS ha conectado el concepto de poder constituyente a la legitimidad democrática, pero se ha enfocado en los orígenes de la constitución y no en su susceptibilidad de ser modificada por medio de procesos altamente participativos: "En un régimen democrático, la legitimidad de las leyes e instituciones fundamentales depende de cuán inclusiva es la participación de los ciudadanos en el momento extraordinario y excepcional de la creación de la constitución [*constitution-making*]". ANDREAS KALYVAS, "Popular Sovereignty, Democracy, and the Constituent Power", 12 *Constellations* 223(2005), p. 237. Esto parece sugerir que el poder constituyente es solo relevante en el momento en que la constitución es adoptada por primera vez. Sin embargo, quizás el punto de KALYVAS es que *cada* transformación constitucional importante equivale a un acto de 'creación constitucional'. De ser así, su posición se encuentra bastante cerca de la mía.

Existen, sin embargo, diversos grados de legitimidad democrática, y la susceptibilidad a la reconstitución democrática debe entenderse como una condición *mínima*. Por ejemplo, un orden constitucional plenamente legítimo, desde una perspectiva democrática, habría además sido creado en un contexto de alta participación popular y en la ausencia de cualquier límite interno o externo sobre el contenido de la nueva constitución (con excepción de aquellos límites auto-impuestos, por ejemplo, aquellos que son resultado de la cultura política de un país o de obligaciones internacionales que el pueblo desea respetar). La mayoría de las constituciones (especialmente aquellas creadas en el pasado lejano), están muy lejos de satisfacer la condición adicional de un origen democrático (luego de, por ejemplo, haber sido adoptadas por las élites políticas del momento sin la participación de grandes sectores de la población)[45]. Este es un defecto que solo podría ser subsanado por la adopción de una nueva constitución, o por la ratificación de la constitución existente mediante un proceso altamente democrático[46]. Pero un orden

---

45 La creación de la Constitución de Estados Unidos provee un excelente ejemplo.

46 Esta noción de la legitimidad democrática se vuelve especialmente problemática en el contexto de órdenes constitucionales en los cuales existen múltiples reclamos a la titularidad del poder constituyente. Por ejemplo, en un orden constitucional en el cual un segmento de la ciudadanía pretende crear su propio Estado (es decir, un reclamo de secesión), la legitimidad democrática podría aparecer más como un lujo que como una

constitucional que carece de un origen democrático podría basar su reclamo a la legitimidad democrática en su susceptibilidad a ser re-constituido mediante mecanismos dirigidos a facilitar el ejercicio del poder constituyente, es decir, mecanismos que intentan reproducir un episodio democrático de creación de una constitución. (Dicho esto, es muy difícil concluir que una constitución producida por un dictador o un poder extranjero, podría alguna vez disfrutar de algo más que la forma más débil posible de legitimidad

---

aspiración política real: cuando lo que se quiere es evitar la destrucción del orden constitucional vigente, la democracia a nivel de las leyes fundamentales rara vez aparecerá como una prioridad. En este tipo de situación, la pregunta central sería: ¿qué grupo(s) debe(n) ser considerado(s) titular(es) del poder constituyente? La respuesta a esa pregunta es decisiva pues aquel que pueda ser considerado titular del poder constituyente tiene la capacidad de legitimar el orden constitucional o de establecer una constitución separada (potencialmente legítima desde una perspectiva democrática), al margen de ese orden. Esta es una pregunta profundamente política: su respuesta depende de la argumentación y la práctica política, no de normas de derecho positivo doméstico o internacional. Basta con decir que el reclamo de un grupo sub-estatal a la titularidad del poder constituyente puede tener sus orígenes en un nacionalismo étnico, pero podría también descansar en el hecho de que el grupo que busca la secesión entiende que el orden constitucional es ilegítimo desde una perspectiva democrática: una constitución que ese segmento de la ciudadanía considera 'impuesta', aunque la misma contenga los principios y derechos que se consideran 'correctos'. (en Canadá, el caso de Quebec podría verse como un ejemplo de este último punto, ver, Russell, *supra* nota 1).

democrática, incluso si la misma contiene mecanismos que faciliten su re-constitución democrática. En esos casos extremos, la adopción de una nueva constitución sería probablemente necesaria).

Ahora bien, para que la posibilidad de re-constitución democrática sea real, debe tener implicaciones institucionales[47]. En otras palabras, la constitución debe proveer los medios para el ejercicio futuro del poder constituyente, para que, en caso de ser necesario, la totalidad del orden constitucional pueda ser sometida a la reformulación y al cambio. Para empezar, esto quiere decir que los derechos políticos básicos deben ser respetados: la libertad de asociación, la libertad de expresión, el derecho al voto, en fin, aquellos derechos que son necesarios para la existencia misma de la democracia (como señalamos en el capítulo anterior, estos derechos podrían extenderse más allá de los derechos políti-

---

47 La condición básica de la legitimidad democrática está conectada a la idea del 'gobierno del pueblo' de forma fundamental. Decir que el pueblo se gobierna a sí mismo significa que hay un grupo de seres humanos que mediante un acto colectivo, y basados en la igualdad de cada uno, se dan a sí mismos las leyes que regularán su conducta y establecen una serie de instituciones políticas. Un pueblo que se gobierna a sí mismo, sin embargo, tiene que tener el derecho de reformular esos compromisos democráticamente: para que exista el gobierno democrático, ningún principio o institución puede tomarse como no susceptible al cambio. Ver, ALAN KEENAN, *Democracy in Question: Democratic Openness in a Time of Political Closure* (Stanford: Stanford University Press, 2003), p. 10.

cos básicos) y para que un ejercicio democrático del poder constituyente pueda ocurrir[48]. Teóricamente, podría haber un acto político altamente participativo mediante el cual estos derechos serían abolidos. Después de todo, como vimos anteriormente, el poder constituyente no está sujeto a ninguna forma de derecho positivo. Sin embargo, la abolición de los derechos que hacen posible la participación popular sería inconsistente con el concepto mismo de poder constituyente (pues eliminaría la posibilidad de su ejercicio futuro así como de la re-constitución democrática del orden constitucional), y por lo tanto sería incompatible con la noción de legitimidad democrática aquí defendida.

Al igual que la democracia, el poder constituyente se niega a sí mismo cuando violenta las condiciones que hacen posible su ejercicio (aun cuando podría argumentarse que, incluso en una situación como esta, el poder constituyente podría reaparecer como resultado de una revolución popular)[49]. En este sen-

---

48 Para una discusión breve de estos derechos y su relación con la democracia, ver, WALTER MURPHY, "Constitutions, Constitutionalism, and Democracy" en *Constitutionalism and Democracy: Transitions in the Contemporary World* (DOUGLAS GREENBERG, STANLEY N. KATZ, et al, eds.) (Oxford: Oxford University Press, 1993), p. 3-5.

49 Quizás esto era lo que tenían en mente los delegados a la Asamblea Constituyente de Venezuela cuando, luego de reconocer el carácter ilimitado del poder constituyente del pueblo, incluyeron en la Constitución de 1999 una disposición (artículo 350) que lee de la siguiente manera: "El pueblo de Venezuela,

tido, la legitimidad democrática sería incompatible, por ejemplo, con una dictadura establecida por medio de una Asamblea Constituyente electa y ratificada por el pueblo en un referendo. Un régimen como ese no sería susceptible a la re-constitución democrática (es decir, no cumpliría con la condición mínima de la legitimidad democrática), pues no contendría las garantías e instituciones que permiten a los ciudadanos deliberar y decidir acerca del futuro del orden constitucional. Más allá del reconocimiento de los derechos de participación política, un régimen constitucional debe incorporar mecanismos (adicionales al procedimiento de enmienda ordinario), designados para que los ciudadanos propongan, deliberen y decidan acerca de cambios constitucionales fundamentales. Estas instituciones (cuya naturaleza específica se discutirá en el capítulo 4), deben caracterizarse por permitir el grado más alto de participación política posible y, como facilitadoras del ejercicio del poder constituyente, estarían facultadas a adoptar cambios constitucionales sin verse sometidas a límites sustantivos originados en el orden constitucional vigente. Antes de discutir los pormenores de esos mecanismos, es necesario examinar en qué contexto deberían ser activados, y si pueden o no co-existir con métodos más tradicionales de cambio constitucional. ¿Acaso

---

fiel a su tradición republicana, a su lucha por la independencia, la paz y la libertad, desconocerá cualquier régimen, legislación o autoridad que contraríe los valores, principios y garantías democráticos o menoscabe los derechos humanos".

la legitimidad democrática requiere un ejercicio del poder constituyente cada vez que una constitución es enmendada?

II. Los límites a la reforma constitucional: el poder constituyente y las enmiendas ordinarias

Los procedimientos especiales de enmienda son un componente central de cualquier orden constitucional que suponga una distinción entre leyes fundamentales y leyes ordinarias, una distinción que es importante tanto para la legitimidad democrática como para la teoría del poder constituyente[50]. Estas normas de cambio constitucional incluyen distintos tipos de límites, los más comunes de tipo procesal. No todo acto de una legislatura o cualquier manifestación de un grupo de individuos produce una enmienda formal de la constitución. Por ejemplo, la mayor parte de los textos constitucionales incluyen un procedimiento de enmienda que contiene diferentes tipos de obstáculos al cambio constitucional como requisitos de super-mayorías parlamentarias, que deben ser satisfechos para que se produzca un cambio en la constitución, y

---

50 Como ha expresado Sujit Choudhry, las reglas que regulan las enmiendas constitucionales apuntan hacia el lugar donde radica la soberanía política. En otras palabras, las mismas constituyen "la declaración más básica de la identidad política de una comunidad". Ver, Sujit Choudhry, "Old Imperial Dilemmas and the New Nation-Building: Constitutive Constitutional Politics in Multinational Polities", 37 *Conn. L. Rev.* 933 (2005).

algunas constituciones contienen límites sustantivos expresos (cláusulas pétreas o cláusulas de intangibilidad) a la reforma constitucional[51]. Por ejemplo, el artículo 139 de la Constitución de Italia dispone que "No podrá ser objeto de revisión la forma republicana" del Estado. El artículo 112 de la Constitución del Reino de Noruega de 1814 contiene una cláusula de intangibilidad mucho más general, la cual dispone que las enmiendas "nunca deben (...) contradecir los principios consagrados en la constitución, sino referirse únicamente a modificaciones de artículos individuales que no alteren el espíritu de la constitución".

La mayoría de las constituciones, sin embargo, no contienen este tipo de límites y, quizás como un intento de llenar ese 'vacío', se ha desarrollado la doctrina de los límites implícitos. La doctrina ha sido resumida de la siguiente manera: "Cualquier entidad revisora organizada por el ordenamiento jurídico, independientemente de que el texto constitucional parezca atribuirle poderes ilimitados, no puede modificar los pilares fundamentales en los que se apoya su propia autoridad"[52]. La idea de que el poder de reformar una constitución está sujeto a límites implícitos no

51 Para un debate ver, ALBERT, *supra* nota 35. Ver, además, RICHARD ALBERT, "Counterconstitutionalism", 31 *Dalhousie Law Journal* 1 (2008).

52 DIETRICH CONRAD, citado en A.G. NOORANI, "Behind the 'Basic Structure Doctrine: On India's debt to a German Jurist, Professor Dietrich Conrad", *India's National Magazine*, vol. 18, n.º 9 (Apr. 28 - May 11, 2001).

es nueva. Aristóteles parece haberla sugerido al preguntar "Sobre qué principios debemos decir que un Estado ha retenido su identidad o, por el contrario, que ha perdido su identidad y se ha convertido en un Estado diferente"[53]. La respuesta dada por Aristóteles fue que la identidad de la polis cambia cuando la constitución del Estado viene acompañada por una interrupción en sus fundamentos esenciales[54]. Esta idea también quedó reflejada en el artículo 16 de la Declaración de los Derechos del Hombre y del Ciudadano de 1789, el cual estableció que "Toda sociedad en la cual la garantía de los derechos no está asegurada, ni la separación de poderes establecida, no tiene Constitución".

Si la existencia de una constitución depende de la protección de ciertos derechos y de la separación de poderes, un intento de suprimir esos principios –aunque respete el procedimiento establecido para las enmiendas– no puede ser entendido como una mera enmienda; el mismo equivaldría a la destrucción de la constitución y no a su modificación, y resultaría en una 'constitución' de contenido inconstitucional. Por eso, la teoría constitucional francesa ha desarrollado la doctrina del fraude constitucional (*fraude à la Constitution*) para identificar el acto de utilizar el proceso de enmienda

---

53 Aristóteles, *The Politics of Aristotle* (Oxford: Oxford University Press, 1962), p. 98. Para un debate, ver, Gary Jeffrey Jacobson, "An Unconstitutional Constitution? A Comparative Perspective", 4(3) *International Journal of Constitutional Law* 460(2006).

54 *Ibíd.*, p. 478.

para crear un orden constitucional nuevo. Además (según será discutido en detalle en los capítulos 5 y 6) las cortes de países como Colombia[55], Alemania[56], India[57] y Perú[58] han adoptado, bajo diferentes fundamentos, la doctrina de los límites implícitos al cambio constitucional. Esta doctrina es de mayor importancia para la concepción de la legitimidad democrática aquí discutida, pues nos permite diferenciar entre meras enmiendas y episodios de re-constitución.

a. SCHMITT y RAWLS sobre poder constituyente y reforma constitucional

La doctrina de los límites implícitos apunta hacia una distinción entre la reforma constitucional ordinaria y

---

55 Ver, por ejemplo, las Sentencias C-551/03, C-1040/05, y C-141/10 de la Corte Constitucional de Colombia.

56 En el contexto alemán, esta discusión debe entenderse de acuerdo con el artículo 79, el cual provee para la intangibilidad de ciertas disposiciones. Ver, *The Southwest Case*, 1 BverfGE 14 (1951) en *Comparative Constitutional Law* (Walter F. Murphy and Joseph Tanenhaus eds.) (New York: St. Martin's Press, 1977), p. 208. Ver, además, *The Klass Case,* 30 BVerGE 1 (1970) y*The Electronic Eavesdropping Case*, 109 BverfGE 279 (2003). Más recientemente, el Lisbon Case, BverfG, 2 BvE 2/08), donde la Corte Constitucional Federal alemana discute el concepto de poder constituyente.

57 Ver, *Kesavananda BhartiSripadagalvaru v. State of Kerala,* 1973 (SUP) SCR 0001 SC y *Minerva Mills Ltd. v. Union of India,* AIR 1980 SC 1789, p. 1798.

58 Ver Sentencia 050-2004-AI/TC, Sentencia 007-2005-PI/TC, y Sentencia 009-2005-PI/TC).

el ejercicio del poder constituyente. El pensamiento de SCHMITT y RAWLS sobre la reforma constitucional también apunta en esa dirección. No es común encontrar similitudes en el pensamiento de autores con orientaciones intelectuales y políticas tan divergentes como las de RAWLS y SCHMITT. El primero fue un filósofo político liberal norteamericano; el segundo un jurista alemán conservador, directamente envuelto con el nazismo luego de 1933; es difícil encontrar académicos con trayectorias más radicalmente opuestas. RAWLS y SCHMITT, sin embargo, comparten ciertas ideas sobre los límites a la reforma constitucional. Ambos pensaban que una enmienda constitucional, aún si era adoptada con el más estricto respeto a los procesos establecidos en el texto constitucional, podía ser inconstitucional si resultaba en la creación de un orden constitucional distinto al existente al momento de la reforma[59].

SCHMITT, cuya concepción del poder constituyente fue discutida en la primera sección de este capítulo, desarrolló una teoría del cambio constitucional basada en una distinción entre el poder de reforma constitucional y el poder constituyente. El jurista alemán distinguió entre la 'Constitución' –entendida como equivalente a la decisión del titular del poder

59 Es preciso señalar que el punto a destacar aquí no son los mecanismos a utilizarse para implementar dichos límites (por ejemplo, el control judicial de las enmiendas constitucionales) sino en la idea de que determinadas cláusulas constitucionales son de una jerarquía más alta que otras.

constituyente respecto al modo de su existencia política– y las 'leyes constitucionales' –entendidas como cláusulas individuales enumeradas en el documento conocido como 'la constitución', pero que carecen de un carácter verdaderamente fundamental[60]. El tipo de decisiones que diferencian a la constitución de las leyes constitucionales a veces puede ser identificado mediante una lectura del texto constitucional, usualmente de aquellas disposiciones que se refieren a la estructura básica del gobierno. Por ejemplo, en el contexto de la Constitución de Weimar –el punto de referencia natural de SCHMITT–, esas decisiones estaban expresadas en el artículo 1 de la constitución, por medio del cual se adoptó una forma de gobierno democrática y se rechazó la monarquía[61]. Además, esas decisiones incluyen la adopción de un Estado Federal, de un sistema parlamentario, y de las instituciones de lo que SCHMITT llamó el Estado Burgués de Derecho y sus principios, libertades fundamentales y separación de poderes[62]. SCHMITT también pensaba que la alteración del artículo 76 de la Constitución de Weimar –es decir, el artículo que estableció el procedimiento de enmienda–, también equivaldría a la eliminación de la constitución, pues el poder de reforma no puede

60 SCHMITT, *supra* nota 8, p. 25-26. Ver, además, JEFFREY SEITZER, "Carl Schmitt's Internal Critique of Liberal Constitutionalism" en *Law as Politics*, *supra* nota 11, p. 290.

61 "El Reich alemán es una República" y "El poder del Estado emana del Pueblo". *Ibíd.* p. 27.

62 *Ibíd.*, p. 27-28.

utilizarse para modificar las disposiciones legales sobre las cuales descansa[63].

Las leyes constitucionales, por el contrario, son simplemente normas que han sido incluidas en el texto constitucional a fin de protegerlas de las mayorías legislativas ordinarias[64]. Para continuar con la Constitución de Weimar, uno podría referirse al artículo 149 como un ejemplo de una ley constitucional: "Las universidades mantendrán Facultades de Teología". SCHMITT pensaba que las leyes constitucionales podían muy bien ser objeto de la reforma constitucional, pero no así las decisiones fundamentales contenidas en la constitución, las cuales para ese autor solamente podían ser tocadas por el titular del poder constituyente. Así, una alteración o supresión del antes mencionado artículo 149 mediante el procedimiento ordinario de reforma, sería perfectamente válida; mientras que la sustitución del artículo 1 con una disposición que establezca: "La totalidad del poder político descansa

---

63 *Ibíd.*, p. 120. Este punto es especialmente relevante si el carácter democrático del procedimiento de reforma se concibe como parte esencial de la legitimidad democrática del orden constitucional. El problema de enmendar el procedimiento de enmienda por medio del propio procedimiento de enmienda ha sido examinado desde la perspectiva de la lógica y coherencia de un orden constitucional. Ver, ALF ROSS, "On Self-Reference and a Puzzle in Constitutional Law", 78 *Mind: A Quarterly Review of Psychology and Philosophy* 309 1969). Ver, además, PETER SUBER, *The Paradox of Self-Amendment: A Study of Law, Logic, Omnipotence, and Change* (New York: Peter Lang Publishing, 1990).

64 SCHMITT, *supra* nota 8, p. 21-22.

en el Rey" (independientemente de cuán respetuoso uno sea del procedimiento de enmienda) significaría la destrucción[65] de la constitución y el nacimiento de una nueva[66]. No es que las leyes constitucionales carezcan de importancia; precisamente porque fueron consideradas importantes se les incluyó en el texto constitucional. Sin embargo, las leyes constitucionales no alcanzan a tener el carácter fundamental que SCHMITT atribuye a las decisiones políticas fundamentales sobre el modo de existencia política de un pueblo.

Es por lo tanto absurdo, según SCHMITT, pensar que todas las cláusulas constitucionales tienen el mismo estatus, pensar que una constitución es simplemente una colección de disposiciones cuya única diferencia en relación a las leyes ordinarias es que las mismas no pueden ser alteradas por una mayoría legislativa del cincuenta por ciento más uno. Para SCHMITT, aquellas constituciones que contienen límites explícitos al poder

---

65 SCHMITT distinguió entre la reforma (o revisión), la supresión, y la destrucción de la constitución. La supresión de la constitución implica la alteración de las decisiones fundamentales en ella contenidas. La destrucción de la constitución implica una alteración de esas decisiones, pero sumada a un cambio en la identidad del titular del poder constituyente. La reforma constitucional implica un cambio en las leyes constitucionales, que no incluya a su vez la supresión de la constitución (ni mucho menos su destrucción). SCHMITT, *supra* nota 8, p. 115.

66 Por supuesto, el principio protegido por el artículo 1 podría también ser alterado dejando el texto de ese artículo intacto, pero insertando varias cláusulas en la constitución que resulten en la abolición de ese principio para todos los propósitos prácticos.

de reforma, como las constituciones de Italia y Noruega –mencionadas anteriormente–, hacen aún más evidente la distinción entre reforma y revolución, entre el ejercicio de los poderes constituidos y el ejercicio del poder constituyente. Es decir, si algún principio o disposición es explícitamente colocado fuera del alcance del poder de reforma, debe ser porque posee un carácter fundamental y por lo tanto solamente puede ser alterado por medio del ejercicio del poder constituyente (es decir, las cláusulas de intangibilidad no hacen otra cosa que "confirmar la diferencia entre revisión y supresión de la constitución")[67]. De hecho, SCHMITT pensaba que aun en el contexto de

---

67 *Ibíd.* p. 123. Como ha expresado DIETRICH CONRAD: "Las disposiciones [que establecen límites explícitos al poder de reforma] son indicaciones importantes de que el poder de enmendar no participa, por su propia naturaleza, en la supuesta omnipotencia de la soberanía constituyente sino que es un poder constituido, y por lo tanto legalmente definible DIETRICH CONRAD, "Limitation of Amendment Procedures and the Constituent Power" *The Indian Year Book of International Affairs* (India: Madras, 1966-1967), p. 379. Sin embargo, CONRAD argumentaba que la ambigüedad de este tipo de cláusulas muchas veces las convertía en una serie de guías para la interpretación y el desarrollo doctrinario. *Ibíd.* Por ejemplo, en Francia existe un debate acerca de cuál debe ser la interpretación de una cláusula que dispone: "La forma republicana de gobierno no será objeto de enmienda" (art. 89 Constitución de Francia de 1958). Para algunos, esta cláusula debe ser entendida como una mera prohibición expresa al restablecimiento de la monarquía; para otros, la misma debe ser interpretada de una manera mucho más amplia, refiriéndose a la protección de principios como el secularismo, el Estado de Derecho, etc. Para un debate, ver, KLEIN, *supra* nota 9, p. 39.

constituciones que parecen autorizar expresamente la "revisión total"[68] de la constitución (o en países con una constitución no escrita o estatutaria), un cambio en la forma básica de gobierno, por ejemplo, reemplazar una república con una monarquía– iría más allá del terreno de la reforma constitucional y no podría ser considerado 'constitucional'[69].

La idea es que el poder de reforma, como poder constituido, no incluye el poder de producir cambios de una naturaleza tan fundamental que requieran el ejercicio del poder constituyente[70]. Conforme a esta perspectiva, solo el titular del poder constituyente tiene la facultad de alterar *la Constitución*, entendida como equivalente a las decisiones fundamentales del pueblo sobre su forma de existencia política. Cuando eso sucede, no tiene sentido hablar de reforma constitucional sino de la creación de un *nuevo* y *diferente* orden constitucional. Las decisiones políticas fundamentales "son asuntos propios del poder constituyente del pueblo alemán y no pertenecen a la competencia de las instancias autorizadas para reformar y revisar las leyes constitucionales"[71]. Así:

---

68 SCHMITT, *supra* nota 8, p. 122-123. Ver, por ejemplo, artículo 192 de la Constitución de Suiza: "La Constitución Federal podrá ser sometida a una revisión total o parcial en cualquier momento".

69 *Ibíd.*

70 *Ibíd.*, p. 122.

71 *Ibíd.*

> Los límites de la facultad de reformar la Constitución resultan del bien entendido concepto de reforma constitucional. Una facultad de 'reformar la Constitución' atribuida por una normativa legal-constitucional, significa que una o varias regulaciones legales-constitucionales pueden ser sustituidas por otras regulaciones legales-constitucionales, pero solo bajo el supuesto de que queden garantizadas la identidad y la continuidad de la Constitución considerada como un todo. La facultad de reformar la Constitución contiene, pues, tan solo la facultad de practicar, en las prescripciones legales-constitucionales, reformas, adiciones, re-fundiciones, supresiones, etc.; pero manteniendo la Constitución, y no la facultad de dar una nueva (...) Los órganos competentes para acordar una ley de reforma de la Constitución no se convierten en titular o sujeto del Poder constituyente[72].

Rawls llegó a una conclusión similar en su obra *Liberalismo Político*, en donde abrazó la "radical idea"[73] de que no todos los cambios introducidos en la Constitución de los Estados Unidos mediante el procedimiento de enmienda regulado por el artículo v son legalmente válidos. Para Rawls, la adopción de una 'constitución democrática' debe ser entendida como una expresión del pueblo constituyente de gobernarse a sí mismo en determinada manera y fijar, de una vez por todas,

---

72 *Ibíd.*, p. 120.

73 Samuel Freeman, "Political Liberalism and the Possibility of a Just Democratic Constitution", 69 *Chicago-Kent Law Review* 619 (1994), p. 662.

ciertos principios *constitucionales esenciales*[74]. Estos principios se refieren a (i) principios que especifican la estructura general del gobierno y el proceso político –tales como los poderes de la legislatura, el ejecutivo, y la rama judicial; y (ii) los derechos políticos y libertades básicas que las mayorías legislativas vienen llamadas a respetar– tales como el derecho al voto y a participar en la toma de decisiones políticas, la libertad consciencia y asociación, y las protecciones provistas por el Estado de Derecho[75]. Los principios constitucionales esenciales, para RAWLS, tienen el carácter de ley fundamental –y como tal, son una expresión del poder constituyente del pueblo– y deben ser distinguidos de las creaciones "del Congreso y del electorado"[76].

A la pregunta, ¿debe una enmienda que altere dichos principios constitucionales esenciales, ser considerada válida por la Corte Suprema?, RAWLS responde negativamente[77]. Para que una enmienda constitucional que de alguna manera incida sobre estos principios esenciales sea válida, RAWLS considera que esta tendría que perseguir al menos uno de los siguientes

---

74 RAWLS, *supra* nota 40, p. 232.

75 *Ibíd.*

76 *Ibíd.*, p 231. En este aspecto RAWLS descansa en la teoría dualista de la democracia defendida por BRUCE ACKERMAN (discutida en el capítulo 2). No obstante, ACKERMAN ha rechazado la idea de que puedan existir enmiendas constitucionales inconstitucionales. Ver, BRUCE ACKERMAN, "Constitutional Politics/Constitutional Law", 99 *Yale Law Journal* 453 (1989) p. 469-470.

77 RAWLS, *supra* nota 40, p. 233, 238.

objetivos: (i) alterar las instituciones básicas a fin de eliminar defectos identificados por medio de la práctica constitucional (por ejemplo, la Vigesimosegunda Enmienda a la Constitución de Estados Unidos, la cual limitó al Presidente a una sola reelección); o (ii) ajustar valores constitucionales básicos a cambios en las circunstancias políticas y sociales o incorporar en la constitución entendimientos más amplios de esos valores (por ejemplo, la Decimonovena Enmienda, la cual extendió a las mujeres el derecho al voto)[78]. Rawls provee como ejemplos una enmienda constitucional que elimine la Primera Enmienda a la Constitución de Estados Unidos a fin de establecer una religión oficial y una enmienda que elimine la Decimocuarta Enmienda y como resultado, la igual protección de las leyes. Argumenta que, aún si estas enmiendas fuesen adoptadas conforme al procedimiento establecido en el artículo v, las mismas deberían ser declaradas inconstitucionales por la Corte Suprema de ese país. Confrontados con la pregunta acerca de su validez, los jueces deberían decir que esas enmiendas contradicen "la tradición constitucional del régimen democrático más antiguo del mundo"[79]. La idea es que el texto constitucional puede ser enmendado a

---

78 *Ibíd.*, p. 238-239. Para un punto de vista similar ver, Walter F. Murphy, "Merlin's Memory: The Past and Future Imperfect of the Once and Future Polity" en *Responding to Imperfection* (Sanford Levinson, ed.) (Princeton: Princeton University Press, 1995), p. 173-174.

79 Rawls, *supra* nota 40, p. 239.

fin de hacerlo más inclusivo o de corregir defectos en las instituciones básicas, pero no para eliminar o debilitar valores constitucionales básicos[80]:

> Si eso pasara, y no es inconcebible que el ejercicio del poder político se mueva en esa dirección, ocurriría un rompimiento constitucional, una revolución en el sentido propio de la palabra, y no una enmienda válida de la constitución. La práctica exitosa de las ideas y principios de la constitución por más de dos siglos restringe los tipos de cambios que pueden ser considerados como enmiendas, independientemente de lo que hubiese sido correcto cuando la constitución fue originalmente adoptada.[81]

Tanto SCHMITT como RAWLS defendieron la idea de que el poder de reformar una constitución no es ilimitado y de que, por lo tanto, puede haber una enmienda constitucional inconstitucional. Aunque SCHMITT se enfocó en aquellos principios relacionados a la estructura básica del Estado, y RAWLS en la protección de derechos fundamentales (cuyo carácter no enmendable parece depender en parte de que los mismos hayan sido respetados por un largo periodo), ambos autores están de acuerdo en que existen determinados cambios que se encuentran fuera del alcance del poder de reforma, aún en ausencia de cláusulas de intangibilidad. Como veremos en más detalle en el próximo capítulo, es en

80 *Ibíd.*, p. 238-239.
81 *Ibíd.*, p. 405-406.

el contexto de ese tipo de cambio que el ejercicio del poder constituyente del pueblo es necesario: aquellos cambios que carezcan de un carácter 'fundamental' pueden llevarse a cabo por medio de los procesos ordinarios de reforma (en los cuales determinados órganos estatales asumen el papel central).

No está claro, y aquí es precisamente en donde estos autores difieren, si los límites creados por la 'tradición constitucional' de RAWLS son vinculantes con respecto al titular del poder constituyente. La 'confusión' surge porque a veces RAWLS parece considerar equivalentes el ejercicio del poder constituyente y el poder de enmendar la constitución conforme al proceso ordinario de reforma (en el contexto de EE.UU., el proceso contenido en el artículo V)[82]. SAMUEL FREEMAN refleja dicho entendimiento del pensamiento de RAWLS cuando escribe que, para RAWLS, "[n]o todo lo que el pueblo actualmente expresa [*wills*] en el ejercicio de su poder constituyente puede producir una enmienda constitucional válida"[83].

---

82 "Asumimos la idea de una democracia constitucional dualista, la cual encontramos en JOHN LOCKE: la distinción entre el poder constituyente del pueblo para crear, ratificar, y enmendar la constitución y el poder ordinario de los legisladores y el ejecutivo en la política del día a día...". *Ibíd.*, p. 405-406.

83 FREEMAN, *supra* nota 73, p. 662. Esto es así aun cuando, de acuerdo con RAWLS (en su respuesta a HABERMAS): "el que las libertades modernas sean incorporadas en la constitución es una cuestión a ser decidida mediante el ejercicio del poder constituyente de un pueblo democrático, una línea de doctrina constitucional que surge de GEORGE LAWSON vía LOCKE". RAWLS, *supra* nota 40,

Esto, combinado con la concepción lockeana del poder constituyente adoptada por RAWLS, conforme a la cual el ejercicio del poder constituyente *solamente* tiene lugar luego de que el gobierno se disuelve (como consecuencia de abusos gubernamentales que activan el derecho a la resistencia)[84], hacen a este aspecto del pensamiento de RAWLS casi incomprensible: o bien el poder constituyente aparece cada vez que el artículo V es utilizado (lo cual sería incompatible con la distinción entre poder de reforma y poder constituyente)[85], o solamente aparece cada vez que el

p. 414. Esto parecería sugerir que para RAWLS, aun cuando el titular del poder constituyente es el llamado a determinar si los principios constitucionales esenciales serán protegidos, una vez adoptados, estos no pueden ser abolidos por medio del ejercicio del poder constituyente (pues cualquier intento de hacerlo podría ser invalidado por los tribunales).

84 "(...) [El] poder constituyente del pueblo establece un orden para regular el poder político ordinario, [pero el poder constituyente] solamente entra en escena cuando el régimen existente se ha disuelto". RAWLS, *supra* nota 40, p. 231.

85 *Ibíd.*, p. 231. Uno podría interpretar a RAWLS a la luz de la distinción utilizada tanto en América Latina como en Europa entre el poder constituyente originario y el poder constituyente derivado (o instituido). Ver, por ejemplo, LUIS SÁNCHEZ AGESTA, *Principios de Teoría Política* (Madrid: Editora Nacional, 1983), p. 333-334; LUIS SÁNCHEZ AGESTA, *Lecciones de Derecho Político* (Granada: Librería Prieto, 1959), p. 384-386. El poder constituyente originario es el poder de crear una constitución nueva y el poder constituyente derivado es el poder de enmendarla conforme al procedimiento de reforma. En cierto modo, esta distinción no hace otra cosa que asignar el término poder constituyente derivado al poder de reforma, es decir, al poder

gobierno se disuelve (lo cual significaría que el poder constituyente no se ejercita por medio del artículo V, o que cada vez que el artículo V es utilizado ha ocurrido una disolución del gobierno)[86]. SCHMITT es mucho más claro en este aspecto. Para él, el poder de reforma y el poder constituyente nunca deben considerarse equivalentes, los límites que aplican al primero no aplican al segundo: el titular del poder constituyente puede crear y destruir constituciones cuando le plazca.

En cuanto a este punto, estoy de acuerdo con SCHMITT. Imponer límites al titular del poder constituyente, al pueblo que la teoría democrática asume soberano, implica una negación de la democracia a nivel de las leyes fundamentales. En ese sentido, la concepción de la legitimidad democrática presentada en este capítulo es incompatible con la parte del pensamiento de RAWLS que parece suponer que el poder constituyente está sujeto a límites sustantivos originados en

---

de alterar la constitución conforme a los procesos establecidos en ella misma (lo cual equivale, por definición, al ejercicio del poder constituido) y no tiene implicación alguna con respecto a la distinción entre poder de reforma y poder constituyente.

86 No tomo en cuenta aquí la posibilidad de enmendar la Constitución de los Estados Unidos por medio de una Convención Constitucional solicitada por dos tercios de las legislaturas de los Estados y ratificada por tres cuartas partes de las mismas, pues Rawls no parece estarse refiriendo a la misma. Para un debate ver, SANFORD LEVINSON, *Our Undemocratic Constitution: Where the Constitution Goes Wrong (And How the People can Correct It* (New York: Oxford University Press, 2006).

el orden constitucional. Por el contrario, esta concepción descansa en la idea (la cual puede derivarse del propio concepto de poder constituyente) de que estos límites solamente vinculan a las instituciones gubernamentales ordinarias, a los poderes constituidos. Ahora bien, a pesar de que adopto la concepción schmittiana, lo hago con una importante reserva: el ejercicio del poder constituyente debe ser entendido a la luz de sus conexiones con el ideal democrático[87]. Esta idea, como veremos en el siguiente capítulo, queda reflejada en los mecanismos apropiados para facilitar el ejercicio del poder constituyente.

III. Conclusión

Este capítulo defendió la idea de que lo que determina la legitimidad democrática de un orden constitucional es su susceptibilidad a ser re-constituido democráticamente. El término re-constitución no debe entenderse como sinónimo de 'reforma constitucional', sino como un tipo de cambio constitucional que (debido a su carácter fundamental), debe ser acompañado de niveles intensos de participación popular y respetar el principio de apertura democrática. La re-constitución democrática viene necesariamente acompañada del

87 A pesar de sostener que en una democracia el único titular legítimo del poder constituyente es el pueblo, Schmitt abiertamente acepta la posibilidad de que un monarca, una aristocracia o una oligarquía ostenten dicha titularidad. Schmitt, *supra* nota 8, p. 61, 93, 102.

ejercicio del poder constituyente, de la activación del derecho de los ciudadanos ordinarios a alterar las leyes fundamentales a las que están sujetos. Solamente un orden constitucional abierto a este tipo de transformación puede ser considerado legítimo desde una perspectiva democrática; e incluso un orden constitucional que no se haya originado en un episodio participativo de creación constitucional podría gozar de un grado de legitimidad democrática si es susceptible de ser re-constituido.

En la mayoría de los Estados modernos, la adopción de mecanismos que hacen esto posible requeriría una transformación constitucional de grandes proporciones: un cambio en el balance de poder que le quitaría a las instituciones políticas ordinarias el monopolio sobre el cambio constitucional. Además, este capítulo sostuvo que, para que un orden constitucional sea consistente con la idea de legitimidad democrática, debe distinguir entre el cambio constitucional fundamental y el cambio constitucional ordinario. En la ausencia de tal distinción, cada cambio constitucional requeriría un grado de movilización que podría terminar trivializando el ejercicio del poder constituyente o haciendo al cambio constitucional tan remoto e infrecuente como la creación de un nuevo Estado. Si los procedimientos especiales para llevar a cabo cambios constitucionales fundamentales se hacen simplemente paralelos al proceso ordinario de reforma, es decir, si el pueblo y la legislatura son atribuidos con los mismos poderes de cambio constitucional, el poder constituyente del pueblo aparecería como indistinguible de los poderes constituidos, lo que tendría graves consecuencias desde la perspectiva de la legitimidad democrática.

CAPÍTULO 4

ACTOS DEL PUEBLO: MECANISMOS PARA EL EJERCICIO DEL PODER CONSTITUYENTE*

El capítulo anterior sostuvo que la adopción de la doctrina de los límites implícitos al poder de reforma puede contribuir, indirectamente, a la legitimidad democrática de un orden constitucional. Esto por supuesto podría parecer contradictorio. Si la doctrina de los límites implícitos supone que determinados principios constitucionales no pueden ser modificados, y la legitimidad democrática requiere un orden constitucional en el cual todo puede modificarse, esta doctrina parece ser incompatible con el concepto de democracia presentado en los capítulos anteriores. Sin embargo, lo que hace la doctrina de los límites implícitos (al menos la versión de la doctrina aquí discutida) es apuntar hacia una distinción entre el poder de reforma y el ejercicio del poder constituyente. Y si el poder constituyente es concebido en términos de su

---

* Basado en un artículo titulado "The Legitimacy of the Juridical: Democracy, Constituent Power and the Limits of Constitutional Reform", publicado en el 2010 por el *Osgoode Hall Law Journal*.

relación con la democracia, la doctrina de los límites implícitos facilita la institucionalización de la idea de que los cambios constitucionales fundamentales solamente deben ocurrir mediante procedimientos altamente participativos.

Además (y esto es una consecuencia del punto anterior), la doctrina de los límites implícitos, mirada desde la perspectiva de la teoría del poder constituyente, sugiere que debería haber una correlación entre la substancia de una enmienda y el procedimiento utilizado para su adopción. Mientras más fundamental sea el cambio, más participativo debería ser el proceso de cambio constitucional[1]. La correlación, sin embargo, no debe tener el resultado de hacer difíciles o imposibles a las transformaciones constitucionales fundamentales, sino más democráticas. Esto no quiere decir que aquellos cambios que carezcan de un carácter fundamental no pueden (o no deben) ser adoptados mediante procedimientos altamente participativos, sino que la legitimidad democrática requiere estos procedimientos solamente en el contexto de cambios constitucionales fundamentales.

Este capítulo comienza con una reflexión acerca del tipo de cambio constitucional que podría ser con-

---

1 Como puede observarse, lo procesal y lo sustantivo no puede separarse siempre fácilmente; es precisamente debido al *contenido* de una enmienda que se requiere un procedimiento determinado. Sobre este punto, ver, WILLIAM F. HARRIS II, *The Interpretable Constitution* (Baltimore: The John Hopkins University Press, 1993), p.175.

siderado fundamental para propósitos de la doctrina de los límites implícitos.

La idea de que existen ciertos cambios que, por tener un carácter fundamental, solo pueden ser alterados por medio del ejercicio del poder constituyente, implica (al menos desde una perspectiva democrática o, más específicamente, conforme al principio de la apertura democrática) que deberían existir mecanismos para ejercer dicho poder. Estos mecanismos no son muy comunes en las constituciones modernas, pues estas se caracterizan por poseer diversas formas jurídicas que procuran lo que llamaré la 'desaparición' del poder constituyente. La segunda parte de este capítulo examinará varias maneras mediante las cuales un orden constitucional puede hacer desaparecer al poder constituyente. En la tercera parte, se examinan diversos tipos de mecanismos que podrían ser utilizados para el ejercicio del poder constituyente: la Asamblea Constituyente convocada por la legislatura, y la Asamblea Constituyente convocada 'desde abajo'.

Se examinará también la institución de la iniciativa popular para enmendar la constitución, que si bien no es un mecanismo apropiado para el ejercicio del poder constituyente, puede complementar a la Asamblea Constituyente en el contexto de un orden constitucional democrático.

Un orden constitucional en el cual estos mecanismos estén presentes sería más susceptible a la reconstitución y debería ser considerado legítimo desde una perspectiva democrática. Aunque autorizadas por el texto constitucional y en ese sentido no necesariamente 'revolucionarias', sí son convocadas en un contexto de alta movilización popular, las asambleas constituyentes pueden servir como canal, como un medio facilitador, de un impulso democrático que no puede manifestarse por medio de organismos jurídicos ordinarios. Además, la segunda modalidad de la Asamblea Constituyente generalmente se activa por medio de la recolección de firmas, por lo que requiere la participación ciudadana desde las primeras etapas del proceso. Como un medio para el ejercicio (potencial) del poder constituyente, estos mecanismos pueden ser utilizados para las transformaciones constitucionales más importantes, y no deben estar sujetos a ningún límite sustantivo impuesto por el texto constitucional[2].

I. TRANSFORMACIONES CONSTITUCIONALES FUNDAMENTALES

Es cierto que la doctrina de los límites implícitos a la reforma constitucional, en su formulación más tradicional, es un reflejo de la incomodidad del constitu-

---

2 Cualquier mecanismo para el cambio constitucional (incluyendo una Asamblea Constituyente que se regula a sí misma) crea límites procesales al ejercicio del poder constituyente. En este sentido, necesariamente le niega algo al poder constituyente, probablemente su capacidad de manifestarse de maneras informales. Sin embargo, al menos desde la perspectiva de la democracia al nivel de las leyes fundamentales, es mejor tener disponibles mecanismos que permitan la manifestación 'imperfecta' del poder constituyente a no tener nada.

cionalismo liberal respecto del cambio constitucional (especialmente si esos cambios ocurren por medio de procesos de participación popular); el temor de permitir a los ciudadanos ordinarios trastocar los principios fundamentales del orden constitucional. No obstante, mi intención aquí es adoptar una de las premisas principales de esa doctrina (la distinción entre poder constituyente y poder de reforma) y utilizarla *en contra* de esta incomodidad con el cambio constitucional[3]. Conforme a esta noción, los temores del constitucionalista –la siempre presente posibilidad de que las mayorías populares reemplacen el orden constitucional con uno nuevo[4], aparecen como un

---

3 Sobre la incomodidad con la democracia, ver, ROBERTO MANGABEIRA UNGER, *What Should Legal Analysis Become* (London: Verso, 1996). Ver, además, JACQUES RANCIÈRE, *Hatred of Democracy* (London: Verso 2006).

4 Como mencionamos en el capítulo anterior, de acuerdo con algunos teóricos constitucionales contemporáneos, una constitución liberal siempre se encuentra en un estado de fluidez (por encontrarse siempre abierta a la interpretación constitucional), y por eso debe verse como un 'árbol creciente' que cambia constantemente. Ver, por ejemplo, WILL WALUCHOW, *A Common Law Theory of Judicial Review: The Living Tree* (Oxford: Oxford University Press, 2007). Estos tipos de cambio, sin embargo, tienen un potencial democrático limitado. Para empezar, esos cambios no solamente son graduales por su propia naturaleza, sino que hay ciertos tipos de cambios que difícilmente podrían llevarse a cabo por medio de la interpretación constitucional (piénsese, por ejemplo, en remplazar una legislatura bicameral por una unicameral mediante la interpretación constitucional). SANFORD LEVINSON, *Our Undemocratic Constitution: Where the Constitution Goes Wrong (And How the People can Correct It* (New York:

componente esencial de una constitución legítima desde una perspectiva democrática. Comencemos entonces por examinar brevemente la idea de 'cambios constitucionales fundamentales', pues esos son los cambios que requieren un ejercicio del poder constituyente.

Aún si uno estuviese de acuerdo con CARL SCHMITT y JOHN RAWLS (cuyas ideas en torno a la reforma constitucional fueron discutidas en el capítulo 3), y aceptase que determinados cambios constitucionales se encuentran fuera del alcance del poder de reforma, es necesario enfrentarse a una serie de preguntas: ¿Qué constituye un cambio constitucional *fundamental*? ¿Cómo distinguir entre principios o cláusulas constitucionales fundamentales y principios y cláusulas ordinarias? Estas preguntas son importantes porque, como señalé en el capítulo anterior, mi posición es

---

Oxford University Press, 2006), p. 160. Pero independientemente de los límites del alcance de la interpretación constitucional, el problema principal con la teoría del 'árbol creciente' es su falta de credenciales democráticas. El poder de interpretación constitucional casi siempre descansa en las manos de los jueces, y el cambio constitucional *democrático* (que es el tipo de cambio que nos interesa en este capítulo), debe llevarse a cabo mediante un proceso en el cual las mayorías populares asumen un papel central (es decir, un proceso mediante el cual los ciudadanos tengan la oportunidad de deliberar y decidir robre los cambios en cuestión, y no meramente de influenciar la interpretación constitucional, como a veces han sugerido algunos defensores del constitucionalismo popular). Para una discusión, ver los ensayos en *The Constitution in 2020* (JACK BALKIN & REVA SIEGEL eds.) (Oxford: Oxford University Press, 2009), p. 146.

que solamente las transformaciones constitucionales fundamentales deben ocurrir mediante el ejercicio del poder constituyente; en otras palabras, por medio de un proceso que intente reproducir un episodio ideal de creación constitucional (es decir, un acto consistente con los principios de participación popular y apertura democrática). Para distinguir entre lo fundamental y lo no fundamental, una opción sería recurrir nuevamente a SCHMITT y RAWLS. El primero hizo énfasis en aquellas cláusulas constitucionales que reflejan una decisión del titular del poder constituyente respecto de su modo de existencia política, tales como la adopción de una 'forma democrática de gobierno', el federalismo, la decisión a favor de un sistema presidencial o parlamentario, y el proceso mismo de enmienda.

RAWLS, en parcial acuerdo con SCHMITT, consideró fundamental la estructura básica del gobierno (incluidos el alcance y los límites del mayoritarianismo como método decisional), así como las libertades y derechos liberales básicos (incluidas las protecciones provistas por el Estado de Derecho)[5]. Si bien SCHMITT

5 El acto de crear una constitución puede describirse como un proceso mediante el cual un grupo de actores políticos adoptan un documento que tiene por objeto regular (i) la estructura básica de gobierno; (ii) la relación entre los individuos y el Estado; y (iii) el método de enmendar el documento en sí mismo. Esta definición resulta consistente con los tipos de cambios que, según SCHMITT y RAWLS, por ser tan fundamentales, implican la adopción de una nueva constitución. Sin embargo, dependiendo del contexto y del sistema político en cuestión, otros tipos de

y RAWLS proveen buenas indicaciones de lo que sería considerado fundamental en la mayoría de las sociedades contemporáneas, la distinción entre lo fundamental y lo no fundamental depende en gran parte de la historia y la cultura política de una sociedad, por lo que variará de país en país[6]. Por ejemplo, en Canadá, a comienzos del siglo XX, ERNEST LAPOINTE propuso una fórmula de enmienda conforme a la cual las 'enmiendas ordinarias' podrían ser adoptadas por el Parlamento Federal, con el consentimiento de una mayoría de las provincias. Por su parte, las 'enmiendas fundamentales', es decir, aquellas relacionadas con los derechos de las provincias, con los derechos de las minorías, o con la 'raza, el lenguaje, y las creencias', requerían el voto unánime de las provincias (además del consentimiento de las dos cámaras de la legislatura federal)[7]. Pero aún en un

---

cambios también podrían entenderse como equivalentes a la adopción de un orden constitucional nuevo.

6 En su estudio del artículo V de la Constitución de EE.UU., LESTER B. ORFIELD proveyó una lista de más de veinticinco temas que habían sido alguna vez identificados como fuera del ámbito del poder de enmienda por diferentes juristas durante la primera parte del siglo XX (por ejemplo, el establecimiento de una monarquía, la creación de títulos de nobleza, una enmienda para crear impuestos para determinados estados). Ver, LESTER B. ORFIELD, *The Amending of the Federal Constitution* (Ann Arbor: University of Michigan, 1942), p. 87-88, n.º 12.

7 *Constitution Act, 1982*, 41(a)-(e), Schedule B, *Canada Act 1982* (U.K.), 1982, c. 11. Ver también como ejemplo adicional, la Constitución de la República Bolivariana de Venezuela (1999), la cual establece un conjunto de procedimientos diferentes para

mismo país, el carácter fundamental de determinadas provisiones constitucionales no es estático sino fluido: lo que se considera fundamental en determinado contexto histórico podría no ser considerado así en otro momento[8].

Los tipos de cambios que, tanto RAWLS como SCHMITT, considerarían 'fundamentales', buscan proteger lo que podríamos identificar como los presupuestos ideológicos en los cuales descansa el orden constitucional (por ejemplo, el mantenimiento de una democracia liberal en oposición a un orden socialista), así como los cimientos básicos del Estado (por ejemplo, la estructura básica del gobierno). Como indicamos anteriormente, el análisis jurídico de identificar qué cambios tocan esos presupuestos ideológicos, así como algunos aspectos de la estructura estatal cuya modificación implicaría el abandono de un orden constitucional y el surgimiento de otro nuevo, es altamente contextual.

Pero existen otros tipos de cambios constitucionales, que si bien merecen el adjetivo de 'fundamental', no están necesariamente conectados a dichos

---

'enmiendas', 'reformas' y para la transformación del Estado o la adopción de una nueva Constitución.

8 ¿Quién ha de determinar qué es fundamental y qué no? La alternativa más común es dejar esa tarea a las cortes, que serían responsables de determinar qué tipo de cambio constitucional puede ser llevado a cabo por medio del procedimiento ordinario de enmienda y cuál requiere un procedimiento más participativo, como lo sería una convocatoria a una Asamblea Constituyente.

presupuestos ideológicos ni a la estructura estatal[9]. Supongamos que una constitución dispone en su artículo x: 'No se podrá utilizar el procedimiento de reforma para abolir la Carta de Derechos contenida en esta Constitución'. Pensemos, además, que dicho procedimiento requiere una mayoría de dos terceras partes en la Asamblea Legislativa acompañada de un referendo ratificatorio. Ahora, imaginemos que la Asamblea Legislativa aprueba, por dos terceras partes, la siguiente resolución: 'A partir de la fecha de ratificación de esta resolución por la mayoría de los electores, el artículo x de la Constitución leerá de la siguiente manera: 'La Carta de Derechos podrá ser abolida en su totalidad mediante el procedimiento de reforma contenido en esta Constitución'. La enmienda es ratificada por el electorado y, acto seguido, la Asamblea Legislativa presenta una resolución aboliendo la Carta de Derechos.

Como un segundo ejemplo, imaginemos que un Presidente, a quien sus asesores aseguran que la crisis económica de su país responde al deterioro moral de la sociedad, solicita a la Asamblea Legislativa que inicie un proceso de reforma constitucional a efectos de incluir en la constitución una serie de 'deberes ciudadanos', entre los que se encuentran el 'deber de proteger a cualquier ser humano que se encuentre en peligro' y el 'deber de los asalariados de donar

9 Ver, Pedro de Vega, *La Reforma Constitucional y la Problemática del Poder Constituyente* (Madrid: Tecnos, 1985), p. 242.

10% de su salario a la beneficencia'. La enmienda es aprobada conforme al procedimiento de reforma vigente, el cual requiere el voto mayoritario de dos terceras partes de los legisladores más la ratificación referendaria. Convencido de que con dichas enmiendas la constitución ha alcanzado un grado de perfección que la hace merecedora de protección absoluta contra generaciones futuras, el Presidente propone la siguiente enmienda constitucional: 'La presente Constitución solo podrá enmendarse mediante el voto unánime de los miembros de la Asamblea Legislativa. Toda enmienda constitucional deberá ser ratificada por el voto unánime de los electores habilitados para votar'. Utilizando el proceso de enmienda anterior, el Presidente logra que dos terceras partes de los legisladores y un 51% de los electores aprueben la nueva fórmula de enmienda.

En estos dos ejemplos, a pesar de haberse seguido el procedimiento de reforma al pie de la letra y de no haberse alterado la forma de gobierno (y, podría argumentarse, habiéndose preservado los presupuestos ideológicos del orden constitucional) parecerían haberse adoptado cambios constitucionales fundamentales. Lo que estos ejemplos muestran es que, cuando se utiliza el procedimiento de reforma para modificar la propia competencia del órgano reformador (ya sea limitándola o expandiéndola), ocurre un cambio constitucional fundamental, pues la manera en que la constitución se relaciona con el poder público ha sido alterada.

Ahora bien, aunque diferentes sociedades producirán y asumirán diferentes concepciones acerca de lo que constituye un cambio constitucional fundamental, los derechos y las instituciones –independientemente de la forma que estos asuman–, que son necesarios para el ejercicio mismo del poder constituyente, presentan un caso especial. Esos derechos e instituciones son necesarios para la existencia misma de la democracia, pues son constitutivos de la habilidad de los ciudadanos para deliberar y modificar cualquier aspecto del orden constitucional. En este sentido, solamente deberían poder ser alterados o abolidos mediante el ejercicio del poder constituyente del pueblo: solo los ciudadanos podrían privarse a sí mismos de su soberanía (y en ese mismo acto, estarían privando al orden constitucional de legitimidad democrática). Por supuesto, el hecho de que ciertos principios se encuentren fuera del alcance del poder de reforma no quiere decir que sean inmodificables. Solamente quiere decir que únicamente pueden ser tocados por el titular del poder constituyente.

II. Deshacerse del poder constituyente

Como hemos visto, la idea de requerir un procedimiento especial para algunos cambios constitucionales no es ajena a la práctica constitucional contemporánea. Pero el hecho de que una constitución establezca procedimientos especiales para determinados cambios, no quiere decir que esos procedimientos estén dirigidos a aumentar las oportunidades para la participación de los ciudadanos ordinarios. Por ejemplo, la Constitución de España (1978), establece dos mecanismos distintos para el cambio constitucional. El primero requiere el voto afirmativo de tres quintas partes de cada una de las cámaras de la legislatura. Este procedimiento, contenido en el artículo 167, y el cual la teoría constitucional española identifica como 'general', requiere un referendo si el mismo es solicitado por una décima parte de los miembros de cualquiera de las cámaras legislativas[10]. Sin embargo, este proceso no puede utilizarse para la *revisión total* de la constitución, o para una *revisión parcial* que afecte determinados principios constitucionales (y aquí se incluyen, por ejemplo, las instituciones de la monarquía) o los derechos fundamentales. Para realizar ese tipo de cambios, se necesita recurrir al procedimiento establecido en el artículo 168, el cual no solamente requiere el voto afirmativo de dos terceras partes de cada cámara, sino la disolución inmediata del parlamento y la realización de elecciones generales. El nuevo parlamento debe aprobar, de nuevo por dos terceras partes, los cambios propuestos y las modificaciones deben ser sometidas al electorado en un referendo.

El objetivo de la constitución española parece ser (al igual que el caso de Canadá con respecto de los

---

10 El artículo 167 dispone que, de no lograrse la aprobación por el proceso anteriormente descrito, y "siempre que el texto hubiere obtenido el voto favorable de la mayoría absoluta del Senado, el Congreso, por mayoría de dos tercios, podrá aprobar la reforma".

cambios que requieren la unanimidad provincial), no tanto hacer más participativos los procesos que podrían resultar en transformaciones constitucionales fundamentales (a menos que uno piense que el principio de participación popular puede ser satisfecho por medio de un referendo)[11], sino en hacerlos más difíciles. De hecho, el procedimiento del artículo 168 parece tener el propósito de hacer a las transformaciones constitucionales fundamentales casi imposibles. Como señalé anteriormente, la teoría constitucional propuesta en este libro no pretende hacer a los cambios fundamentales más difíciles e improbables, sino más democráticos. La idea no es que una legislatura deba tener el poder de llevar a cabo cambios como estos con facilidad (como sería el caso de una constitución flexible), sino que deberían existir procedimientos que permitan a los ciudadanos convertirse en protagonistas del cambio constitucional fundamental. En otras palabras, no significaría mucho que un orden constitucional requiriera que los cambios constitucionales fundamentales ocurran mediante procesos altamente participativos, si estos son muy difíciles o casi imposibles de activar. Así, los órdenes constitucionales deberían incluir una verdadera válvula de escape para el ejercicio del poder constituyente, y no meramente reconocer que la soberanía del pueblo no se extingue con la adopción

11 Los límites del referendo como mecanismo de participación popular, serán discutidos posteriormente en este capítulo.

de una constitución y a la misma vez deshacerse del poder constituyente.

En cierto modo, eso es precisamente lo que ocurre en la mayoría de los órdenes constitucionales contemporáneos. Existen al menos cuatro maneras de deshacerse del poder constituyente: (1) mistificarlo; (2) desplazarlo; (3) legalizarlo; y (4) esconderlo. La mistificación del poder constituyente puede fácilmente co-existir con los otros tres métodos. La idea es reconocer (al nivel del discurso constitucional) el poder del pueblo de adoptar nuevas constituciones, pero sin proveer ningún mecanismo para que el ejercicio de dicho poder pueda llevarse a cabo. Esto es de hecho un fenómeno muy común: mientras la mayoría de los constitucionalistas y políticos contemporáneos no tendría ningún problema en aceptar la idea de que, a fin de cuentas, el pueblo posee un poder ilimitado para re-crear el orden jurídico, generalmente se abstienen de proponer mecanismos que permitan que cualquier cosa parecida al ejercicio de ese poder tenga lugar[12]. El desplazamiento del poder constituyente ocurre

---

12 Ver, por ejemplo, Walter Murphy, *Constitutional Democracy: Creating and Maintaining a Just Political Order* (Baltimore: The Johns Hopkins University Press, 2007). Este problema también se encuentra ejemplificado en algunas decisiones judiciales que adoptan la doctrina de los límites implícitos a la reforma constitucional. Estas decisiones insisten en que, incluso cuando las instituciones ordinarias de gobierno no les es posible efectuar ciertos cambios, el pueblo, en ejercicio de su poder constituyente, puede llevar a cabo cualquier cambio constitucional (aun cuando el orden constitucional no provea

en lugares como el Reino Unido, en donde hay una constitución no escrita (o parcialmente escrita) y el orden constitucional opera conforme a la doctrina de la soberanía parlamentaria. En estos casos, ocurre casi una identificación entre 'parlamento' y 'pueblo': el primero aparece como una Asamblea Constituyente en una sesión potencialmente permanente, y el segundo rara vez hace aparición alguna con excepción de votar periódicamente cada vez que se llama a elecciones generales[13].

La legalización del poder constituyente es similar a su desplazamiento, pero ocurre en el contexto de constituciones escritas y relativamente flexibles. Bajo

---

un mecanismo para ello). Ver, por ejemplo, el caso indio de *Golaknath v. Punjab*, A.I.R. 1967 S.C. 1643.

13 Para una formulación de la teoría de soberanía parlamentaria, ver, A.V. DICEY, *An Introduction to the Study of the Law and the Constitution* (London: Macmillan, 1959). Aunque originalmente DICEY rechazó la distinción entre leyes ordinarias y leyes superiores (y hasta aceptó la caracterización de Alexis de Tocqueville del Parlamento Británico como una asamblea constituyente en sesión permanente, ver *ibíd.* p.83), al final de su vida apoyó la institución del referendo en el contexto del cambio constitucional. Al hacer esto, también defendió la distinción entre Parlamento y el 'pueblo' (o 'nación'), y describió al último como el 'verdadero soberano'. A.V. DICEY, "The Referendum", 23 *National Review* 65 (1894), p. 70. Para un análisis, ver, RIVKA WEILL, "Dicey Was Not Diceyan", 62(2) *Cambridge Law Journal* 474 (2003). Para una reseña histórica y una discusión respecto de la identificación del 'Parlamento' y el 'pueblo' en el constitucionalismo británico, ver, EDMUND S. MORGAN, *Inventing the People: The Rise of Popular Sovereignty in England and America* (New York: Norton, 1988).

este tipo de arreglo, el poder de reforma es técnicamente ilimitado y los requisitos procesales para su ejercicio se satisfacen tan fácilmente (por ejemplo, a veces requieren únicamente una mayoría legislativa, como con algunos tipos de enmiendas en la Constitución de India), que el poder de reforma se convierte en equivalente, para todos los efectos prácticos, al poder constituyente[14]. Un método muy distinto es 'esconder' al poder constituyente, ejemplificado en constituciones rígidas (es decir, que son difíciles de enmendar, como la Constitución de Estados Unidos)[15].

Este tipo de constitución esconde al poder constituyente bajo un procedimiento de enmienda que técnicamente puede utilizarse para llevar a cabo cualquier cambio constitucional, pero cuyos requerimientos son casi imposibles de satisfacer[16]. El resultado es

---

14 No resulta sorprendente que mediante la vigesima cuarta enmienda, el Parlamento indio se declarara titular del poder constituyente: "...Independientemente de cualquier cosa expresada en esta Constitución, el Parlamento puede, en ejercicio de su poder constituyente, enmendar por adición, variación o derogación cualquier disposición de esta Constitución de acuerdo con el procedimiento establecido en este artículo...". De hecho, la Corte Suprema de India adoptó la teoría de límites implícitos en la reforma constitucional a fin de controlar el poder de enmienda en una constitución flexible (ver casos discutidos en el capítulo 5).

15 Ver, Donald Lutz, "Toward a Theory of Constitutional Amendment" en *Responding to Imperfection* (Sanford Levinson, ed.), (Princeton: Princeton University Press, 1995).

16 Ver, Andreas Kalyvas, "Book Review", 8(3) *Constellations* 413 (2001), p. 414.

que la existencia de un poder 'ilimitado' de reforma constitucional hace innecesario el ejercicio del poder constituyente y, a la misma vez, la rigidez constitucional tiende a evitar que ocurran transformaciones constitucionales fundamentales.

En estas cuatro situaciones el resultado es el mismo: la participación popular en la reforma constitucional se reduce a un mínimo, y la modificación de las leyes fundamentales se convierte en altamente improbable (como en las constituciones rígidas), o simplemente en una especie de actividad legislativa que resulta en la modificación de normas constitucionales (como en las constituciones flexibles). Un orden constitucional que se deshace del poder constituyente es inconsistente con la noción de la legitimidad democrática discutida en el capítulo 3. No es suficiente tener una constitución en la cual cada cláusula puede ser modificada, si el proceso de cambio es tan difícil que la reforma constitucional rara vez ocurrirá, aun cuando los cambios en cuestión sean favorecidos por la gran mayoría de los ciudadanos. Tampoco es suficiente tener una constitución que pueda ser fácilmente enmendada si la legislatura es la que hará todo el trabajo y no existen posibilidades formales para la participación de los ciudadanos. En este sentido, los principios de participación popular y apertura democrática están radicalmente relacionados, y su separación se puede volver inestable. Para gozar de legitimidad democrática, un orden constitucional no debe mistificar, desplazar, legalizar o esconder al poder constituyente; por el contrario, debe proveer la posibilidad real para su ejercicio futuro.

III. El cambio constitucional democrático

Hasta ahora he argumentado que la legitimidad democrática de un orden constitucional, depende de su susceptibilidad de ser reconstituido democráticamente. Esta susceptibilidad está muy lejos de ser satisfecha en el mero respeto de una serie de derechos: más allá de permitir a los ciudadanos asociarse y expresar sus preferencias políticas libres de coerción, y de desarrollar estas preferencias en una esfera privada; un orden constitucional debería poseer algún mecanismo (o mecanismos), en adición al procedimiento ordinario de reforma, diseñado para permitir a los ciudadanos proponer, deliberar y decidir acerca de cambios constitucionales fundamentales. No existe un mecanismo o grupo de mecanismos específicos que tengan que ser adoptados para que un orden constitucional goce de legitimidad democrática. Su característica básica, desde luego, debe ser facilitar el ejercicio del poder constituyente mediante de un proceso abierto y participativo. Por lo tanto, este capítulo no tiene el objetivo de proveer una lista de *los* mecanismos necesarios para la realización de la democracia a nivel de las leyes fundamentales, sino dar ejemplos de algunos arreglos constitucionales que serían consistentes con la idea de legitimidad democrática. Existen dos ejemplos principales de esos tipos de arreglos: (i) la Asamblea Constituyente convocada desde arriba, por la legislatura; y (ii) la Asamblea Constituyente convocada desde abajo, por iniciativa popular[17]. Estos mecanismos no son

17 Ambos mecanismos implican un procedimiento de votación. En el caso de una Asamblea Constituyente, normalmente se realizaría un referendo que autorice su convocatoria y luego otro para ratificar sus propuestas. Asimismo, la asamblea requiere un procedimiento de votación interno. Todos estos procedimientos de votación, en mi opinión, deberían sustentarse en la regla de la mayoría no cualificada. Existen cuatro razones para ello. En primer lugar, debe insistirse en el hecho de que no estamos hablando de una legislatura que efectúa cambios en una constitución como si fuese una ley ordinaria: aquí, los votantes son los ciudadanos mismos o sus delegados a una Asamblea Constituyente, quienes disfrutan de un mayor grado de legitimidad que los legisladores ordinarios. En segundo lugar, la regla de la mayoría (a diferencia de la supermayoría o unanimidad) es consistente con el ideal de igualdad política entre los ciudadanos (cada voto tiene el mismo peso) y al mismo tiempo responde a las preferencias de los votantes (a diferencia de, por ejemplo, tirar una moneda al aire). En tercer lugar, la regla de la mayoría es más consistente con la idea de legitimidad democrática que cualquier otro método de votación. Ello es así por cuanto los seres humanos usualmente viven (y nacen) bajo una constitución en cuya creación no participaron. Es decir, una regla de votación que se apartara del mayoritarismo resultaría en una ofensa al principio de soberanía popular, pues privilegiaría el *statu quo* y le otorgaría un poder de veto a la minoría o a las generaciones pasadas. Finalmente, en el caso de los procedimientos internos de votación de una Asamblea Constituyente que está redactando una nueva constitución, la regla de la mayoría garantiza que una decisión será producida. Una vez que la Asamblea Constituyente es convocada con el objetivo de redactar una nueva constitución, la falta de éxito en la producción de una nueva ley fundamental podría tener

excluyentes el uno del otro y se encuentran presentes en las constituciones nacionales de algunos países[18].

---

consecuencias políticas severas, pues el viejo orden constitucional probablemente sufriría de un importante déficit de legitimidad (y dicho déficit seguramente fue la razón por la cual la Asamblea Constituyente fue convocada en primer lugar).

18 En Canadá ha habido, en diferentes momentos, llamados para una Asamblea Constituyente. Ver, por ejemplo, Philip Resnick, *Towards a Canada-Québec Union* (Kingston: McGill-Queen's University Press, 1991); *Citizens and Government: Who Decides?* (Calgary: Canada West Foundation, 1991). También es significativo que el Beaudoin-Edwards Committee concluyera que la Asamblea Constituyente era "por mucho, la alternativa más comúnmente sugerida" en el curso de sus audiencias. *The Process for Amending the Constitution of Canada: The Report of the Special Joint Committee of the Senate and the House of Commons* (Ottawa: Ministry of Supply and Services, 20 June 1991), p. 43. También ha habido llamados para una Asamblea Constituyente compuesta de delegados nombrados por el gobierno. Bajo este tipo de propuesta, la asamblea es vista como un complemento al procedimiento de enmienda existente, que solo debería ser utilizado como un 'instrumento de negociación'. Ver, Peter Russell, "Towards a New Constitutional Process" in *Options for a New Canada* (R.L. Watts & D.D. Brown eds.) (Toronto: University of Toronto Pressm 1991). Ver, Clyde Wells, "The Case for a Constitutional Convention", *Constitutional Forum*, No. 2 (Spring 1991); *Resolving the Impasse: The Need for a Constituent Assembly* (Ottawa: Fédération des Francophones Hors Québec, 1981). Asimismo, existen varios estudios publicados en Canadá sobre las asambleas constituyentes desde una perspectiva comparada. Ver, por ejemplo, Patrick Monahan, Lynda Covello y Jonathan Batty, *Constituent Assemblies: The Canadian Debate in Comparative and Historical Context* (North York: Centre for Public Law and Public Policy, 1992); Patrick Fafard y Darrel R. Reid, *Constituent Assemblies: A Comparative Survey* (Ontario: Institute of Intergovernmental Relations, 1991).

a. La Asamblea Constituyente convocada desde arriba

El primero de los mecanismos es el más común de todos, y consiste en una Asamblea Constituyente compuesta de delegados electos para el único propósito de re-constituir el orden constitucional, convocada por la legislatura (o, en ocasiones, por otro órgano estatal)[19]. Al no ser convocada directamente por el pueblo, este tipo de asamblea solamente garantiza un nivel mínimo de legitimidad democrática: la mera posibilidad de que el orden constitucional sea re-constituido por medio de una asamblea extraordinaria compuesta de delegados electos. El hecho de que esta primera modalidad de la asamblea sea convocada por la legislatura, viene acompañado de por lo menos dos dificultades: primero, sería posible para una legislatura que le interesa alterar la constitución a fin de extender sus propios poderes o los poderes de alguna otra rama gubernamental, convocar una Asamblea Constituyente en ausencia de apoyo popular previo para el cambio constitucional; segundo, le otorgaría al gobierno la llave para abrir la puerta a transformaciones constitucionales fundamentales. Es decir, la legislatura podría decidir

19 Aunque algunas constituciones le permiten al ejecutivo llamar a un referendo para la convocatoria de una Asamblea Constituyente, dicho proceso puede ser peligroso, pues le otorga al ejecutivo la oportunidad de recurrir a la transformación del orden constitucional en ocasiones en que existen discrepancias con el poder legislativo.

no convocar a una Asamblea Constituyente inclusive en momentos de alta movilización popular a favor del cambio constitucional.

La primera de estas dos dificultades puede ser reducida mediante la celebración de un referendo en el que los ciudadanos vengan llamados a ratificar la propuesta de la legislatura para la convocatoria a una Asamblea Constituyente. Para garantizar que el referendo efectivamente indique si existe un apoyo popular considerable para la realización de cambios constitucionales fundamentales, podría establecerse un requisito mínimo de participación (por ejemplo, que al menos 75% de los ciudadanos aptos para votar deban participar en el referendo para que tenga efectos legales). La segunda dificultad es más compleja, y es por ello que esta modalidad de la Asamblea Constituyente solamente garantiza un nivel mínimo de legitimidad democrática: la misma podría ser consistente con la petrificación del orden constitucional y la desaparición del poder constituyente por medio de un mecanismo que, aunque está disponible, nunca será utilizado. En este sentido, el potencial democrático de la asamblea dependerá de la cultura política del país en cuestión y estará a la de sus instituciones políticas ordinarias a responder a reclamos populares.

Esta modalidad de la Asamblea Constituyente también tiene algunas ventajas. El hecho de que la iniciativa para convocar la Asamblea Constituyente recaiga exclusivamente en la legislatura (o en alguna otra institución estatal), podría contribuir al desarrollo de diferentes tipos de acciones políticas informales, tales como manifestaciones populares masivas, desobediencia civil, y otros actos públicos de protesta a favor del cambio constitucional[20]. En otras palabras, puede resultar indirectamente en la utilización por parte de individuos y de movimientos sociales de mecanismos no institucionales para llamar la atención a lo que ellos consideran cambios necesarios al orden constitucional, y forzar un debate público que *podría* resultar en la convocatoria a una Asamblea Constituyente. A la vez, provee la oportunidad a juristas y filósofos para, en su capacidad de ciudadanos (no en su capacidad de expertos cuyas opiniones deberían ser objeto de deferencia), proveer razones a favor y en contra de la necesidad de los cambios constitucionales propuestos.

Un ejemplo de este tipo de mecanismo puede encontrarse en el artículo 376 de la Constitución de Colombia (1991)[21]. La Asamblea Constituyente que

---

20 Naturalmente, estas actividades serán posibles si los derechos políticos básicos son respetados. Este es un ejemplo de la conexión directa entre derechos políticos básicos y legitimidad democrática.

21 Artículo 376: "Mediante ley aprobada por mayoría de los miembros de una y otra Cámara, el Congreso podrá disponer que el pueblo en votación popular decida si convoca una Asamblea Constituyente con la competencia, el período y la composición que la misma ley determine. Se entenderá que el pueblo convoca la Asamblea, si así lo aprueba, cuando menos, una tercera parte de los integrantes del censo electoral. La Asamblea deberá ser elegida por el voto directo de los ciudadanos, en acto electoral que no podrá coincidir con otro. A partir de la elección quedará en suspenso la facultad ordinaria del Congreso para reformar

adoptó la Constitución de 1991 fue convocada informalmente, en una expresa confrontación con el orden constitucional establecido (en el sentido de que la Constitución de 1886 no autorizaba dicha convocatoria). Por eso no es sorprendente que la asamblea decidiera incluir en la nueva constitución una disposición que expresamente autorizara a la legislatura a convocar a un cuerpo similar en el futuro. Tal como lo expresó la Corte Constitucional de Colombia en 2003, al incluir esta disposición, la asamblea intentó permitir el ejercicio futuro del poder constituyente, creando una apertura que el orden anterior no contemplaba[22]. Desde la adopción de la Constitución de 1991 no se ha convocado a una Asamblea Consti-

---

la Constitución durante el término señalado para que la Asamblea cumpla sus funciones. La Asamblea adoptará su propio reglamento."

22 Sentencia C-551-03, párr. 40. Para una excelente discusión respecto a si, en Colombia, una Asamblea Constituyente convocada de acuerdo con el texto constitucional existente podría llevar a un verdadero ejercicio del poder constituyente, ver Gonzalo Ramírez Cleves, *Límites a la Reforma Constitucional en Colombia: El Concepto de Constitución como Fundamento de la Restricción* (Bogotá: Universidad Externado de Colombia, 2005), p. 454-455. Según Ramírez Cleves, cuando una Asamblea Constituyente es atribuida con un poder general de cambio constitucional para transformar la constitución de cualquier manera, una gran mayoría de la población se expresa a favor de la convocatoria de la Asamblea en un referendo, y pareciera haber un consenso general sobre la necesidad de crear un nuevo régimen constitucional, podría decirse que la Asamblea está llamada a ejercer el poder constituyente y no el mero poder de reforma constitucional.

tuyente. Por supuesto, eso no es necesariamente un problema y, de hecho, podría indicar que el orden constitucional está funcionando correctamente. No obstante, desde 1991 la Constitución colombiana ha sufrido una serie de modificaciones controversiales adoptadas mediante el proceso de reforma ordinario, en el cual han asumido el papel central el ejecutivo y la legislatura, y no el pueblo.

b. La Asamblea Constituyente convocada desde abajo

La Asamblea Constituyente convocada 'desde abajo', activada como resultado de la iniciativa popular y no de la decisión del gobierno, es un mecanismo superior desde la perspectiva de la legitimidad democrática. Este tipo de asamblea le otorga al pueblo (como el fundador mítico y extra-jurídico del orden constitucional)[23], la facultad de re-activar su poder constituyente y convertirse así en autor de una constitución nueva o radicalmente transformada. Este mecanismo reconoce un poder superior a la constitución y provee a los ciudadanos, por fuera de las instituciones ordinarias del gobierno, los medios institucionales para ejercerlo. La iniciativa popular podría ejercerse una vez se presente al Estado un número de firmas equivalente a cierto porcentaje del electorado

---

23 Mítico por cuanto, en la práctica, la mayoría de las constituciones no son adoptadas a través de procedimientos altamente democráticos y generalmente las personas nacen en un orden constitucional que ya ha sido constituido por otros.

(por ejemplo 15% o 20% de las personas inscritas en el registro electoral), como ocurre actualmente en algunas constituciones latinoamericanas. Una vez que el número de firmas requerido es presentado ante las instituciones correspondientes, el gobierno estaría obligado a llamar a un referendo en donde se le preguntaría a la ciudadanía si desea convocar a una Asamblea Constituyente.

Si una mayoría de los electores vota en la afirmativa (como en el caso de la Asamblea Constituyente convocada por la legislatura, aquí también podría establecerse un requisito mínimo de participación), la elección de los delegados tendría lugar. De ahí en adelante, la asamblea deliberaría como un cuerpo soberano, independiente de los poderes ordinarios (constituidos) del Estado, y operaría conforme a reglas internas adoptadas por ella misma. Estaría autorizada a proponer el remplazo del orden constitucional y a crear un orden nuevo. Sus propuestas, por supuesto, tendrían que ser ratificadas por el pueblo para ser efectivas. Esta es la manera en que las constituciones de Venezuela[24],

---

24 Los artículos relevantes de la Constitución de Venezuela dicen lo siguiente. Artículo 347: "El pueblo de Venezuela es el depositario del poder constituyente originario. En ejercicio de dicho poder, puede convocar una Asamblea Nacional Constituyente con el objeto de transformar el Estado, crear un nuevo ordenamiento jurídico y redactar una nueva Constitución". Artículo 348: "La iniciativa de convocatoria a la Asamblea Nacional Constituyente podrán tomarla el Presidente o Presidenta de la República en Consejo de Ministros; la Asamblea Nacional, mediante acuerdo de la dos terceras partes de sus integrantes;

Ecuador[25] y Bolivia conciben a este mecanismo. El caso del artículo 411 de la Constitución de Bolivia es el más interesante (desde el punto de vista del argumento presentado en este y en el anterior capítulo), pues no solamente le atribuye a los ciudadanos ordinarios (así como a varios órganos del Estado) la facultad de convocar a una Asamblea Constituyente, sino que –de modo schmittiano– específicamente establece que las transformaciones constitucionales fundamentales deben ocurrir por medio de este mecanismo:

> La reforma total de la Constitución, o aquella que afecte a sus bases fundamentales, a los derechos, deberes y garantías, o a la primacía y reforma de la Constitución, tendrá lugar por medio de una Asamblea Constituyente originaria plenipotenciaria, activada

---

los Concejos Municipales en cabildo, mediante el voto de las dos terceras partes de los mismos; o el quince por ciento de los electores inscritos y electoras inscritas en el registro civil y electoral". De manera interesante, el conjunto de reformas constitucionales rechazadas en el 2007 por el electorado venezolano incluía una enmienda que hubiese elevado el número de firmas requeridas de 15% a 30%.

25 El artículo 444 de la Constitución de Ecuador dice lo siguiente: "La asamblea constituyente sólo podrá ser convocada a través de consulta popular. Esta consulta podrá ser solicitada por la Presidenta o Presidente de la República, por las dos terceras partes de la Asamblea Nacional, o por el doce por ciento de las personas inscritas en el registro electoral. La consulta deberá incluir la forma de elección de las representantes y los representantes y las reglas del proceso electoral. La nueva Constitución, para su entrada en vigencia, requerirá ser aprobada mediante referendo con la mitad más uno de los votos válidos".

> por voluntad popular mediante referendo. La convocatoria del referendo se realizará por iniciativa ciudadana, con la firma de al menos el veinte por ciento del electorado; por mayoría absoluta de los miembros de la Asamblea Legislativa Plurinacional; o por la Presidenta o el Presidente del Estado. La Asamblea Constituyente se autorregulará a todos los efectos, debiendo aprobar el texto constitucional por dos tercios[26] del total de sus miembros presentes. La vigencia de la reforma necesitará referendo constitucional aprobatorio.

Una Asamblea Constituyente convocada por los propios ciudadanos facilitaría el ejercicio del poder constituyente y estaría muy cerca de poner en práctica los principios de apertura democrática y participación popular. Por un lado, una Asamblea Constituyente autorizada a adoptar una nueva constitución no tendría límites competenciales y podría proponer cualquier modificación del régimen constitucional, no importa cuán fundamental[27]. Podría inclusive resultar en la

---

26 El requisito de los dos tercios no formaba parte de la versión original de este artículo (entonces art. 408), sino que fue añadido por el Congreso antes de que la constitución fuese sometida a referendo. Ya que la Asamblea Constituyente es descrita como 'originaria plenipotenciaria', es dudoso que dicho requisito pueda efectivamente vincular a una Asamblea Constituyente futura. Cuando una constitución contempla la convocatoria a una asamblea como esta, no hace otra cosa que *facilitar* el ejercicio del poder constituyente, el cual nunca alcanza a regular.

27 La naturaleza soberana de una Asamblea Constituyente pareciera haber sido tomada en serio en los tres países antes mencionados.

abolición de la democracia o en la derogación de la disposición constitucional que facilita el ejercicio futuro del poder constituyente pero, en esos casos, habría destruido su propia legitimidad democrática junto a la del orden constitucional. Por otro lado, y en contraste con la Asamblea Constituyente convocada 'desde arriba', este mecanismo reconoce a la ciudadanía como la protagonista del cambio constitucional fundamental desde el comienzo hasta el final del proceso. Para ser un mecanismo verdaderamente abierto y participativo, los requisitos para activar el proceso que podría resultar en la convocatoria de la asamblea no deberían ser demasiado difíciles de satisfacer. Requerir las firmas de no más de una

---

Por ejemplo, en algunos casos fue considerado necesario que, una vez convocadas, las asambleas emitieran un decreto que ratificara la legitimidad de aquellos que ocupaban cargos en el gobierno (incluido el Presidente), como una manera de afirmar su poder de removerlos de sus posiciones. Sin embargo, esto no quiere decir que una Asamblea Constituyente no pueda auto-limitarse. Por ejemplo, la Asamblea Constitucional francesa adoptó una regla propuesta por ROBESPIERRE, según la cual se les prohibía a los delegados a servir en la primera asamblea legislativa ordinaria bajo la nueva constitución. Ver, ANDREW ARATO, "Forms of Constitution Making and Theories of Democracy", 17 *Cardozo L. Rev.* 191 (1995), p. 227 y JON ELSTER, "Legislatures as Constituent Assemblies", en *The Least Examined Branch: The Role of Legislatures in the Constitutional State* (RICHARD W. BAUMAN y TSVI KAHANA eds.) (Cambridge: Cambridge University Press, 2006), p. 192. Una regla similar fue adoptada por la Asamblea Nacional Constituyente colombiana de 1991. Ver artículo 2, Disposiciones Transitorias, Constitución de Colombia.

quinta parte de los ciudadanos inscritos para votar sería razonable en este sentido.

Por supuesto, luego de esta etapa inicial del proceso, el electorado podría rechazar la convocatoria a la Asamblea por una mayoría simple en un referendo, pero la deliberación pública acerca del futuro del orden constitucional que podría tener lugar alrededor de ese evento, sería valiosa por sí misma. Un orden constitucional que provea a los ciudadanos la facultad de convenir una Asamblea Constituyente, inclusive en contra de la voluntad de los oficiales del Estado, gozaría de un grado de legitimidad democrática superior a un sistema que coloca la facultad de transformar la constitución exclusivamente en manos de los poderes constituidos. La Asamblea Constituyente convocada 'desde abajo' combina instituciones de democracia directa (el recogido de firmas y el referendo) y democracia representativa (la asamblea electa); de todos los otros métodos de cambio constitucional, es el que tiene mayores probabilidades de satisfacer las demandas del principio de participación popular. Por supuesto, no sería común que este tipo de mecanismo se utilizara con frecuencia y, de hecho, nunca ha sido utilizado en los órdenes constitucionales que lo contemplan.[28] Después de todo, recurrir frecuentemente al

28 Es irónico que este tipo de mecanismo esté apareciendo en las nuevas constituciones de Latinoamérica y no en las leyes fundamentales de las llamadas 'democracias avanzadas' de Norte América y Europa. Hay por supuesto excepciones. Por, ejemplo, en el 2010 un grupo de ciudadanos en California, pre-

ejercicio del poder constituyente, más que un síntoma de una democracia vibrante y activa, podría ser una indicación de un problema político profundo. Lo que la legitimidad democrática requiere no es un orden constitucional que sea constantemente alterado de maneras fundamentales y mediante procedimientos altamente participativos, sino un orden constitucional que *pueda* ser alterado de esa manera.

c. La iniciativa popular para reformar la constitución

Toda teoría constitucional democrática debe defender un mecanismo de participación popular que permita a los ciudadanos proponer, deliberar y decidir sobre cambios constitucionales no fundamentales. Este es precisamente el papel que propongo para la iniciativa popular para reformar la constitución: una versión más participativa del proceso ordinario de enmienda. Este mecanismo de democracia directa está presente en varias constituciones europeas y latinoamericanas, así como en las constituciones de varias jurisdicciones de los Estados Unidos[29]. Por lo

---

sentó iniciativas (etiquetadas por algunos como rayando "sobre lo radical") con el objeto de convocar la primera convención constitucional en el Estado desde hace más de un siglo. Ver, JENNIFER STEINHAUER, "Ballot Issues Attest to Anger in California", *The New York Times*, January 9th, 2010 [http://www.nytimes.com/2010/01/10/us/10calif.html?pagewanted=all].

29 Ver, por ejemplo, *Constitution of Switzerland 1998 (Switzerland) Art. 138 online: International Constitutional Law Countries* http://www.servat.unibe.ch/icl/sz00000_.html; *Political Constitution*

general, funciona de la siguiente manera: un grupo de ciudadanos prepara una propuesta de enmienda constitucional y recoge el número requerido de firmas (normalmente alrededor del 5% al 15% de los electores registrados) con el fin de poder presentar la propuesta a las autoridades. Una vez la propuesta es presentada y las firmas validadas, el Estado queda obligado a someter la propuesta al pueblo para su aprobación o rechazo en un referendo. Si la propuesta

---

of 1967 (Uruguay) Art. 331 online: Political Database of the Americas http://pdba.georgetown.edu/Constitutions/Uruguay/uruguay.html. El creciente uso de la iniciativa popular para enmendar la constitución en diferentes estados de EE.UU. ha sido objeto de muchas críticas. Una de las preocupaciones más importantes tiene que ver con el desarrollo de una industria comercial dedicada a la recolección de firmas. Ver, por ejemplo, Raymond Ku, "Consensus of the Governed: The Legitimacy of Constitutional Change",64 *Fordham L. Rev.* 535 (1995). Asimismo, es importante notar que mientras en el contexto de varios estados de EE.UU. la iniciativa popular ha sido usada para adoptar enmiendas que afectan los derechos de algunos grupos (un ejemplo reciente es la prohibición constitucional del matrimonio entre personas del mismo sexo, adoptado en California en el 2008) también ha sido usado para realizar modificaciones de naturaleza progresiva. Por ejemplo, mientras en Colorado y Oregon la iniciativa popular fue utilizada en 1992 con el propósito de discriminar a los homosexuales, lo cierto es que también se usó para reconocer el sufragio femenino en el siglo XIX y XX. Ver, David B. Magleby, "Let The Voters Decide? An Assessment of the Initiative and Referendum Process", 66 *U. Colo. L. Rev.* 13 (1995). Más recientemente, en el 2012, la iniciativa popular se utilizó, tanto en Maine como en Maryland, para reformar la constituciones estatales a fin de reconocer el derecho a parejas homosexuales de contraer matrimonio.

es aprobada, inmediatamente se convierte en parte del texto constitucional.

El poder legislativo es, por tanto, prescindido del todo (aunque en algunos países, como en Uruguay, el legislador puede presentar una nueva propuesta que competiría ante el electorado junto con la presentada por la ciudadanía), y las autoridades no tienen más remedio que facilitar las herramientas administrativas que permitan a los ciudadanos ejercer su poder para modificar el texto constitucional 'por sí mismos'[30]. Aunque este mecanismo se aparta de la tradición del cambio constitucional de 'arriba hacia abajo' la cual es manejada por las élites, no permite el nivel de deliberación y participación que las Asambleas Constituyentes tenderán a promover. Sin embargo, el hecho de que este tipo de mecanismo dependa de la recolección de firmas de un gran número de ciudadanos crea la posibilidad de activar a diferentes

30 Este mecanismo ha sido utilizado en Uruguay a fin de frenar la privatización de empresas de Estado. Por ejemplo, en el año 2004, una iniciativa popular fue utilizada para incluir 'el derecho al agua' en el texto constitucional, con el objeto de evitar la privatización del sector de agua. En este caso en particular, luego de que las firmas fueron presentadas al gobierno, el referendo requerido tuvo lugar y el 64% de la población votó a favor de las enmiendas propuestas (con la participación de un 90% de los votantes registrados). Ver, CARLOS SANTOS (ed.), *Aguas en Movimiento: la Resistencia a la Privatización del Agua en Uruguay* (Ediciones de la Canilla: Montevideo, 2006). Ver, DAVID ALTMAN, "Democracia Directa en el Continente Americano: ¿Autolegitimación Gubermental o Censura Ciudadana?",12(2) *Política y Gobierno* 203 (2005).

sectores de la sociedad y promover el debate público. Sin embargo, es más susceptible a la manipulación por parte de agentes del Estado o de intereses privados de lo que son las asambleas constituyentes. Por ejemplo, sería relativamente fácil para un actor económico importante, reunir el número de firmas requerido a favor de un cambio que avance sus intereses privados, y luego lanzar una campaña de comunicación masiva con el fin de obtener un voto afirmativo en un referendo.

A pesar de esto, la influencia de actores económicos poderosos sobre las iniciativas populares no se debe sobreestimar y debe ser analizada en el contexto del poder que estos actores ya ejercen sobre los legisladores ordinarios. Además, también debe tomarse en consideración el hecho de que este mecanismo ofrece a la ciudadanía una herramienta adicional para la participación popular en la reforma constitucional. El alcance de las iniciativas populares sería la misma que la del poder de enmienda ordinario. Es decir, este mecanismo se podría utilizar para hacer el tipo de cambios que los ciudadanos comunes consideren necesarios, pero que no justifican la convocatoria de una Asamblea Constituyente. En ese sentido, permiten 'reparar' la constitución, ajustarla a los nuevos tiempos y circunstancias, pero no transformarla radicalmente[31]. Al mismo tiempo, la iniciativa popular

---

31 Ver, Richard K. Craille ed, *The Works of John Calhoun* (New York: Russell & Russell, 1968). Como veremos en los próximos

podría ser especialmente útil para adoptar cambios que el legislador no estaría dispuesto a adoptar por medio del procedimiento de enmienda ordinario.

Quiero terminar esta parte con un breve comentario acerca de los referendos. Los referendos juegan un papel central en las iniciativas populares para enmendar la constitución y también están presentes en el mecanismo de la Asamblea Constituyente convocada 'desde abajo' (y 'desde arriba'). El cambio constitucional democrático, por supuesto, no se agota en la celebración de un referendo. Desde un punto de vista democrático, los referendos son simplemente insuficientes, y la creencia generalizada de que son una expresión de la soberanía definitiva del pueblo se basa en una confusión lamentable[32]. En el

---

capítulos, existe un cuerpo de literatura y jurisprudencia que discute la distinción entre una enmienda constitucional y la adopción de una nueva constitución. Ver, por ejemplo, WILLIAM L. MARBURY, "Limitations upon the Amending Powers", 33 *Harv. L. Rev.* 223 (1920); CARL J. FRIEDRICH, *Constitutional Government and Democracy: Theory and Practice in Europe and America* (Boston: Ginn and Company, 1946); WALTER F. MURPHY, "An Ordering Of Constitutional Values", 53 *S. Cal. L. Rev.* 703 (1980); WILLIAM F. HARRIS II, *The Interpretable Constitution,* (Baltimore: John Hopkins University Press, 1993); GARY JEFFREY JACOBSON, "An Unconstitutional Constitution?: A Comparative Perspective", 4 *Int'l J. Const. L.* 460 (2006).

32 Considérese, por ejemplo, la siguiente declaración de PIERRE ELLIOTT TRUDEAU respecto del anuncio de que nueve provincias canadienses (todas, exceptuando a Quebec) habían alcanzado un arreglo en relación con la repatriación de la constitución canadiense y la adopción de una nueva fórmula de enmienda:

contexto de la reforma constitucional, un referendo ratificatorio no es nada más que un ejercicio jurídico requerido por la propia ley fundamental: cuando los ciudadanos se expresan en contra o a favor de una propuesta de enmienda ejercen un poder constituido, no el poder constituyente. Como ha expresado PEDRO DE VEGA, un referendo constitucional no tiene el objetivo "de legitimar políticamente la reforma como un acto de soberanía del pueblo, sino, precisamente la de controlarla"[33]. Para ese autor, los referendos constitucionales son parte del sistema de pesos y contrapesos característicos del Estado constitucional, y no un mecanismo para el ejercicio del poder constituyente (en ellos, el pueblo actúa como *electorado*, no como soberano popular).

Cuando se examina la institución del referendo constitucional desde una perspectiva democrática, se hace evidente que la posición de DE VEGA es correcta. El problema principal es el siguiente: un referendo constitucional, por sí solo, no puede satisfacer los principios de la apertura democrática y la participación popular. Un referendo presenta a los ciudadanos un

---

"Yo solamente tengo un remordimiento. Lo dejo asentado. No voy a volver sobre él. Me arrepiento de que no hayamos mantenido en la fórmula de enmienda una referencia a la soberanía última del pueblo, tal y como sería expresada en un referendo popular". Citado por GRAHAM FRASER, *Rene Levesque & the Parti Quebecois in Power,* 2d ed. (Montreal: McGill-Queen's University Press, 2001), p. 298.

33 DE VEGA, *supra* nota 9, p. 302.

número de alternativas que no pueden modificar y no necesariamente promueve la deliberación pública acerca de los cambios constitucionales en cuestión, mucho menos acerca del orden constitucional como un todo. DIETRICH CONRAD ha expresado esta idea con claridad al escribir que el valor de un referendo constitucional es dudoso, pues estos eventos se restringen a "unas pocas preguntas a ser respondidas con un 'sí' o un 'no', no proveyéndole al pueblo una oportunidad de participar activamente en la preparación de detalles constitucionales, siendo así, como mucho, un poder último de veto"[34]. Además, si se les pide a los ciudadanos que voten sobre asuntos distintos y complejos, el referendo puede fácilmente convertirse en un ejercicio 'plebiscitario' en el cual los electores simplemente expresan su apoyo u oposición al oficialismo (especialmente al poder ejecutivo).

Un referendo tampoco garantiza el grado de deliberación y debate necesario para la maximización del principio de participación popular: los ciudadanos no se convierten en autores de la reforma sino meramente *consienten* a ella. Un proceso democrático de cambio constitucional requiere un grado de apertura y participación similar al que se exigiría cuando una constitución nueva es adoptada. Los referendos también pueden ser manipulados por los medios de comunica-

---

34 DIETRICH CONRAD, "Limitation of Amendment Procedures and the Constituent Power", *The Indian Year Book of International Affairs* (India: Madras, 1966-1967), p. 405.

ción y los ejecutivos fuertes, pueden enviar mensajes contradictorios cuando la participación del electorado es baja, y tampoco proveen el nivel de deliberación que tiene lugar en las asambleas representativas[35]. No es de extrañarse, entonces, que los referendos tengan una mala reputación: desde Napoleón a Hitler, han sido utilizados como una forma de legitimar el autoritarismo y la dictadura[36]. En fin, los referendos son un negocio arriesgado, pero pienso que son un riesgo que vale la pena. Es decir, son el método mediante el cual la ciudadanía controla el trabajo de los delegados electos para redactar una nueva constitución o las propuestas presentadas por un grupo de ciudadanos.

También son el método mediante el cual el pueblo decide qué cambios constitucionales deben considerarse como 'suyos'. Por supuesto, un referendo que no viene acompañado de una amplia discusión pública, no es una buena idea. Como sostuvo Sieyès

---

35 James Tully, "The Unfreedoms of the Moderns in Comparison to their Ideals of Constitutional Democracy", 65 *Mod. L. Rev.* 204 (2002), p. 213. Existe evidencia empírica que contradice el argumento de que los referendos son manipulados con facilidad por ejecutivos fuertes. Por ejemplo, David Altman ha demostrado que en Latinoamérica, los referendos convocados por el ejecutivo tienen alrededor de un 50% de éxito. Ver, Altman, *supra* nota 30.

36 Margaret Canovan, *The People* (Cambridge: Polity Press, 2005), p. 108. Para un estudio comparativo e histórico del referendo, ver, Markku Suksi, *Bringing in the People: A Comparison of Constitutional Form and Practices of the Referendum* (Boston: Martinus Nijhoff Publishers, 1993).

más de doscientos años atrás, el ejercicio de la soberanía popular no se ejerce cuando la gente forma sus opiniones en su casa y simplemente las lleva a la cabina de votación. La deliberación es esencial[37]. Sin embargo, un resultado positivo en un referendo solo puede agregar legitimidad democrática a un proceso de reforma constitucional si es consecuencia de un proceso que ha estado caracterizado por un alto grado de movilización popular y debate. Sin embargo, como MARGARET CANOVAN ha sugerido, la legitimidad añadida "se debe no tanto al procedimiento del referendo, sino a la movilización popular que ha ocurrido a su alrededor"[38]. En este sentido, los referendos son un componente central, pero imperfecto e insuficiente, de un enfoque democrático a la relación entre el constitucionalismo y la democracia.

---

37 JON ELSTER, "Forces and Mechanisms in the Constitution-Making Process". 45 *Duke LJ* 364 (1995), p. 387. JOHN DEWEY expresó esta perspectiva claramente cuando escribió: "El mayoritarismo, simplemente como mayoritarismo, es tan absurdo como sus críticos dicen. Pero nunca es *meramente* mayoritarismo (...) Los medios por los cuales una mayoría logra ser mayoría es la cuestión más importante: debates antecedentes, modificaciones de perspectivas para satisfacer las opiniones de las minorías (...) Lo que se necesita, en otras palabras, es mejorar los métodos y condiciones de debate, discusión y persuasión". JOHN DEWEY, *The Public and Its Problems* (ALLAN SWALLOW ed.) (Denver: Henry Holt and Company, 1954), p. 207-08.

38 CANOVAN, *supra* nota 36, p. 113-114.

IV. Conclusión

He argumentado que para gozar de legitimidad democrática un orden constitucional debe ser susceptible a la re-constitución, y el ejercicio del poder constituyente es el único tipo de re-constitución aceptable para el demócrata. Los mecanismos considerados en este capítulo (con excepción de la iniciativa popular para enmendar la constitución) son ejemplos de las maneras en que un orden constitucional puede facilitar el ejercicio del poder constituyente, evidencia de que es posible aspirar a un orden constitucional legítimo desde una perspectiva democrática, y de que el ejercicio del poder constituyente, incluso en sociedades contemporáneas, no tiene que ser relegado a la ocurrencia de revoluciones políticas. Aunque las modalidades de la Asamblea Constituyente aquí discutidas pueden ser utilizadas para el ejercicio del poder constituyente, tienen una relación interesante con lo jurídico: no pueden ser fácilmente clasificadas como legales o extra-legales.

Ya que su objetivo es facilitar el ejercicio del poder constituyente, parecerían pertenecer al terreno de lo político: miran al orden constitucional desde afuera, y una vez convocadas, sus propuestas no tienen porqué ajustarse a ninguna norma de derecho positivo[39]. A

39 Debido a que la Asamblea Constituyente generalmente es entendida como un medio para el ejercicio de poder constituyente, sus propuestas no estarán normalmente sujetas a la revisión judicial. Sin embargo, y según lo señalado anteriormente,

la misma vez, no son extra-legales, pues surgen de las propias leyes fundamentales que se pretenden transformar. Esto, sin embargo, no debe sorprender a nadie, pues es precisamente lo que caracteriza a la democracia y al poder constituyente: un terreno político que siempre permanece abierto, una constitución que nunca es terminada. En este sentido, el hecho de que el discurso constitucional anglo-americano haya ignorado a la teoría del poder constituyente es desafortunado pero perfectamente entendible: si su importancia fuera reconocida, la mayoría de los órdenes constitucionales sufrirían de graves déficits de legitimidad democrática. Y la historia de la teoría constitucional es la historia de defender el carácter democrático de los estados constitucionales, no de ponerlo en duda.

---

su validez por lo general depende de su ratificación en un referendo (este no fue el caso, por ejemplo, de la Asamblea Constituyente colombiana de 1991). Para un caso inusual de una Corte Constitucional revisando las decisiones de un cuerpo llamado a adoptar una nueva constitución, ver *In re Certification of the Constitution of the Republic of South Africa, 1996*, 1996 (4) SA 744 (C.C.), y *In re Certification of the Amendmenttext of the Constitution of the Republic of South África, 1996*, 1997(2) SA 97 (C.C.)

CAPÍTULO 5

¿PUEDE HABER ENMIENDAS CONSTITUCIONALES INCONSTITUCIONALES? UNA MIRADA AL DERECHO COMPARADO*

La idea de que puede haber enmiendas constitucionales inconstitucionales, cuyos fundamentos teóricos fueron examinados en el capítulo 3 (en el contexto específico de la doctrina de los límites implícitos al poder de reforma), ha sido catalogada de 'poética'[1], 'asombrosa'[2], 'radical'[3], y 'desesperadamente circular'[4]. ¿Cómo defender la idea de una enmienda constitu-

---

* Basado en un artículo titulado "Pueden Haber Enmiendas Constitucionales Inconstitucionales?: Una Mirada al Derecho Comparado", fue publicado en el 2008 por la *Revista Jurídica de la Universidad Interamericana de Puerto Rico*.

1 LIEF H. CARTER, *Contemporary Constitutional Lawmaking* (New York: Pergamon, 1985), p. 127.

2 HENRY P. MONAGHAN, "Our Perfect Constitution", 56 *N.Y.U.L. Rev.* 353 (1981), p. 369.

3 SAMUEL FREEMAN, "Political Liberalism and the Possibility of a Just Democratic Constitution", 69 *Chicago-Kent Law Review* 619 (1994), p. 662.

4 RAYMOND KU, "Consensus of the Governed: The Legitimacy of Constitutional Change", 64 *Fordham L. Rev.* 535 (1996).

cional 'inconstitucional' con base en su contenido, si la sustancia de toda reforma constitucional es, por definición, contraria a la constitución vigente?[5] Este capítulo examinará las maneras en que la teoría constitucional estadounidense, así como la jurisprudencia de países como India y Alemania[6], han abordado la posibilidad de que puedan existir enmiendas constitucionales inconstitucionales. Como veremos, tanto en Estados Unidos, como en India y Alemania, la doctrina generalmente no se discute desde la teoría del poder constituyente. Como resultado, la adopción de la doctrina podría resultar en la petrificación del orden constitucional: una vez las cortes invalidan una enmienda constitucional, el ordenamiento jurídico no provee maneras para que el pueblo, en ejercicio

---

5 DIEGO VALADÉS, "La Constitución y el Poder" en *Constitucionalismo Iberoamericano del Siglo XXI* (DIEGO VALADÉS y MIGUEL CARBONELL eds.) (México: Universidad Nacional Autónoma de México, 2000).

6 En este capítulo me limitaré a examinar la jurisprudencia india y alemana, pues en el capítulo 6 se examinará el caso colombiano. Estos no son los únicos países cuyas cortes constitucionales han adoptado la doctrina de los límites implícitos al poder de reforma. En América Latina y el Caribe, por ejemplo, también ha adoptado la doctrina Perú (ver las Sentencias 050-2004-AI/TC, 007-2005-PI/TC, y 009-2005-PI/TC), Costa Rica (ver Res. 2010-13313, Sala Constitucional), y Belize [ver *Barry M Bowen v. Attorney General of Belize* (Claim n.° 445 of 2008) y *The British Caribbean Bank Limited v. Attorney General of Belize* (Claim n.° 597 of 2011)].

de su poder constituyente, insista en la adopción de la misma[7].

El capítulo está organizado del siguiente modo: la primera parte examina cómo la idea de poner límites al poder de reforma ha sido tratada en los Estados Unidos, país que no se caracteriza por grandes avances jurisprudenciales en cuanto a esta doctrina, pero cuyos juristas la vienen desarrollando por más de un siglo. En la tercera y cuarta parte se repasan, respectivamente, algunas decisiones judiciales de Alemania e India en donde se ha adoptado o aplicado la doctrina en cuestión. En Alemania, gran parte de la discusión en torno a los límites al poder de reforma, gira en torno a una cláusula de intangibilidad contenida en la Ley Fundamental, mientras que en India la doctrina se ha desarrollado independientemente de cualquier cláusula de intangibilidad. Finalmente, y a modo de una breve conclusión, considero la doctrina de los límites implícitos al poder de reforma a la luz del ordenamiento jurídico de Puerto Rico, en donde, quizás por el hecho de que la reforma constitucional es un evento altamente infrecuente, la doctrina aún no se ha desarrollado jurisprudencialmente.

7 El capítulo 6 mostrará que el constitucionalismo latinoamericano ha superado este problema, lo cual tiene importantes implicaciones desde la perspectiva de la legitimidad democrática.

I. LA DOCTRINA DE LOS LÍMITES IMPLÍCITOS AL PODER DE REFORMA EN LOS ESTADOS UNIDOS

JOHN CALHOUN, vice-presidente bajo JOHN QUINCY ADAMS y ANDREW JACKSON, y posteriormente Senador por Carolina del Sur (y famoso defensor de la esclavitud), fue uno de los primeros en sugerir la existencia de límites implícitos al poder de reforma en Estados Unidos[8]. CALHOUN pensaba que si el Congreso adoptaba una ley que sobrepasara los poderes que los estados le habían delegado, estos últimos retenían el derecho de anularla. La ley quedaría sin efecto hasta que se adoptara una enmienda constitucional que le otorgara al Congreso los poderes que se había abrogado. Sin embargo, aun si la referida enmienda fuese adoptada, los estados tendrían el derecho a la secesión, si el cambio "radicalmente modificara el carácter de la constitución o la naturaleza del sistema; o si la misma fracasara en alcanzar los fines para los cuales había sido establecida"[9]. Para CALHOUN, el poder de enmienda debía entenderse como el *vis medicatrix*

---

8 JOHN CALHOUN, *The Works of John Calhoun* (RICHARD K. CRALLE ed.) (New York: Russell & Russell, 1968).

9 El texto en inglés se lee de la siguiente manera: "[States could secede in cases where such an amendment] would radically change the character of the constitution, or the nature of the system: or if the former should fail to fulfill the ends for which it was established". Citado en JOHN R. VILE, "The Case Against Implicit Limits" en *Responding to Imperfection: Theory and Practice of Constitutional Amendment* (STANFORD LEVINSON ed.). (Princeton University Press, 1995), p. 193.

(el poder curativo o reparatorio) del sistema constitucional: su función es meramente remediar sus defectos o errores[10].

Las ideas de CALHOUN deben entenderse en el contexto de la discusión en torno a la abolición de la esclavitud en los Estados Unidos. De hecho, en 1865, durante el debate del Congreso sobre la Decimotercera Enmienda (la cual efectivamente abolió la esclavitud), varios congresistas lanzaron fuertes ataques sobre lo que consideraban una enmienda constitucional 'inconstitucional'. El representante esclavista C.A. WHITE, por ejemplo, reclamaba que el propio término 'enmendar' (a diferencia, por ejemplo, de la palabra 'sustituir' o 'suprimir') excluía la posibilidad de un poder ilimitado, mientras que denunciaba que la enmienda en cuestión invadía los poderes de los estados para regular la 'propiedad' y demás instituciones domésticas[11]. Del otro lado del debate, el representante GEORGE S. BOUTWELL, un fuerte defensor de la enmienda, estaba de acuerdo con la posición de WHITE: una enmienda contraria a los principios básicos en los que descansaba la constitución sería inconstitucional[12].

---

10 CALHOUN, *supra* nota 8, p. 295.

11 SANFORD LEVINSON, "How Many Times Has the United States Constitution Been Amended? (A) < 26; (B) 26; (C) 27; (D) > 27: Accounting for Constitutional Change" en *Responding to Imperfection*, *supra* nota 9, p. 19.

12 *Ibíd.*

La Decimotercera Enmienda, sin embargo, no padecía de tal defecto[13].

A finales del siglo XIX, THOMAS COOLEY (quien fue juez presidente del Tribunal Supremo de Michigan) presentó un argumento más completo en torno a la existencia de límites implícitos al poder de reforma. Para COOLEY, la lista de límites al procedimiento de enmienda contenida en el artículo V[14] no era exhaustiva,

---

13 Es interesante mencionar que en marzo de 1861 se presentó ante el Congreso una resolución de enmienda, conocida como el Corwin Amendment, que hubiese establecido en la constitución un límite explícito a cualquier enmienda constitucional que tuviera como objetivo abolir la esclavitud. La enmienda en cuestión se leía de la siguiente manera: "No amendment shall be made to the Constitution which will authorize or give Congress the power to abolish or interfere, within any State, with the domestic institutions thereof, including that of persons held to labor or service by the laws of said state". Para un análisis, ver, MARK E. BRANDON, "The 'Original' Thirteenth Amendment and the Limits to Formal Constitutional Change" en *Responding to Imperfection*, *supra* nota 9, p. 19.

14 Los límites explícitos al poder de reforma, enumerados en el artículo V de la Constitución de Estados Unidos son los siguientes: "Provided that no Amendment which be made prior to the Year One thousand eight hundred and eight shall in any Manner affect the first and fourth Clauses in the Ninth Section of the first Article; and that no State, without its Consent, shall be deprived of its equal suffrage in the Senate". La primera y cuarta cláusula del artículo I se refieren al tráfico de esclavos y a la imposición de cierto tipo de contribuciones, respectivamente. Es decir, se prohíbe adoptar cualquier enmienda que restringiera el tráfico de esclavos o impusiera las contribuciones en cuestión antes de 1808. La cláusula relativa al Senado no es en realidad un límite de tipo sustantivo, pues no establece una

ya que "existían límites que eran mucho más importantes que esos, los cuales aparecen como restricciones incuestionables al poder de reforma"[15]. Al igual que otros defensores de esta doctrina, Cooley sostenía que cualquier enmienda –para ser considerada como tal– debía mantener una relación armónica con la cosa enmendada, no destruirla ni sustituirla[16]. En el contexto de las enmiendas constitucionales, esto implica reformar la constitución pero mantener intactos sus principios básicos. De acuerdo con esta noción, cambios como lo siguientes no podrían considerarse simples 'enmiendas' y por lo tanto, se encuentran fuera del alcance del poder de reforma: (i) una enmienda que intentara separar parte del territorio de los Estados Unidos; (ii) una enmienda que estableciera diferentes leyes contributivas para determinados estados; (iii) una enmienda que otorgara títulos de nobleza o esta-

---

prohibición al respecto de privar a algún Estado de la igualdad de sufragio en ese cuerpo, sino que requiere que cualquier enmienda de ese tipo esté sujeta a un procedimiento especial (que implique el consentimiento del Estado cuyo derecho al voto en el Senado se busque limitar).

15 El texto en inglés se lee de la siguiente manera: [The list of explicit limits contained in Article v is not exhaustive and] there are limitations that are far more important than this, that stand unquestionably as restrictions upon the power to amend". Thomas Cooley, "The Power to Amend the Federal Constitution", 2 *Michigan Law Journal* 109 (1893), p. 117.

16 *Ibíd.*, p. 118.

bleciera una clase privilegiada; y (iv) una enmienda que creara una monarquía[17].

El hecho de que los padres fundadores se hubiesen abstenido de prohibir expresamente el tipo de enmienda enumerado anteriormente, decía COOLEY, responde precisamente a que estos entendían muy bien el significado del concepto 'enmendar'. Es decir, consideraban axiomático que cualquier cambio que atentara contra los principios en los que se basa la constitución sería inválido[18]. En ese sentido, argumentaba COOLEY, no debe sorprender a nadie que cada una de las enmiendas a la constitución (adoptadas hasta finales del siglo XX) apuntara hacia la misma dirección: extender su carácter democrático, aumentar derechos en vez de limitarlos y expandir la igualdad entre los ciudadanos en vez de restringirla[19]. En palabras de COOLEY:

---

17 *Ibíd.* Para una lista de más de veinticinco posibles enmiendas que fueron caracterizadas como inconstitucionales por diversos autores durante la primera parte del siglo XX, ver, LESTER B. ORFIELD, *The Amending of the Federal Constitution* (Ann Arbor: University of Michigan, 1942) p. 87-88.

18 COOLEY, *supra* nota 15, p. 119. De hecho, esta concepción sobre el término 'enmienda', ya había sido defendida por el Comité de Estilo de la Convención Constitucional de 1787: "The term Amendment implied such an addition or change within the lines of the original instrument as will effect an improvement, or better carry our the purpose for which it was framed". Citado en *Livermore v. Waite,* 102 Cal. 113, 119 (1894).

19 *Ibíd.*

Digo sin que me tiemblen las manos, que hemos creado la constitución de una república democrática para la protección y perpetuación de los derechos populares, y bajo la premisa de que cualquier cosa que bajo ella se haga se hará conforme a los principios en los que esta descansa. Eso es especialmente cierto en relación a la disposición constitucional sobre las enmiendas. Si los creadores de la constitución (...) se abstuvieron de prohibir ciertos cambios constitucionales no armoniosos con la constitución que habían creado, lo hicieron porque no se podían imaginar que cambios como esos serían alguna vez considerados admisibles por el Congreso o por los Estados, ya que en el instrumento constitucional no podría haber espacio para ellos, no importa cuán formal fuera el proceso de su adopción; y como un cuerpo foráneo, se esperaría que los mismos fuesen declarados inadmisibles y por lo tanto inválidos, aun en la ausencia de una prohibición expresa. El que cultiva frutas no les prohíbe a sus sirvientes envenenar sus árboles de manzana; eso está prohibido por una ley superior a cualquiera que él pudiese declarar, una ley que no podría ser de ninguna manera fortalecida por cualquier orden expresamente declarada. El principio es tan imperativo en el mundo político como en el terreno de la naturaleza inanimada, y allí tampoco necesita de declaraciones expresas. Podemos enmendar de forma indefinida, pero las enmiendas tienen que estar en armonía con la estructura original...[20]

---

20 *Ibíd.*, p. 119-120. El texto original (traducido libremente líneas arriba), se lee como sigue: "I assert then without hesitation,

Veinticinco años después de que COOLEY publicara su artículo en el *Michigan Law Journal*, WILLIAM MARBURY hizo lo propio en el *Harvard Law Review*. A diferencia de COOLEY, cuyo argumento era de carácter general, el artículo de MARBURY buscaba mostrar la inconstitucionalidad de la Decimoctava Enmienda[21]. Al igual que

---

that we have created a constitution of a democratic republic for the protection and perpetuation of popular rights, and on an assumption that whatever is done under it will be done in conformity with the principles which underlie that constitution. Of nothing is that more especially true than of the provision respecting amendments. If the makers of the constitution, in limiting this provision, stopped short of forbidding such changes as would be inharmonious, they did so because it was not in their thought that any such changes could for a moment be considered by congress or by the states as admissible, since in the completed instrument no place could possibly be found for them, however formal might be the process of adoption; and as a foreign matter, they would just as certainly be declared inadmissible and therefore invalid without an express inhibition as with it. The fruit grower does not forbid his servants engrafting the witch-hazel or the poisonous sumac on his apple trees; the process is forbidden by a law higher and more imperative than any he could declare, and to which no additional force could possibly be given by re-enactment under his orders. The principle is as imperative in the political world as in the realm of inanimate nature, and is quite as little in need of express declaration. We may amend indefinitely, but the amendments must be harmonious with the original structure, as it has become by changes made in the spirit which it then expressed".

21 El texto relevante de la referida enmienda se lee como sigue: "Amendment XVIII [1919]. Section 1: "After one year from the ratification of this article the manufacture, sale, or transportation of intoxicating liquors within, the importation thereof into, or

COOLEY, MARBURY sostenía que el poder de enmendar la constitución no incluía el poder de destruirla[22]. Para este, el artículo V no le otorgaba al Congreso el derecho a adoptar una enmienda que privara a los Estados de parte de sus poderes legislativos o de aquellas funciones que son esenciales para su existencia como Estados[23]. Además, el artículo V no podía tener el propósito de permitir una enmienda que a todas luces no es otra cosa que una 'ley ordinaria' (es decir, la prohibición de la manufactura, venta y transporte de bebidas intoxicantes)[24], a los efectos de colocarla fuera del alcance de mayorías legislativas futuras[25].

Argumentos como los de COOLEY, MARBURY, y otros autores[26], fueron rechazados por la Corte Suprema de

---

the exportation thereof from the United States and all territory subject to the jurisdiction thereof for beverage purposes is hereby prohibited".

22 WILLIAM MARBURY, "The Limitations Upon the Amending Power", 33 *Harvard L.Rev.* 223 (1919), p. 225: "It may be safely premised that the power to 'amend' the Constitution was not intended to include the power to *destroy* it".

23 *Ibíd.*, p. 229.

24 LAURENCE TRIBE, sin embargo, ha argumentado que la prohibición en cuestión no hubiese podido ser válidamente adoptada mediante legislación ordinaria. Ver, LAURENCE TRIBE, "Issues Raised by Requesting Congress to Call a Constitutional Convention to Propose a Balanced Budget Amendment", 10 *Pac. L.J.* 627 (1979).

25 MARBURY, *supra* nota 22, p. 229.

26 SELDEN BACON, "How the Tenth Amendment Affected the Fifth Article of the Constitution", 16 *Virginia L. Rev.* 771 (1930); SAMPSON S. CHILD, "Revolutionary Amendments to the Constitution", 10 *Constitutional Review* 27 (1926); GEORGE STEWART

Estados Unidos durante la primera parte del siglo XX. En *National Prohibition Cases*[27], frente al reclamo de la inconstitucionalidad de la Decimoctava Enmienda, el Tribunal se limitó a expresar que la misma había sido adoptada conforme al proceso dispuesto en el artículo V, y que ello era suficiente para establecer su validez. Ese mismo razonamiento fue adoptado dos años después en *Leser v. Garnett*[28], y luego en *Coleman v. Miller*[29], decidido en 1939. No fue sino hasta la década de los 80 que el debate en torno a los límites implícitos a la reforma constitucional volvió a ser el objeto de estudio intenso en la teoría constitucional norteamericana, llegando a su clímax con la propuesta de enmendar la constitución para prohibir la quema de la bandera estadounidense[30].

BROWN, "The Perpetual Covenant in the Constitution", 219 *North American Review* 30 (1924); A.M. HOLDING, "Perils to be Aprehended from Amending the Constitution", 57 *American Law Review* 481 (1923); EVERETT V. ABBOT, "Inalienable Rights and the Eighteenth Amendments", 20 *Col. L. Rev.* 183 (1920); GEORGE D. SKINNER, "Intrinsic Limitations on the Power of Constitutional Amendment", 18 *Mich. L. Rev.* 213 (1919).

27 253 U.S. 350 (1920). Ver, además, memorando de derecho de los apelantes, quienes presentaron varios ejemplos de enmiendas constitucionales inconstitucionales con base en su contenido, incluyendo la abolición de la forma republicana de gobierno, de la Presidencia, o de la Corte Suprema.

28 258 U.S. 130 (1922).

29 307 U.S. 433 (1939).

30 El tema de los límites al poder de reforma podría pronto hacer una aparición, aunque probablemente secundaria, en la Corte Suprema de los Estados Unidos. El caso tiene que ver con la

a. La doctrina en el siglo XX y XXI

Entre los constitucionalistas estadounidenses contemporáneos, WALTER MURPHY fue el principal proponente de la doctrina de los límites implícitos. Desde un artículo publicado en 1980[31], hasta su libro más reciente

---

llamada Proposición 8, una iniciativa popular aprobada por los electores de California en noviembre de 2008, que persiguió el objetivo de enmendar la Constitución del Estado a los fines de abolir el derecho de las parejas homosexuales a contraer matrimonio (derecho que había sido reconocido por la Corte Suprema de California en *In Re Marriage Cases*, 183 P.3d 384 (Cal. 2008)). La constitucionalidad de la Proposición 8 fue cuestionada ante las cortes californianas, y entre los argumentos presentados por los demandantes se encontraba la idea de que, por proponer un cambio constitucional importante, la misma constituía una *revisión,* y no una mera enmienda de la constitución estatal. Como resultado, se argumentaba, la misma no podría ser adoptada a través de una iniciativa popular, sino a través de un proceso algo más complejo: el voto afirmativo de dos tercios de los miembros de la legislatura estatal, o una Convención Constitucional convocada conforme al artículo XVIII de la Constitución del Estado de California. La Corte Suprema de California sostuvo la constitucionalidad de la enmienda bajo otros fundamentos, pero limitó su efecto con respecto a las parejas que habían contraído matrimonio antes de que la enmienda fuese adoptada. *Strauss v. Horton*, 46 Cal. 4th 364 (2009). La Proposición 8 fue declarada inconstitucional por una Corte Federal en el 2010 (*Perry v. Schwarzenegger*), y dicha decisión fue sostenida por el Noveno Circuito de Apelaciones en el 2012. Se espera que dicha determinación sea examinada por la Corte Suprema de Estados Unidos en el 2013, en el caso de *Hollingsworth v. Perry.*

31 WALTER MURPHY, "An Ordering of Constitutional Values", 53 *Southern California Law Review* 703(1980), p. 708.

(publicado en el año 2007)[32], MURPHY ha insistido en que el ordenamiento constitucional norteamericano, así como el de la mayoría de las democracias constitucionales, descansa en ciertos valores que sirven de límites al poder de reforma. Esto no quiere decir que la constitución de un país que se hace llamar democrático no deba ser susceptible de ser enmendada, inclusive en formas que alteren los compromisos que hicieron posible la creación del Estado en cuestión. Por ejemplo, la abolición de la esclavitud en Estados Unidos mediante la Decimotercera Enmienda alteró las condiciones básicas en que descansaba la federación, pues sin la institución de la esclavitud, la creación de los Estados Unidos hubiese sido imposible[33]. La validez de la Decimotercera Enmienda, sin embargo, es incuestionable. Para MURPHY, dicha validez no descansa meramente en el procedimiento mediante la cual fue adoptada, sino en que la misma era necesaria para hacer de la constitución un documento coherente y para aumentar la integridad de sus valores fundamentales[34].

Estos valores (que MURPHY encuentra en la Declaración de Independencia, en el Preámbulo de la Constitución, y en los propios conceptos de demo-

32 WALTER MURPHY, *Constitutional Democracy: Creating and Maintaining a Just Political Older* (Baltimore: The Johns Hopkins University Press, 2007), p. 506.

33 WALTER MURPHY, "Slaughter-House, Civil Rights, and Limits on Constitutional Change", 32 *Am. J. Juris* 1 (1987), p. 16.

34 *Ibíd.*, p. 17.

cracia y constitucionalismo)[35], incluyen la justicia, la libertad y la igualdad[36]. Los mismos se centran en un profundo respeto por la *dignidad humana*: el principal valor reflejado en el ordenamiento constitucional estadounidense[37]. Mediante el poder de reforma se pueden llevar a cabo cambios jurídicos dramáticos (por ejemplo, transformar un sistema presidencial en uno parlamentario), pero no negar o reemplazar estos

---

35 Hasta el momento de su muerte, MURPHY fue uno de los pocos constitucionalistas contemporáneos que abiertamente reconocen que el constitucionalismo y la democracia no solo son ideales distintos sino que muchas veces están en conflicto. De acuerdo con MURPHY, la democracia enfatiza la igualdad y el gobierno popular; el constitucionalismo la protección de los derechos y libertades individuales frente al gobierno. Además, el autor sostiene que el sistema estadounidense se inclina más por los principios del constitucionalismo que por los de la democracia. MURPHY, "An Ordering of Constitutional Values", *supra* nota 31, p. 708.

36 *Ibíd.* Aunque el argumento de MURPHY tiene algunos rasgos de iusnaturalismo, el autor insiste en que su concepción no descansa en -aunque es compatible con- la teoría del derecho natural. Ver, por ejemplo, WALTER MURPHY, "Staggering Toward the New Jerusalem of Constitutional Theory: A Response to Ralph F. Gaebler", 37 *American Journal of Jurisprudence* 337 (1992) p. 355. No obstante lo anterior, varios de sus críticos mantienen lo contrario. Ver, por ejemplo, MARK E. BRANDON, "The 'Original' Thirteenth Amendment and the Limits of Constitutional Change" en *Responding to Imperfection, supra* nota 9, p. 19 y RICHARD F. GAEBLER, "Is there a Natural Law Right to Privacy?", 37 *American Journal of Jurisprudence* 319 (1992).

37 WALTER MURPHY, *An Ordering of Constitutional Values, supra* nota 31, p. 750. Como veremos posteriormente, MURPHY basa su concepción de la dignidad humana en la jurisprudencia constitucional alemana.

valores[38]. MURPHY nos invita a considerar una enmienda a la Constitución de Estados Unidos que limite el derecho al voto a los ciudadanos de 'raza blanca', que requiera a los gobiernos estatales y al gobierno federal segregar las instituciones públicas, y autorice otras políticas racistas. Según MURPHY, este sería un ejemplo de una enmienda claramente inválida, pues negaría la dignidad de un segmento de la ciudadanía. Al adoptar un sistema constitucional basado en el respeto por la dignidad humana, "el pueblo americano ha renunciado a la facultad, *bajo ese sistema*, de violentar la dignidad humana mediante cualquier tipo de procedimiento"[39]. Aunque como cuestión de hecho, un grupo con suficiente poder político podría forzar la adopción de *cualquier* enmienda, la constitución no contempla la posibilidad de destruir legalmente el orden constitucional y sustituirlo por otro nuevo. MURPHY propone tres posibles líneas argumentativas que la Corte Suprema de Estados Unidos podría seguir para llegar a esta conclusión.

En primer lugar, la Corte podría argumentar que existen valores constitucionales tan fundamentales que cualquier cambio que los contradiga sería legalmente nulo, y luego mostrar que en el sistema constitucional estadounidense, la dignidad humana es el principal de dichos valores. Una segunda línea similar de razona-

---

38 MURPHY, "Staggering Toward the New Jerusalem of Constitutional Theory", *supra* nota 36, p. 351-352.

39 MURPHY, "An Ordering of Constitutional Values", *supra* nota 31, p. 756.

miento, pero con un enfoque más sistémico, sostendría que con la adopción de la constitución, el pueblo norteamericano optó por establecer un sistema basado en un conjunto de valores centrados en el respeto por la dignidad humana. Los derechos al voto y al gobierno representativo son un reflejo de la capacidad de los seres humanos de gobernarse a sí mismos, y como tales, parte esencial del compromiso del sistema con el respeto a la dignidad. Una enmienda como la antes mencionada equivaldría a repudiar el sistema suplantándolo por otro basado únicamente en la voluntad de las mayorías legislativas. Finalmente, la Corte podría enfocarse en el texto constitucional mismo y resaltar el hecho de que el Preámbulo reconoce a la justicia como uno de los objetivos de la comunidad política, y en el reconocimiento de derechos no enumerados (Novena Enmienda)[40]. Uno de estos derechos, implícitamente reconocido en la declaración del Preámbulo en torno a los objetivos de la comunidad política, es el derecho a ser tratado con respeto y dignidad[41].

Lo anterior no quiere decir, según Murphy, que no exista mecanismo alguno para la adopción de cambios constitucionales que equivalgan a la creación de un régimen constitucional basado en valores distintos. La tradición constitucional provee un procedimiento legítimo (no necesariamente legal) para establecer un

40 La Novena Enmienda se lee de la siguiente manera: "The enumeration in the Constitution, of certain rights, shall not be construed to deny or disparage others retained by the people".

41 *Ibíd.*, p. 755-757.

sistema totalmente nuevo mediante una asamblea electa por la comunidad política para esos fines[42]. MURPHY no es específico en cuanto a la naturaleza de esa asamblea, pero en una nota al pie parece distinguirla de la Convención Constitucional contemplada por el artículo V [43]. El tipo de asamblea a la que se refiere MURPHY parece apuntar hacia lo que en otras tradiciones políticas se conoce como una Asamblea Constituyente convocada independientemente del texto constitucional[44]. Como puede apreciarse, MURPHY, al igual que prácticamente la totalidad de los constitucionalistas norteamericanos, rara vez se refieren directamente al concepto del poder constituyente, ajeno a la teoría constitucional esta-

---

42 WALTER MURPHY, "An Ordering of Constitutional Values", *supra* nota 31, p. 757.

43 *Ibíd.*, p. 756 n. 253: "[W]hen a system's fundamental value is involved, repudiation requires great intensity and considerable longevity and cannot be legitimated merely through the document's prescribed process for constitutional amendment".

44 La adopción de la Constitución de Venezuela en 1999 es ilustrativa en este respecto. Esta Constitución fue adoptada en una Asamblea Constituyente electa por el pueblo, pero la convocatoria no estaba contemplada en el texto constitucional vigente. Para un análisis, ver, ROBERTO VICIANO PASTOR & RUBÉN MARTÍNEZ DALMAU, *Cambio Político y Proceso Constituyente en Venezuela, 1998-2000* (Caracas: Vadell Hermanos, 2001). Ver, además, el Fallo n.º 17 del Tribunal Supremo de Justicia de Venezuela, de 19 de enero de 1999, en donde se resolvió que los límites establecidos en la constitución solo aplicaban a la legislatura, no al pueblo en el ejercicio del poder constituyente. La adopción de la Constitución de Colombia en 1991 también presenta un caso similar. Los casos de Venezuela y Colombia serán examinados en el próximo capítulo.

dounidense contemporánea. Mientras que MURPHY ha venido defendiendo un argumento general a favor de la existencia de límites implícitos al poder de reforma desde temprano en la década de los años ochenta, otros constitucionalistas, entre ellos JEFFREY ROSEN dirigieron sus argumentos específicamente en contra de la adopción del llamado 'Flag Burning Amendment'[45].

La enmienda propuesta fue una reacción a dos decisiones de la Corte Suprema que declararon inconstitucionales leyes estatales y federales que prohibían la quema de la bandera norteamericana[46]. Algunos de los detractores de la enmienda reclamaban que esta no tendría ningún efecto práctico, pues se encontraba en directo conflicto con la protección de la libertad de expresión. Sus defensores, por el contrario, alegaban

---

45 JEFF ROSEN, "Was the Flag Burning Amendment Unconstitutional", 100 *Yale L.J.* 1073 (1991). La enmienda original propuesta por el Senador Robert Dole se leía de la siguiente manera: "The Congress and the States shall have the power to prohibit the physical desecration of the Flag of the United States". H.R.J. Res. 350 y S.J. Res. 332, 101st Cong., 2d Sess. (1990). La enmienda fue derrotada en votación congresional en 1989 y 1990. Para otros trabajos que argumentan a favor de la inconstitucionalidad del 'Flag Burning Amendment', ver, ERIC ALAN ISAACSON, "The Flag Burning Issue: A Legal Analysis and Comment", 23 *Loy. L. A. L. Rev.* 535 (1990) y MURPHY, "Merlin's Memory: The Past and Future Imperfect of the Once and Future Polity" en *Responding to Imperfection, supra* nota 9, p. 19. Ver, además, FRANK MICHELMAN, "Can Constitutional Democrats be Legal Positivists? Or why Constitutionalism?", 2(3) Constellations 293(1996).

46 Los casos son: *Texas v. Johnson*, 109 S. Ct. 2533 (1989) y *United States v. Eichman*, 110 S. Ct. 2404 (1990).

que este problema se evitaría simplemente al añadir a la modificación propuesta una expresión clara de la voluntad del Congreso de colocarla fuera del alcance de la Primera Enmienda y de los derechos de expresión allí protegidos. El argumento de ROSEN se dirige en contra de esta idea, y descansa en una interpretación del texto constitucional vigente. Para este autor, aun si hubiese contenido una expresión como la anterior, e incluso si la Primera Enmienda hubiese sido removida de la constitución, el 'Flag Burning Amendment' hubiese sido inconstitucional. Descansando en la concepción lockeana del contrato social, ROSEN sostiene que, durante la transición del estado de naturaleza a la sociedad civil el pueblo retiene una serie de derechos naturales[47], y la libertad de expresión es uno de ellos[48].

---

47 ROSEN sostiene que es posible identificar estos derechos naturales por medio de un examen de las ideas prevalecientes durante la adopción de la constitución y de los derechos expresamente reconocidos por varias constituciones estatales. Por ejemplo, este autor señala que los siguientes derechos eran considerados naturales durante la era revolucionaria: el derecho a 'adorar a Dios de acuerdo con los dictámenes de la consciencia', el derecho a 'defender la vida y la libertad, y a adquirir, poseer, y proteger la propiedad y aspirar y obtener la felicidad y la seguridad', el derecho de la mayoría a 'alterar y abolir' el gobierno, el derecho a emigrar y constituir un nuevo Estado, los derechos de asociación y la libertad de expresión. De la misma forma, ROSEN 'encuentra' los siguientes derechos naturales reconocidos en las constituciones estatales: los derechos de consciencia, el derecho a la vida, a la libertad, a la propiedad y a la felicidad, el derecho a abolir el gobierno, y la libertad de expresión ROSEN, *supra* nota 45, p. 1079, 1082.

48 *Ibíd.*, p. 1072.

Por definición, los ciudadanos no pueden renunciar a sus derechos naturales, aún si consienten a ello[49]. Aunque estos no aparecen en la constitución, Rosen arguye que los derechos naturales fueron incorporados a la misma mediante la Novena Enmienda, la cual reconoce la existencia de derechos no enumerados. Si el pueblo no puede renunciar a sus derechos naturales, mucho menos sus representantes mediante el artículo v. Como parte de su responsabilidad de proteger al pueblo y su constitución, la Corte Suprema debe declarar inconstitucional cualquier forma de derecho positivo (incluidas las enmiendas constitucionales) que atente contra los derechos naturales[50]. El análisis de Murphy y Rosen está dirigido a demostrar la existencia de límites al poder de reforma y a la facultad del la Corte Suprema para declarar inconstitucionales aquellas enmiendas que violenten

49 *Ibíd.*, p. 1074.

50 *Ibíd.*, p. 1087. Rosen, sin embargo provee una manera para que 'el pueblo' (siempre mediante sus representantes ordinarios y haciendo uso del poder de reforma) adopte legalmente el 'Flag Burning Amendment'. Según este autor, es al pueblo o a sus representantes a quien le corresponde determinar qué debe considerarse un derecho natural. Si los proponentes de la enmienda en cuestión están verdaderamente determinados a adoptarla, estos tienen la opción de incluir en su propuesta una expresión clara de que ya no consideran a la libertad de expresión entre los derechos naturales retenidos por los ciudadanos. La enmienda en cuestión tendría que poseer un lenguaje como el siguiente: "Freedom of speech shall not be construed as a natural right retained by the people and protected by the First and Ninth Amendments". *Ibíd.*, p. 1092.

determinados principios o garantías (en MURPHY, la dignidad humana; en ROSEN, los derechos naturales retenidos por el pueblo). A diferencia de estos dos autores, WILLIAM HARRIS II dirige sus energías hacia los distintos métodos de enmienda contemplados por el artículo V[51].

Según HARRIS, para identificar si el poder de reforma se ha ejercido correctamente, es necesario analizar la relación entre la sustancia de la enmienda adoptada y el método utilizado para su adopción[52]. Este autor reconoce que el poder de enmienda no puede ser identificado con el poder soberano del pueblo (el cual siempre retiene la facultad extra-legal de transformar el orden constitucional). Sin embargo, si se examinan

---

51 Estos métodos son los siguientes: (1) Enmienda propuesta a iniciativa de dos terceras partes de cada cámara legislativa federal y ratificada por las legislaturas de tres cuartas partes de los estados; (2) Enmienda propuesta a iniciativa de dos terceras partes de cada cámara legislativa pero ratificada por tres cuartas partes de los estados mediante convenciones especiales; (3) Enmienda propuesta por una Convención Constitucional convocada por el Congreso, solicitada por dos terceras partes de los estados, y ratificada por las legislaturas de tres cuartas partes de los estados; y (4) Enmienda propuesta por una Convención Constitucional, pero ratificada por convenciones especiales en tres cuartas partes de los estados. En virtud de la cláusula del artículo V que establece que ningún Estado puede ser privado sin su consentimiento de su derecho a la igual representación en el Senado, puede pensarse en otros métodos adicionales a estos cuatro (es decir, métodos mediante los cuales el Estado en cuestión exprese su consentimiento).

52 WILLIAM HARRIS II, *The Interpretable Constitution* (Baltimore: The John Hopkins University Press, 1993), p. 193.

con cuidado puede apreciarse que cada uno de los métodos provistos por el artículo v tiene una relación distinta con la soberanía popular[53]. Por ejemplo, adoptar una enmienda mediante convenciones especiales se asemeja más al ejercicio de la soberanía del pueblo –aunque nunca lo duplica–, que adoptarla por medio del Congreso y las legislaturas estatales. El punto de Harris es que cada uno de estos métodos debería estar sujeto a límites distintos, límites que en todo momento deben estar dirigidos a preservar los derechos y poderes garantizados al pueblo en la constitución (pues el pueblo no participa directamente en ninguno de ellos). Así, una enmienda que no toque ninguno de los poderes y derechos del pueblo, puede adoptarse por medio del menos 'exigente'[54] de los métodos establecidos en el artículo v y el más lejano al ejercicio de

---

53 *Ibíd.*, p. 190. Para Harris, el pueblo no ejerce su soberanía por medio de ninguno de estos métodos: según este autor, el pueblo es una entidad colectiva que siempre se mantiene fuera del orden constitucional y siempre retiene el poder de transformarlo. El único límite al poder soberano del pueblo es que este siempre conserva la facultad de repensar el orden constitucional como un todo y sustituirlo por otro si es necesario. *Ibíd.*, p. 203.

54 Los obstáculos procesales contenidos en el artículo v son tan difíciles de sobrepasar que algunos reputados juristas han argumentado que la constitución puede ser enmendada mediante otras vías. Ver en particular Akhil Reed Amar, "The Consent of the Governed: Constitutional Amendment Outside Article v", 94 *Columbia L. Rev.* 457 (1994); Bruce Ackerman, *We the People: Foundations* (Cambridge, MA: Harvard University Press, 1991); Bruce Ackerman, *We the People II: Transformations* (Cambridge, MA: Harvard University Press, 1998).

la soberanía popular: el voto de dos terceras partes de ambas cámaras legislativas federales más la ratificación de tres cuartas partes de las legislaturas estatales. Dicho de otra manera, los representantes electos para deliberar y adoptar leyes ordinarias pueden realizar meras 'correcciones' al texto constitucional ('enmiendas' en el sentido estricto del término), cambios que tengan que ver con el funcionamiento coherente de las instituciones gubernamentales[55].

Modificaciones más importantes, sin embargo, harían necesario recurrir a las convenciones extraordinarias contempladas por el artículo V[56]. Así, una enmienda dirigida a imponer al gobierno federal la obligación de presentar un presupuesto balanceado, podría ser adoptada por la vía legislativa. Pero un cambio como el 'Flag Burning Amendment' tendría que ser aprobado por convenciones especiales porque eliminaría derechos actualmente protegidos por la constitución[57]. Cambios aún más profundos, como lo serían aquellos que afectan la estructura básica del gobierno y la forma en que se ejerce el poder político, requerirían el proceso más difícil y el que más se acerca a un acto

---

55 HARRIS II, *supra* nota 52, p. 199.

56 *Ibíd.*

57 La idea de que todas las partes de una constitución pueden ser alteradas, pero aquellos cambios dirigidos a alterar derechos fundamentales deben ser objeto de convenciones especiales ha sido también defendida en ELAI KATZ, "On Amending Constitutions: The Legality and Legitimacy of Constitutional Entrenchment", 29 *Colum. J. L. & Soc. Probs.* 251 (1996).

de soberanía popular: una Convención Constitucional convocada por el Congreso, acompañada de la ratificación de convenciones especiales en tres cuartas partes de los Estados. En caso de cambios aún más profundos (Harris no abunda sobre la naturaleza de estos cambios, pero probablemente se refiere a cambios que impliquen adoptar una constitución totalmente nueva), se requeriría un proceso de ratificación parecido al contenido en el artículo vii (es decir, el proceso mediante el cual la constitución fue ratificada originalmente)[58].

II. La doctrina en Alemania: la intangibilidad de los principios básicos

El hecho de que la doctrina de los límites implícitos al poder de reforma no haya sido aceptada por la Corte Suprema de Estados Unidos, puede deberse a que el Congreso aún no ha logrado adoptar una enmienda que claramente merezca ser invalidada. El 'Flag Burning Amendment' hubiese creado esa oportunidad, pero no obtuvo los votos requeridos[59]. La naturaleza misma de las enmiendas constitucionales, además, no

58 William Harris ii, *supra* nota 52, p. 201. El artículo vii se lee de la siguiente manera: "The ratification of the Conventions of nine States shall be sufficient for the Establishment of this Constitution between the States so ratifying the Same".

59 Otra enmienda que hubiese creado esa oportunidad hubiese sido el Corwin Amendment (ver nota al pie 13 de este capítulo), pero el estallido de la Guerra Civil impidió su aprobación.

promueve el desarrollo de esta doctrina: como regla general, la reforma constitucional es un acto jurídico poco frecuente. Como mostraré a continuación, las cortes de Alemania e India han tenido ocasión de pasar juicio sobre enmiendas constitucionales de validez cuestionable. Aunque los más altos foros de estos dos países se han expresado a favor de la existencia de límites implícitos al poder reforma, sus decisiones presentan diferencias importantes. En Alemania, la jurisprudencia se ha centrado en la interpretación de una cláusula de intangibilidad contenida en la Ley Fundamental, por lo que es un tanto impreciso (aunque no del todo incorrecto) hablar de límites implícitos en el contexto alemán. En India, cuya constitución no establece la intangibilidad de disposición alguna, la idea de límites implícitos al poder de reforma se ha desarrollado de manera importante.

El concepto alemán de las enmiendas constitucionales inconstitucionales puede resumirse así: una enmienda constitucional no puede confligir con los valores centrales o el espíritu de la constitución[60]. Esta es la consecuencia natural de concebir la constitución como una unidad estructural y un sistema jerárquico de valores, concepción prevaleciente en

---

60 DAVID KOMMERS, *The Constitutional Jurisprudence of the Federal Republic of Germany* (Durham: Duke University Press, 1997), p. 48. En Alemania las enmiendas a la Constitución Federal se tramitan en el Parlamento, sin intervención directa del electorado en un referendo (artículo 79).

la jurisprudencia constitucional alemana[61]. La Corte Constitucional Federal Alemana no tardó mucho en afirmar la existencia de límites implícitos al poder de reforma. Creada por la Ley Fundamental de 1949, la Corte asumió funciones el 7 de septiembre de 1951, y ese mismo día, reconoció la existencia de dicho tipo de límites. A pesar de haberse reconocido tan temprano, la doctrina aún no ha sido utilizada para invalidar una enmienda, y en términos generales, su verdadero significado y alcance no ha sido establecido. De hecho, el caso que sentó las bases para su desarrollo futuro (el *Southwest Case*) ni siquiera trataba de la adopción de una enmienda constitucional: la doctrina encontró expresión en una discusión general en torno a los postulados que guiarían a la Corte como intérprete de la constitución[62]. Entre esos postulados se men-

---

61 *Ibíd.*

62 *Southwest ase*, 1 BVerfGE 14 (1951), traducido en *Comparative Constitutional Law: Cases and Commentaries* (WALTER F. MURPHY & JOSEPH TANENHAUS eds.) (New York: St. Martin's Press, 1977), p. 208. El caso comenzó luego de la Segunda Guerra Mundial, cuando las naciones vencedoras dividieron los Estados de Württemberg y Baden en tres aéreas distintas para propósitos administrativos y militares. Al adoptarse la Ley Fundamental, estas tres áreas se convirtieron en estados. Sin embargo, en dicho documento se incluyó una disposición para que esta región pudiera ser reorganizada mediante el acuerdo de los estados que la ocupaban, y para que en caso de que no se pusieran de acuerdo, se adoptara legislación federal a esos efectos. Al no lograrse un acuerdo, el parlamento federal presentó legislación dirigida a disolver los estados en cuestión, y crear el Estado de Baden-Württemberg. Baden, uno de los tres estados que se

cionó la posibilidad, no solo de realizar enmiendas constitucionales inconstitucionales, sino de que una disposición que ya formara parte del texto constitucional fuese declarada inválida:

> El hecho de que una disposición constitucional pueda ser nula e inválida, no es conceptualmente imposible por el solo hecho de ser parte de la constitución. Existen principios que son tan fundamentales y a tal nivel una expresión de una ley que precede aún a la constitución, que los mismos también obligan al creador[63] de la constitución y otras disposiciones constitucionales que no posean un rango tan alto podrían ser nulas e invalidas por contradecir estos principios[64].

Estas expresiones, naturalmente, no se produjeron en un vacío jurídico ni histórico[65]. La idea de enmiendas

---

veía afectado por esta ley, presentó una demanda alegando la inconstitucionalidad de la legislación antes mencionada. Para un análisis, ver, GERHARD LEIBHOLZ, "The Federal Constitutional Court in Germany and the "Southwest Case", 36(3) *The American Political Science Review* (Sept. 1950).

63 Como vemos, la Corte sugiere que estos límites (aparentemente no originados en el derecho positivo) vinculan incluso al titular del poder constituyente.

64 *Comparative Constitutional Law: Cases and Commentaries, supra* nota 62, p. 209. La Corte estaba citando, con aprobación, a la Corte Constitucional de Bavaria.

65 La cláusula de intangibilidad contenida en el artículo 79, tiene su origen histórico en el ascenso al poder de ADOLFO HITLER (y los subsiguientes horrores del fascismo alemán) el

constitucionales inconstitucionales no es ajena a la Ley Fundamental alemana, la cual en su artículo 79 establece una serie de límites explícitos. Dispone el referido artículo: "No está permitida ninguna modificación de la presente Ley Fundamental que afecte la organización de la Federación en Estados, o el principio de la participación de los Estados en la legislación, o los principios enunciados en los artículos 1 y 20"[66]. El

---

cual se logró por medio de un abuso de las reglas de cambio de la Constitución de Weimar. Para un breve recuento, ver, DIETRICH CONRAD, "Limitation of Amendment Procedures and the Constituent Power", *The Indian Year Book of International Affairs* (India: Madras, 1966-1967), p. 382. Ver, además, CARL FRIEDRICH, *Constitutional Government And Democracy: Theory And Practice In Europe And America* (New York: Blaisdell Publishing Company, 1950). y DAVID DYZENHAUS, *Legality and Legitimacy: Carl Schmitt, Hans Kelsen, and Herman Heller in Weimar* (Oxford: Oxford University Press, 1997).

66 Artículo 79(3), Ley Fundamental para la República Federal de Alemana (1949). Los referidos artículos leen de la siguiente manera: Artículo 1: "(1) La dignidad humana es inviolable. Respetarla y protegerla es obligación de todo poder público. (2) El pueblo alemán, por ello, reconoce los derechos humanos inviolables e inalienables como fundamento de toda comunidad humana, de la paz y de la justicia en el mundo. (3) Los siguientes derechos fundamentales vinculan a los poderes legislativo, ejecutivo y judicial como derecho directamente aplicable". (La referencia en el numeral (3) a 'los siguientes derechos fundamentales', parecería sugerir que ninguno de los derechos fundamentales enumerados en la Constitución, pueden ser enmendados. Artículo 20: "(1) La República Federal de Alemania es un Estado federal democrático y social. (2) Todo poder del Estado emana del pueblo. Este poder es ejercido por el pueblo mediante elecciones y votaciones y por intermedio

artículo 1 se refiere a la inviolabilidad de la dignidad humana (valor fundamental del ordenamiento constitucional alemán)[67], y el 20, entre otras cosas, define a Alemania como un Estado federal democrático y social. A veinte años de decidido el *Southwest Case*, la Corte tuvo la oportunidad de poner en práctica su poder de revisar la constitucionalidad de una enmienda. La controversia en el *Klass Case*[68] giraba en torno a una enmienda dirigida a restringir el derecho a la inviolabilidad de las comunicaciones postales y telefónicas[69]. La misma le otorgaba al gobierno federal

---

de órganos especiales de los poderes legislativo, ejecutivo y judicial. (3) El poder legislativo está sometido al orden constitucional; los poderes ejecutivo y judicial, a la ley y al Derecho. (4) Contra cualquiera que intente eliminar este orden, todos los alemanes tienen el derecho de resistencia cuando no fuere posible otro recurso".

67 La Corte ha expresado que la protección de la dignidad humana es el fundamento mismo de la Constitución: el principio en el cual la totalidad del ordenamiento jurídico y las garantías de los derechos fundamentales descansa. *Elfes*, 6 BverfGE 32, 36 (1957). Para un análisis comparativo del concepto de la dignidad humana en Alemania y en Estados Unidos, ver, EDWARD J. EBERLE, "Human Dignity, Privacy and Personality in German and American Constitutional Law", 1997 *Utah L. Rev. 963* (1997).

68 30 BVerGE 1 (1970).

69 El artículo 19 de la Ley Fundamental alemana permite la restricción de los derechos fundamentales, siempre y cuando no se afecte su contenido esencial: "(1) Cuando, de acuerdo con la presente Ley Fundamental, un derecho fundamental pueda ser restringido por ley o en virtud de una ley, esta deberá tener carácter general y no estar limitada al caso individual. Además, la ley deberá mencionar el derecho fundamental indicando

el poder de monitorear estos tipos de comunicaciones sin el conocimiento de la persona afectada, además de establecer que la supervisión de dicho poder estaría en manos de un foro administrativo en vez de una Corte[70]. Los jueces se dividieron 4 a 4, y como resultado, se mantuvo la constitucionalidad de la enmienda.

Gran parte de la discusión giró en torno al significado de los límites explícitos contenidos en el artículo 79. Para los jueces que favorecían la constitucionalidad de la enmienda, el propósito de dichos límites era prevenir que se utilizara el poder de reforma para 'abolir la sustancia o la base del orden constitucional existente' o para 'abandonar los principios allí

---

el artículo correspondiente. (2) En ningún caso un derecho fundamental podrá ser afectado en su contenido esencial. (3) Los derechos fundamentales rigen también para las personas jurídicas con sede en el país, en tanto por su propia naturaleza sean aplicables a las mismas. (4) Toda persona cuyos derechos sean vulnerados por el poder público, podrá recurrir a la vía judicial. Si no hubiese otra jurisdicción competente para conocer el recurso, la vía será la de las cortes ordinarias. No queda afectado el artículo 10, apartado 2, segunda frase".

70 Originalmente, la Ley Fundamental alemana establecía en su artículo 10: "El secreto epistolar, así como el secreto postal y de telecomunicaciones son inviolables. Las restricciones solo podrán ser dispuestas en virtud de una ley". La enmienda añadió la siguiente cláusula: "Si la restricción está destinada a proteger el régimen fundamental de libertad y democracia o la existencia o seguridad de la Federación o de un Estado, la ley podrá disponer que no se informe al afectado y que el recurso jurisdiccional sea reemplazado por el control de órganos y de órganos auxiliares designados por los representantes del pueblo".

mencionados'. Por ejemplo, en términos del principio de la dignidad humana[71], esto quiere decir que una enmienda sería declarada inconstitucional solo si expresara desprecio por el valor inherente de los seres humanos[72]. La enmienda ante la consideración de la Corte, arguyeron estos jueces, no tenía dicho efecto, sino que meramente imponía en los ciudadanos una carga necesaria para proteger la democracia y la existencia del Estado[73]. La otra mitad de los jueces no estuvo de acuerdo con dicha conclusión. El artículo 79, insistieron, no solo prohíbe enmiendas que tengan el efecto de *abolir* los principios fundamentales en los que descansa la constitución, sino también enmiendas que *afecten* dichos principios. Así, es incorrecto partir de la premisa de que el principio de la dignidad humana solo es vulnerado cuando alguien es tratado en total menosprecio por su valor inherente como ser humano. Dicha interpretación meramente expresa la protección más fundamental contenida en este principio y no le hace justicia al espíritu de la constitución.

---

71 En el *Klass Case*, además del principio de la dignidad humana, la Corte discutió los principios de la separación de poderes, el principio de que la legislación se encuentra sujeta al orden constitucional, y el principio de que las ramas ejecutivas y judiciales están subordinadas a la ley y a la justicia, todos contenidos en el artículo 20 (antes citado).

72 *Comparative Constitutional Law: Cases and Commentaries*, *supra* nota 62, p. 662.

73 *Ibíd.*

Incluso si la enmienda en cuestión no expresara un total menosprecio por el valor inherente de los seres humanos, la misma trata a los ciudadanos como meros medios para alcanzar los objetivos estatales. En ese sentido, es incompatible con el principio de la dignidad humana y por lo tanto, inconstitucional[74]. En el año 2004, en un caso también relacionado al monitoreo de las comunicaciones (*The Electronic Eavesdropping Case*), la Corte tuvo otra ocasión de ejercer su poder de revisión sobre las enmiendas constitucionales[75]. La controversia giraba en torno a una enmienda al artículo 13 a fin de restringir el derecho a la inviolabilidad del hogar en casos en los cuales hay motivos para sospechar que una persona ha cometido un crimen grave[76]. Al igual que en el caso anterior, la Corte

---

74 *Ibíd.* p. 663. Evidentemente, el razonamiento de la Corte alemana está fuertemente influenciado por las ideas de KANT. Ver, por ejemplo, IMMANUEL KANT, *Groundwork of the Metaphysics of Morals* (Virginia: Wilder Publications, 2008)

75 *The Electronic Eavesdropping Case,* 109 BverfGE 279 (2003). La implementación de este tipo de medidas es particularmente controversial en Alemania, debido a la historia de represión política en ese país.

76 El artículo 13 leía de la siguiente manera: "(1) El domicilio es inviolable. (2) Los registros no podrán ser ordenados sino por el juez y, si la demora implicare un peligro inminente, también por los demás órganos previstos por las leyes, y únicamente en la forma estipulada en ellas". La enmienda en cuestión añadió la siguiente cláusula. (3) Cuando determinados hechos justifican la sospecha de que alguien ha cometido un delito particularmente grave y específicamente así predeterminado por la ley, podrán ser utilizados en la persecución del hecho delictivo, con base en una autorización judicial, medios técnicos

enfrentó la pregunta de si la enmienda era contraria al principio de la dignidad humana. La Corte señaló que en virtud de este principio, todo ciudadano tiene derecho a una esfera de intimidad para llevar a cabo sus comunicaciones sin que exista la posibilidad de intervención estatal[77]. Conversaciones de naturaleza altamente personal entre cualquier ciudadano y sus familiares u otras personas de confianza, caen bajo esa esfera. En relación con este tipo de conversaciones, el derecho a la intimidad es intocable y ni siquiera puede ser balanceado con los intereses del Estado de procesar a aquellos que cometen crímenes, pero no en cuanto a comunicaciones sobre crímenes ya cometidos o a cometerse en el futuro[78]. El monitoreo de este último tipo de comunicaciones, según la noción de la Corte, no implica violación alguna al principio de la dignidad humana.

Tanto en el *Klass Case* como en *The Electronic Eavesdropping Case*, la discusión giró en torno a la cláusula de intangibilidad contenida en el artículo 79. Sin

---

para la vigilancia acústica de viviendas en las cuales presumiblemente se encuentra el inculpado si la investigación de los hechos fuese de otra manera desproporcionadamente difícil o no tuviese ninguna probabilidad de éxito. La medida tiene que ser limitada en el tiempo. La autorización debe efectuarse por una sección con tres jueces. Si la demora implicare un peligro inminente, la medida podrá ser tomada por un único juez".

77 Para un análisis de este caso, ver, NICOLAS NOHLEN, "Germany: The Electronic Eavesdropping Case", 3(4) *International Journal of Constitutional Law* 680(2005).

78 *The Electronic Eavesdropping Case, supra* nota 75.

embargo, cuando un límite explícito al poder de reforma se refiere a un principio tan general como la 'dignidad humana', se abre la puerta para el desarrollo judicial de este y la distinción entre límites explícitos e implícitos comienza a desaparecer. De hecho, en la jurisprudencia y la teoría constitucional alemana, no está del todo claro si los límites al poder de reforma surgen únicamente de las cláusulas de intangibilidad contenidas en el artículo 79. Por ejemplo, en la cita del *Southwest Case* arriba incluida, la Corte se refiere a 'principios que anteceden a la Constitución', y en un caso de 1953 ese mismo cuerpo señaló que "en el evento improbable de que una disposición de la Ley Fundamental exceda los límites de los principios superiores de la justicia, sería el deber de la Corte invalidarla"[79], sin identificar el origen de los referidos 'principios superiores'. No es sorprendente entonces que exista un debate en el pensamiento constitucional alemán en torno al origen de los límites al contenido de las enmiendas constitucionales: para algunos, estos límites no tienen otro origen que las cláusulas de intangibilidad del artículo 79, para otros, existe una serie de normas que van más allá del derecho positivo (algunos jueces y académicos les llaman 'leyes naturales'[80], otros simplemente 'justicia'[81])

---

79 *Article 117 Case*, 3 BverfGE 225 (1953).

80 Matthias J. Herdegen, "Unjust Laws, Human Rights and the German Constitution: Germany's Recent Confrontation with the Past", 32 *Columbia Journal of Transnational Law* 591 (1995).

81 En un caso de 1991 relacionado a ciertas expropiaciones que

que aparecen como límites jurídicamente insuperables[82].

En la reciente Sentencia de 2009 sobre la constitucionalidad del Tratado de Lisboa, la Corte Constitucional Federal alemana acarició la idea de que las cláusulas pétreas contenidas en el artículo 79 de la Ley Fundamental podrían establecer límites al propio pueblo como titular del poder constituyente[83]. Expresó la Corte que no había duda de que el artículo 79 colocaba ciertos cambios constitucionales fuera del alcance de la legislatura, y que no respetar dichos límites equivalía a apartarse de la idea del poder constituyente del pueblo. Conforme a la Ley Fundamental, añadió la Corte, principios como "la democracia, el Estado de Derecho, el Estado Social, la República, el Estado federal, así como la sustancia de los derechos fundamentales elementales que son indispensables para el respeto de la dignidad humana,

---

tuvieron lugar luego de la unificación de las dos alemanias, la Corte señaló que los requisitos básicos de la justicia, los cuales establecen límites al poder de reforma, incluyen el principio de igualdad ante la ley y la prohibición de la arbitrariedad. BVerGE 84 (1991).

82 Para un debate, ver, RORY O'CONNELL, "Guardians of the Constitution: Unconstitutional Constitutional Norms", 4 *Journal of Civil Liberties* 48 (1999); MATTHIAS G. HERDEGEN, "Natural Law, Constitutional Values, and Human Rights", 19 *Human Rights Law Journal* 37 (1998); ROMAN HERZOG, "The Hierarchy of Constitutional Norms and its Functions in the Protection of Basic Rights", 13 *Human Rights Law Journal* 90 (1992).

83 *Lisbon Case* (BverfG, 2 BvE 2/08), párrs. 216-218.

en su cualidad fundamental, no son susceptibles de ser enmendados"[84]. Sin embargo, la Corte indicó que

> Es una pregunta abierta si, dada la naturaleza universal de la dignidad, la libertad, y la igualdad, este compromiso aplica inclusive al poder constituyente, por ejemplo, en caso de que el pueblo alemán, en un acto de auto-determinación, pero en continuidad con la legalidad del sistema de derecho establecido por la Ley Fundamental, se dé a sí mismo una constitución nueva.

III. La doctrina en India: la estructura básica de la Constitución

A pesar de haber tenido varias oportunidades, la Corte Constitucional Federal de Alemania se ha abstenido de declarar inválida una enmienda constitucional con base en su contenido. La Corte Suprema de India, considerada por algunos como la Corte más activista del mundo, presenta una situación diferente[85]. El caso de India es interesante pues, como ex-colonia británica, no solo comparte la tradición jurídica del derecho común, sino que sus juristas estuvieron expuestos

84 *Ibíd.*

85 Para un análisis contemporáneo del caso indio, ver, Sudhir Krishnaswamy, *Democracy and Constitutionalism in India: A Study of the Basic Structure Doctrine* (Oxford University Press, 2011). Ver, además, Upendra Baxi, "The Perils and Politics of the Amending Power" in *Reconstructing the Republic* (Delhi: Indian Association of Social Sciences Institutions, 1999).

por muchos años a la doctrina inglesa de la soberanía parlamentaria. Recogida en la famosa expresión de A.V. DICEY (citando a DE LOLME), 'el Parlamento Británico lo puede todo, excepto convertir un hombre en una mujer', la teoría fundacional del constitucionalismo inglés es incompatible con la revisión judicial de las leyes adoptadas por el parlamento[86]. Sin embargo, como las legislaturas coloniales no eran consideradas supremas y sus poderes se encontraban limitados por las leyes inglesas que las creaban, las cortes en India comenzaron a ejercer la revisión judicial de las leyes ordinarias, aunque de forma muy tímida, desde 1858[87].

A partir de su independencia y de la adopción de la Constitución en 1949, esta situación comenzó a cambiar lentamente, y la Corte Suprema adoptó una actitud menos deferencial hacia el Parlamento[88].

86 Ver A.V. DICEY, An Introduction to the Study of the Law and the Constitution 41 (London: Macmillan 1959): "El principio de la soberanía parlamentaria no significa nada más ni nada menos que el Parlamento (...) tiene, bajo la constitución inglesa, el derecho a crear o a derogar cualquier ley; y que el derecho inglés no le reconoce a ninguna persona o entidad el derecho a invalidar o dejar sin efecto la legislación adoptada por el Parlamento".. Este principio ha sido puesto recientemente en duda por algunos jueces en el Reino Unido. Ver, por ejemplo, *R (Jackson) v Attorney General* [2005] UKHL 56, [2006] 1 AC 262.

87 S.P. SATHE, "Judicial Activism: The Indian Experience", 6 *Washington University Journal of Law and Policy* 29 (2001), p. 33.

88 Ver, por ejemplo, *Sakal Newspapers (Private) Ltd. India,* A.I.R. 1962 S.C. 305, en donde se declaró inconstitucional una ley que establecía diversos tipos restricciones a los anuncios que podían publicarse en un periódico.

Pero no fue hasta *Golaknath v. Punjab*, resuelto en 1967, cuando hubo un preludio de lo que serían las graves confrontaciones entre el Parlamento y la Corte Suprema durante la próxima década. La controversia en ese caso trataba sobre la enmienda Decimoséptima, la cual otorgaba al Parlamento el derecho a interferir con determinados derechos de propiedad. En una decisión 6-5, la Corte expresó que el Parlamento no poseía la facultad de enmendar la constitución en una forma que afectara los derechos fundamentales (aunque la decisión tendría carácter prospectivo)[89]. Esta determinación fue duramente criticada tanto por los jueces disidentes como por diversos sectores de la comunidad jurídica de la India: la Constitución de India, cuya lista de derechos fundamentales se compara favorablemente con muchas constituciones liberales, no contiene ninguna cláusula de intangibilidad. De hecho, el procedimiento de enmienda (artículo 368)[90] es relativamente laxo, y en algunos

---

89 A.I.R. 1967 S.C. 1643, 1656. Para un análisis, ver: CONRAD, *supra* nota 65 y GRANVILLE AUSTIN, *Working a Democratic Constitution: The Indian Experience* (Oxford: Oxford University Press, 1999). La idea de que el poder de enmienda estaba sujeto a límites implícitos había sido rechazada por el Tribunal Supremo en *Sankari Prasad Singh Deo v. Unión of India*, A.I.R. 1951 S.C. 458 y en *Sajjan Singh v. Rajasthan*, A.I.R. 1965 S.C. 845.

90 El artículo 368 de la Constitución de India (1950) dispone en su parte relevante: "...An amendment of this Constitution may be initiated only by the introduction of a Bill for the purpose in either House of Parliament, and when the Bill is passed in each House by a majority of the total membership of that House

casos su trámite no requiere mucho más que una simple mayoría parlamentaria.

El razonamiento de la Corte en *Golaknath* puede resumirse de la siguiente manera: Los derechos fundamentales ocupan un lugar prominente en el ordenamiento constitucional indio. Por ejemplo, el artículo 13 de la constitución establece que cualquier ley que los violente será declarada inválida[91]. El procedimiento

---

present and voting, [it shall be presented to the President who shall give his assent to the Bill and thereupon] the Constitution shall stand amended in accordance with the terms of the Bill: Provided that if such amendment seeks to make any change in - (a) Article 54, Article 55, Article 73, Article 162 or Article 241, or (b) Chapter IV of Part V, Chapter V of Part VI, or Chapter I of Part XI, or (c) any of the Lists in the Seventh Schedule, or (d) the representation of States in Parliament, or (e) the provisions of this article, the amendment shall also require to be ratified by the Legislature of not less than one-half of the States by resolution to that effect passed by those Legislatures before the Bill making provision for such amendment is presented to the President for assent...".

91 El artículo 13 originalmente se leía de la siguiente manera "(1) All laws in force in the territory of India immediately before the commencement of this Constitution, in so far as they are inconsistent with the provisions of this Part, shall, to the extent of such inconsistency, be void. (2) The State shall not make any law which takes away or abridges the rights conferred by this Part and any law made in contravention of this clause shall, to the extent of the contravention, be void. (3) In this article, unless the context otherwise requires,- (a) "law" includes any Ordinance, order, bye-law, rule, regulation, notification, custom or usage having in the territory of India the force of law; (b) "laws in force" includes laws passed or made by a Legislature or other competent authority in the territory of India before the

de enmienda contenido en el artículo 368 no otorga al Parlamento ninguna facultad adicional a su poder de crear leyes, simplemente establece un proceso especial mediante el cual una ley ordinaria puede enmendar la constitución. Al adoptar una enmienda constitucional, el Parlamento no hace otra cosa que ejercer su poder legislativo ordinario, el cual se encuentra sujeto a los límites del artículo 13. En otras palabras, una ley adoptada mediante el artículo 368 sigue siendo una ley (sujeta a ser declarada inválida si se reputa contraria a los derechos fundamentales)[92], si bien es una ley mediante la cual se establecen modificaciones en el texto constitucional. Solo una Asamblea Consti-

---

commencement of this Constitution and not previously repealed, notwithstanding that any such law or any part thereof may not be then in operation either at all or in particular areas." Como veremos posteriormente, en 1971, la Vigesimocuarta Enmienda le añadió a este artículo la siguiente cláusula: "(4) Nothing in this article shall apply to any amendment of this Constitution made under article 368".

92 En *Golaknath*, la Corte le atribuyó el carácter fundamental de estos derechos a la idea de que son simplemente reconocidos por la constitución, y no creados por esta. En ese sentido, la Corte pareció descansar en la teoría de los derechos naturales. Sin embargo, en una decisión posterior (*Kesavananda Bharati v. State of Kerala*, A.I.R. 1973 S.C. 1461, la cual brevemente discutiré a continuación) la Corte rechazó esta idea: "Fundamental rights...are given by the Constitution, and, therefore, they can be abridged or taken away by the...amending process of the Constitution itself". *Ibíd.*, p. 1691. Para un análisis, ver: Gary Jeffrey Jacobsohn, "An Unconstitutional Constitution? A Comparative Perspective", 4(3) *International Journal of Constitutional Law* 460(2006).

tuyente electa para esos propósitos, sugirió la Corte, tendría la facultad de alterar los derechos fundamentales[93]. Como puede observarse, esta determinación descansa en el propio texto de la constitución y en la facultad de la Corte de invalidar leyes ordinarias y, técnicamente, la doctrina de los límites implícitos no fue aceptada. Sin embargo, la Corte anunció que la pregunta acerca de si existían límites implícitos al poder de reforma sería considerada por este cuerpo si una enmienda amenazara con destruir la 'estructura' de la constitución.

La reacción del Parlamento no pudo ser más contundente. En 1971, Indira Ghandi (quien ocupaba el cargo de Primer Ministro cuando *Golaknath* fue decidido) obtuvo un importante triunfo electoral y su partido recibió las dos terceras partes de los asientos en el Parlamento, es decir, una mayoría suficiente para adoptar enmiendas constitucionales[94]. Acto seguido, el Parlamento procedió a la adopción de varias enmiendas, entre ellas la Vigésimo Cuarta, la cual declaró que el 'poder constituyente'[95] del Parlamento para

93 La constitución india no contiene disposición alguna que autorice la convocación de una Asamblea Constituyente, es decir, la Corte estaba haciendo referencia a una Asamblea Constituyente convocada de forma extra-legal (o posteriormente a una enmienda constitucional que proveyera para su convocatoria).

94 O'CONNELL, *supra* nota 82, p. 68.

95 Es interesante que, a diferencia de la mayoría de las jurisdicciones de la tradición del derecho común, el término 'poder constituyente' aparece con frecuencia tanto en la literatura jurídica como en el discurso político indio (sin embargo, es común encontrar

enmendar la constitución no estaría sujeto a límite alguno y que el mismo se podía utilizar para alterar cualquier cláusula constitucional[96]. La constitucionalidad de la nueva enmienda, adoptada en 1971, no tardó mucho en ser cuestionada. En *Kesavananda*

---

referencias al poder constituyente del Parlamento en la teoría y jurisprudencia británica). En este caso en particular, como puede apreciarse, el Parlamento se atribuye el poder constituyente, el cual, conforme a la teoría tradicional (eventualmente reiterada por la Corte Suprema de India), siempre lo retiene el pueblo. En un artículo publicado en 1968, K. Subba Rao (quien fuera Juez Presidente del Tribunal Supremo de India) explicó el alcance de este concepto: "What does 'constituent power' mean? It is the power to elect representatives charged with the making or changing of a Constitution. This power rests with the people. They can elect a Constituent Assembly and confer the power on it. The Constituent Assembly after making the Constitution, becomes functus officio. The said Assembly cannot confer the constituent power on any of the institutions created under the Constitution. It may confer a wide power of amendment on one of the institutions, i.e. Parliament, but that power of amendment is exercised under the Constitution, and therefore is not a constituent power. If Parliament seeks to change the Constitution, otherwise than by a law of amendment, it can only seek the help of the people to create a Constituent Assembly... If this distinction, between amending power, i.e. power under the Constitution, and constituent power vested in the people, is borne in mind, much of the confusion will dissapear". K. Subba Rao, "Frequent Amendments to Constitution", *A.I.R. Journal* 21 (1968), p. 27.

96 En su parte relevante, la enmienda se lee de la siguiente manera: "1) Notwithstanding anything in this Constitution, Parliament may in exercise of its constituent power amend by way of addition, variation or repeal any provision of this Constitution in accordance with the procedure laid down in this article".

Bharati v. Kerala[97], en uno de los casos más importante de la historia constitucional de India, la Corte Suprema revocó su determinación en *Golaknath*. En una decisión de más de 800 páginas y en la que once de los trece jueces escribieron opiniones separadas, la Corte decidió que *Golaknath* había sido decidido incorrectamente: el Parlamento tenía la facultad de enmendar cualquier disposición individual de la constitución (incluidas las referentes a los derechos fundamentales).

No obstante, una mayoría de siete jueces determinó que el poder de ese cuerpo no se extendía a la *estructura básica* de la constitución, la cual era legalmente inalterable. Dicha determinación se basó en dos argumentos principales: (i) que 'enmendar' una constitución no podía significar destruir su estructura básica o crear una constitución nueva; (ii) que tanto el preámbulo de la constitución como algunas de sus disposiciones atribuían una importancia especial a determinados principios (entre los mencionados se encuentran la supremacía constitucional, la forma republicana y democrática de gobierno, el secularismo, la separación de poderes, el federalismo, el Estado benefactor, la unidad nacional, y la libertad individual, aunque no hubo consenso entre una mayoría de los jueces sobre exactamente qué principios estaban incluidos en la estructura básica)[98]. La disidencia, por su parte,

97 *Kesavananda Bharati v. State of Kerala*, *supra* nota 92.
98 O'CONNELL, *supra* nota 82, p. 69.

arguyó que todas las disposiciones de una constitución eran igualmente esenciales, que era incorrecto establecer una jerarquía de valores constitucionales, y que el poder de enmienda necesariamente incluye el poder de alterar o eliminar cualquier parte de la constitución, inclusive aquellas que se consideren esenciales[99].

Tanto en *Golaknath* como en *Kesavananda*, la Corte evaluó la constitucionalidad de políticas gubernamentales relacionadas con una reforma agraria a la luz del derecho a la propiedad[100]. En ese sentido, a pesar de adoptar y aplicar una doctrina que parecía proteger los derechos del pueblo frente al Parlamento, las acciones de la Corte se dirigían a invalidar políticas redistributivas favorecidas por un sector importante de la población. Naturalmente, la legitimidad de estas decisiones fue cuestionada, tanto por los jueces disidentes como por juristas y políticos: estas ejemplificaban, de la manera más cruda, la crítica democrática a la institución de la revisión judicial[101].

---

99 *Ibíd.* p. 70.

100 Carl Baar, "Social Action Litigation in India: The Operation and Limits of the World's Most Active Judiciary" en *Comparative Judicial Review and Public Policy* (Donald W. Jackson & C. Neal Tate eds) (1992), citado en Vicky Jackson & Mark Tushnet, *Comparative Constitutional Law* (New York: New York Foundation Press, 1999) p. 647.

101 Para una defensa de la crítica a la revisión judicial de las leyes ordinarias, ver, Jeremy Waldron, "The Core of the Case Against Judicial Review", 115 *Yale L.J.* 1346 (2006) y Jeremy Waldron, *Law and Disagreement* (New York: Oxford University

No obstante, durante la crisis política de 1975 y la subsiguiente declaración del estado de emergencia, la legitimidad de la doctrina de la estructura básica aumentó considerablemente[102]. Ese año, el Parlamento adoptó una serie de enmiendas altamente controversiales, incluida una modificación en el texto constitucional dirigida a mantener en el poder a la Primera Ministra[103].

En junio de 1975, la elección de 1971 fue declarada inválida debido a pasados actos de corrupción de Indira Gandhi (lo que legalmente la inhabilitaba de ocupar el puesto de Primer Ministro). Su reacción fue la de utilizar todos los instrumentos legales a su alcance para permanecer en el poder. Así, instruyó al Presidente para proclamar un estado de emergencia durante el cual los derechos a la vida, la libertad y la expresión fueron suspendidos[104]. En lo que muchos consideran el momento más negro de la democracia india, miles de personas fueron encarceladas, entre los que se incluyeron a varios miembros del Parlamento. El Parlamento entonces se dispuso a aprobar dos enmiendas constitucionales. La primera establecía que la decisión de declarar el estado de emergencia no estaría sujeta a ningún tipo de revisión judicial. La segunda alteró de forma retroactiva las leyes elec-

---

Press, 1999). La institución de la revisión judicial será objeto de análisis en el capítulo 7.

102 SATHE, *supra* nota 87, p. 42.

103 O'CONNELL, *supra* nota 82, p. 70.

104 *Ibíd.*

torales sobre corrupción mediante las cuales Gandhi había sido convicta y dispuso que ninguna Corte podría adjudicar controversias relacionadas con la elección del Presidente, Vicepresidente, el líder de la mayoría de la cámara baja del Parlamento y el Primer Ministro, incluidos aquellos casos que ya estuvieran pendientes al momento de la enmienda.

Como era de esperarse, la validez de dichas enmiendas fue cuestionada ante la Corte Suprema. La Corte determinó que la alteración retroactiva de las leyes electorales en cuestión era técnicamente válida, pero que colocar la elección de determinados oficiales fuera del alcance de la revisión judicial, violentaba tres aspectos de la estructura básica de la constitución[105]. En primer lugar, el sistema democrático dejaría de existir si la legalidad y la transparencia de un acto electoral no pudieran ser revisadas por las cortes. Además, el principio de igualdad entre los ciudadanos sería violentado por una enmienda que atribuyera un estatus especial a determinados funcionarios gubernamentales. Finalmente, la enmienda no era consistente con la separación de poderes, pues claramente invadía la esfera de poder de la judicatura[106]. Al igual que en ocasiones anteriores, el Parlamento reaccionó con la adopción de una nueva enmienda. Así, la Cuadragésima Segunda Enmienda, entre otras cosas, declaraba que el 'poder constitu-

---

105 *Indira Nehru Gandhi v. Raj Narain*, A.I.R. 1975 S.C. 2299

106 O'CONNEL, *supra* nota 82, p. 71.

yente' del Parlamento para enmendar la constitución no podía, bajo ninguna circunstancia, ser controlado por la Corte[107]. En *Minerva Mills v. Union of India*[108], la Corte Suprema declaró inconstitucionales varios aspectos de la enmienda en cuestión. Señaló la Corte:

> Ya que la Constitución le confirió al Parlamento un poder de enmienda limitado, el Parlamento no puede, en el ejercicio de ese poder limitado transformarlo en un poder absoluto. De hecho, un poder de enmienda limitado es una de las características básicas de nuestra Constitución y, por lo tanto, las limitaciones a ese poder no pueden ser destruidas (...) Enmienden como quieran el documento sagrado que los padres fundadores les han confiado, pues ustedes tienen la ventaja de conocer las necesidades de esta generación; pero la Constitución es un patrimonio invaluable, y ustedes no están autorizados a destruir su identidad"[109].

---

107 En su parte relevante, la enmienda dispone lo siguiente: "(4) No amendment of this Constitution (including the provisions of Part III) made or purporting to have been made under this article whether before or after the commencement of section 55 of the Constitution (Forty-second Amendment) Act, 1976] shall be called in question in any court on any ground. (5) For the removal of doubts, it is hereby declared that there shall be no limitation whatever on the constituent power of Parliament to amend by way of addition, variation or repeal the provisions of this Constitution under this article".

108 A.I.R. [1980] SC 1789.

109 *Minerva Mills*, A.I.R. [1980] SC 1789, 1798: "Since the Constitution had conferred a limited amending power on Parliament, the Parliament cannot under the exercise of that limited power

Esta determinación es interesante, pues muestra que, una vez que un sistema constitucional acepta la institución de la revisión judicial y los jueces deciden extender su poder revisor a las enmiendas constitucionales (ya sea en virtud a límites explícitos o implícitos), difícilmente puede haber marcha atrás. Es decir, un intento de enmendar la constitución a efectos de eliminar los límites a la reforma constitucional o de establecer que las cortes no tendrán la facultad de pasar juicio sobre la validez de las enmiendas constitucionales, probablemente sería invalidado.[110] Además, esto quiere decir que, al igual que en Alemania y otros países en donde el orden constitucional no provee una apertura para el ejercicio del poder constituyente del pueblo, la última palabra sobre el contenido de la constitución (no solo sobre la constitucionalidad de las leyes ordinarias), la tendrán los jueces. Es decir, si una Corte en India o Alemania declara inconstitucional una enmienda

---

enlarge that very power into an absolute power. Indeed a limited amending power is one of the basic features of our Constitution and therefore, the limitations of that power cannot be destroyed... Amend as you may even the solemn document which the founding fathers have committed to your care, for you know best the needs of your generation. But, the Constitution is a precious heritage; therefore you cannot destroy its identity".

110 Ver, Claude Klein, "A Propos Constituent Power: Some General Viwes in a Modern Context" en *National Constitutions in the Era of Integration* (Antero Jyränki ed.) (The Hague: Kluwer Law International, 1999) p. 37-38.

constitucional con base en su contenido, efectivamente está diciendo: 'Ese cambio constitucional es, bajo nuestro ordenamiento jurídico, imposible; nadie puede llevarlo a cabo'. Es decir, el juez se ve obligado a colocarse en una posición muy difícil, pues ese mensaje va dirigido a los representantes electos del pueblo, y potencialmente al electorado mismo (en caso de que la reforma constitucional se fuese a llevar a cabo mediante un referendo). Ese orden de cosas es claramente inconsistente con la noción de la legitimidad democrática defendida en el capítulo 3[111].

IV. COMENTARIOS FINALES: LA SITUACIÓN EN PUERTO RICO

Una constitución, más que un conjunto de cláusulas sujetas a un procedimiento de enmienda especial, es un documento que busca formalizar y preservar las bases del régimen político-social de un país[112].

---

111 La Corte Suprema de India, en *Kesavananda*, sugirió que una Asamblea Constituyente, convocada específicamente para adoptar una constitución nueva, tendría un poder de reforma absoluto, es decir, podría ejercer el poder constituyente, pero la Constitución de India no contiene ninguna disposición que permita convocar a una Asamblea Constituyente (es decir, el ordenamiento jurídico indio tendría que ser alterado para crear la posibilidad de convocar a una Asamblea Constituyente). *Kesavananda, supra* nota 92, párrafo 892 y siguientes. En Alemania la situación es todavía más compleja a la luz de los comentarios en el *Lisbon Case*, anteriormente mencionados.

112 JAIME ARAÚJO RENTERÍA, *Teoría de la Constitución* (Bogotá: Ecoe,

Sería extraño que las instituciones ordinarias que surgen de una constitución y que forman parte del régimen que pretende preservar, tuvieran la facultad de abandonar ese régimen. Los argumentos de los autores discutidos anteriormente (y en el capítulo 3), así como la jurisprudencia constitucional de Alemania e India, no hacen otra cosa que mostrar lo que a todas luces debería parecer obvio: el poder de reforma debe distinguirse del poder de adoptar una constitución nueva. Para concluir, examinaré, aunque de forma esquemática e inevitablemente superficial, la doctrina de los límites implícitos al poder de reforma a la luz del ordenamiento jurídico de Puerto Rico. A pesar de que esta doctrina rara vez es mencionada en Puerto Rico, no es ajena a la jurisprudencia del Tribunal Supremo. De hecho, en *Berríos Martínez v. Roselló González*, si bien en *obiter dicta*, el Tribunal reconoció la validez de dicha doctrina en la isla:

> [P]artimos de la premisa de que, en el ejercicio de su poder soberano, el pueblo incluyó en el artículo VII de la Constitución unos límites expresos e implícitos sobre el alcance de las enmiendas que se podrían incorporar (...) Los límites necesarios al proceso de revisión de una constitución pueden ser explícitos o implícitos. Los primeros constan expresamente en la constitución; los implícitos son 'aquellos cuya existencia solo puede ser deducida indirectamente, bien como una consecuencia lógica de los presupuestos en

1996), p. 45.

> que descansa el sistema constitucional considerado en su conjunto, bien como correlato de las singulares cualificaciones que se producen en determinados preceptos de la Constitución'[113]. Con estos límites, el pueblo, lejos de renunciar a su soberanía, asegura unos supuestos ideológicos y valorativos en los que descansa el régimen político[114].

La pregunta, entonces, no es si la doctrina de los límites implícitos al poder de reforma tiene cabida en el ordenamiento jurídico puertorriqueño, sino en qué consisten dichos límites. Por supuesto, existe una infinidad de argumentos que se podrían desarrollar para contestar esa pregunta (los autores discutidos anteriormente proveen algunas ideas), y aquí meramente me limito a sugerir algunas posibilidades. Para ello, debemos comenzar por repasar el texto del artículo VII de la Constitución del Estado Libre Asociado (1952), el cual contiene varias cláusulas de intangibilidad. Como esas cláusulas son de carácter general, podrían ser objeto de un amplio desarrollo judicial. Además, el artículo VII establece dos procedimientos distintos de enmienda, uno para modificar o alterar varias disposiciones (sin excederse de más de

---

113 El Tribunal está citando con aprobación a PEDRO DE VEGA, *La Reforma Constitucional y la Problemática del Poder Constituyente* (Madrid: Técnos, 1985) p. 242.

114 *Berríos Martínez v. Roselló González II*, 137 D.P.R. 195 (1994), p. 201, 221.

tres proposiciones de enmienda)[115] y otro para realizar revisiones. Dispone el referido artículo:

> *Sección 1. Proposición de Enmiendas.* La Asamblea Legislativa podrá proponer enmiendas a esta Constitución mediante resolución concurrente que se apruebe por no menos de dos terceras partes del número total de los miembros de que se compone cada cámara. Toda proposición de enmienda se someterá a los electores capacitados en referéndum especial, pero la Asamblea Legislativa podrá, siempre que la resolución concurrente se apruebe por no menos de tres cuartas partes del número total de los miembros de que se compone cada cámara, disponer que el referéndum se celebre al mismo tiempo que la elección general siguiente. Cada proposición de enmienda deberá votarse separadamente y en ningún caso se podrá someter más de tres proposiciones de enmienda en un mismo referéndum. Toda enmienda contendrá sus propios términos de vigencia y formará parte de esta Constitución si es ratificada por el voto de la mayoría de los electores que voten sobre el particular. Aprobada una proposición de enmienda, deberá publicarse con tres meses de antelación, por lo menos, a la fecha del referéndum.
>
> *Sección 2. Revisión de la constitución por convención constituyente.* La Asamblea Legislativa podrá, mediante resolución concurrente aprobada por dos terceras

115 Para un examen judicial del alcance de esta frase, ver *Berríos, ibíd.*

> partes del número total de los miembros de que se compone cada cámara, consultar a los electores capacitados si desean que se convoque a una convención constituyente para hacer una revisión de esta Constitución. La consulta se hará mediante referéndum que se celebrará al mismo tiempo que la elección general; y si se deposita a favor de la revisión una mayoría de los votos emitidos sobre el particular, se procederá a la revisión en Convención Constituyente elegida en la forma que se disponga por ley. Toda revisión de esta constitución deberá someterse a los electores capacitados en referéndum especial para su aprobación o rechazo por mayoría de los votos que se emitan.
>
> *Sección 3. Limitación a las enmiendas.* Ninguna enmienda a esta Constitución podrá alterar la forma republicana de gobierno que por ella se establece o abolir su Carta de Derechos.

Luego de que la Constitución fuera presentada ante el Congreso de Estados Unidos para su aprobación, se le añadió a la Sección 3 la siguiente cláusula, sin la cual (conforme a lo dispuesto en la Ley 447)[116] el artículo VII no podría entrar en vigor:

---

116 Así se expresó en la Ley 447: "*Provided further,* That except for the purpose of amendments to section 5 of article II and to section 3 of article VII as herein provided, article VII of said constitution shall likewise have no force and effect until amended by the people of Puerto Rico under the terms of said article by adding to section 3 of article VII the following new

> Cualquier enmienda o revisión de esta Constitución deberá ser compatible con la resolución decretada por el Congreso de los Estados Unidos aprobando esta Constitución con las disposiciones aplicables de la Constitución de los Estados Unidos, con la Ley de Relaciones Federales con Puerto Rico y con la Ley Pública 600 del Congreso Octogésimo primero, adoptada con el carácter de un convenio[117].

Antes de repasar las cláusulas de intangibilidad de la Sección 3, es necesario anotar lo siguiente: como sugieren las dos primeras secciones del artículo VII, en el contexto de la Constitución del Estado Libre Asociado, los términos 'enmienda' y 'revisión' no son sinónimos[118]. Estos se utilizan para referirse a

---

sentence: 'Any amendment or revision of this constitution shall be consistent with the resolution enacted by the Congress of the United States approving this constitution, with the applicable provisions of the Constitution of the United States, with the Puerto Rican Federal Relations Act, and with Public Law 600'". Ley Pública 447, 66 Stat. 327 (3 de julio de 1952).

117 Para un análisis de esta cláusula y su relación con el 'estatus' político de la isla, ver Joel I. Colón-Ríos, "Reconstituir a Puerto Rico", 67 *Rev. Col. de Abogados de P.R* 109 (2006).

118 Aquí, las concepciones de Calhoun, Cooley, Harris, y otros respecto al alcance del término 'enmienda' resultan en extremo útiles. Ver, además, Sotirios A. Barber, *On What the Constitutions Means* (Baltimore: The John Hopkins University Press, 1984), p. 43, en donde se señala: "In our everyday discourse we distinguish amendments from fundamental changes because the word *amendment* ordinarily signifies incremental improvements or corrections of a larger role... So if it makes sense to speak of the Constitution's larger commitments –like

modificaciones constitucionales de diversa intensidad, y hacen necesario un proceso más participativo y deliberativo (la Convención Constituyente) para llevar a cabo las transformaciones más profundas[119]. Así, el concepto 'revisión' generalmente se utiliza para describir cambios importantes, no solo en términos de cantidad sino también de sustancia[120]. Por

---

democracy and the public and private attitudes conducive thereto, or human dignity, or freedom from ideological or religious impositions– we can imagine some proposals that would be too revolutionary... ".

119 Esta distinción entre enmienda y revisión es bastante común en las constituciones modernas. Considérense, a manera de ejemplo, los artículos 340, 342 y 347 de la Constitución de Venezuela (1999): Artículo 340: "La enmienda tiene por objeto la adición o modificación de uno o varios artículos de esta Constitución, sin alterar su estructura fundamental". Artículo 342: "La reforma constitucional tiene por objeto una revisión parcial de esta Constitución y la sustitución de una o varias de sus normas que no modifiquen la estructura y principios fundamentales del texto constitucional". Artículo 347: "El pueblo de Venezuela es el depositario del poder constituyente originario. En ejercicio de dicho poder, puede convocar una Asamblea Nacional Constituyente con el objeto de transformar el Estado, crear un nuevo ordenamiento jurídico y redactar una nueva Constitución". Ver además las constituciones de Costa Rica, Paraguay, y Nicaragua.

120 La Constitución de California también distingue entre enmienda y revisión, y establece que una revisión solo podrá ser llevada a cabo en una Convención Constitucional (artículo XVIII, secc. 2 y 3). En *Raven v. Deukmejian*, 52 Cal. 3d 336 (1990), la Corte Suprema de California declaró inválido un intento de introducir, mediante el procedimiento de enmienda (en la modalidad de iniciativa popular), una modificación que, por implicar

ejemplo, mientras que la Sección 2 dispone que una enmienda a la constitución no puede envolver más de tres asuntos, el proceso de revisión no está sujeto a ese tipo de límites cuantitativos[121]. Por otro lado, las implicaciones sustantivas de la distinción entre los conceptos 'enmienda' y 'revisión' pueden observarse a través de las cláusulas de intangibilidad contenidas en la primera parte de la Sección 3. La primera oración de dicha sección dispone: "Ninguna *enmienda* a esta constitución podrá alterar la forma republicana de gobierno que por ella se establece o abolir su Carta de Derechos". Esta fue la única cláusula de intangibilidad adoptada por iniciativa de los constituyentes y, como puede verse, la misma está dirigida al procedimiento de enmienda, no al de revisión de la constitución mediante una Convención Constituyente. Es decir, se prohíbe utilizar el procedimiento de enmienda

una transformación importante en la estructura básica del gobierno, constituía una *revisión*. Señaló el Tribunal: "Although the Constitution does not define the terms 'amendment' or 'revision', the courts have developed some guidelines helpful in resolving the present issue. As explained in *Amador,* and confirmed in *Brosnahan*, our revision / amendment analysis has a dual aspect, requiring us to examine both the quantitative and qualitative effects of the measure on our constitutional scheme. Substantial changes in either respect could amount to a revision". Los casos citados por la Corte son *Amador Valley Joint Union High Sch. Dist. v. State. Bd. of Equalization*, 22 Cal. 3d 208 (1978) y *Brosnahan v. Brown*, 32 Cal. 3d 236 (1982).

121 En *Berríos Martínez V. Roselló González II, supra* nota 114, el Tribunal Supremo de Puerto Rico invalidó una propuesta de enmienda por violentar el límite de tres asuntos.

para alterar la 'forma republicana de gobierno' y para 'abolir la carta de derechos', prohibición que no se extiende a una Convención Constituyente que se disponga a *revisar* la Constitución (lo cual podría incluir la adopción de una constitución nueva)[122].

Esa diferencia entre el tipo de límites *explícitos* que se le impone a los procesos de enmienda y revisión, pierde sentido a la luz de la Ley 600, en donde se dispuso que la Constitución de Puerto Rico debía establecer una forma republicana de gobierno e incluir una Carta de Derechos[123]. Subsecuentemente, el Congreso se ase-

122 Esta idea está de hecho contemplada en los informes preparados por la Escuela de la Administración Pública para que sirvieran de guía a la Convención Constituyente: "La cláusula sobre enmienda de la Constitución de Puerto Rico debe disponer que solo una convención constitucional, compuesta por delegados elegidos para tal fin, puede proponer una revisión total de la Constitución". La Nueva Constitución de Puerto Rico 523 (San Juan: La Editorial de la Universidad de Puerto Rico, 2005).

123 Se dispuso en la Ley 600: "(...) Al aprobarse esta Ley por una mayoría de los electores que participen en dicho referendo la Asamblea Legislativa de Puerto Rico queda autorizada para convocar una convención constitucional que redacte una constitución para dicha Isla de Puerto Rico. Dicha Constitución deberá crear un gobierno republicano en forma y deberá incluir una carta de derechos". Nótese que el artículo IV sec. 4 de la Constitución de los Estados Unidos, garantiza una forma de gobierno republicano para los Estados: "The United States shall guarantee to every state in this union a republican form of government, and shall protect each of them against invasion; and on application of the legislature, or of the executive (when the legislature cannot be convened)

guró de extender estos límites al proceso de revisión, al requerir la inclusión de la segunda oración de la Sección 3, antes citada. Dicha cláusula establece que "cualquier enmienda o *revisión*" deberá ser compatible con la resolución del Congreso de los Estados Unidos que aprobó la constitución (es decir la Ley 447), con las disposiciones aplicables de la Constitución de los Estados Unidos, con la Ley de Relaciones Federales con Puerto Rico y con la Ley Pública 600[124]. En virtud de esta cláusula, los límites explícitos contenidos en la primera oración de la Sección 3 se aplican tanto

---

against domestic violence". Para algunas indicaciones acerca del alcance de esta cláusula, ver *Luther v. Borden*, 48 U.S. (7 How.) 1, 45 (1849); *In re Duncan*, 139 U.S. 449 (1891); *Hopkins v. Duluth*, 83 N.W. 536 (1900); *Minor v. Happersett*, 88 P. 270 (1906); *Pacific States tel & Tel Col. V. Oregon*, 223 U.S. 118, 133 (1912); *Barsky v. U.S.* 167 F.2d 241(1948).

124 Aunque pueda parecer extraño, esta cláusula sería técnicamente relevante (aunque no necesariamente relevante en términos prácticos) si Puerto Rico decidiese enmendar la constitución a efectos de añadir el 'derecho a la salud', como ha sido propuesto de tiempo en tiempo. Dicho derecho formaba parte de la Sección 20 de la Carta de Derechos (sección que enumeraba una serie de derechos económicos y sociales), la cual no fue aceptada por "la resolución decretada por el Congreso de los Estados Unidos aprobando esta Constitución" (es decir, la Ley 447). Si bien es difícil pensar que el Congreso se oponga a dicha enmienda en virtud de esta cláusula, el mero hecho de estar 'legalmente impedidos' para incluir en la constitución el 'derecho a la salud', o para todos los efectos, la totalidad de la antigua Sección 20, dice mucho acerca de los límites del orden constitucional puertorriqueño y de la condición de subordinación política de la isla respecto a Estados Unidos.

al proceso de enmienda ordinario como al proceso de revisión mediante Convención Constituyente (en ese sentido, queda claro que el mecanismo de 'Convención Constituyente' es incompatible con el principio de la apertura democrática y con el propio concepto de poder constituyente, discutidos en capítulos anteriores). Cosa que, al menos de la letra de la constitución, parece no haber sido la intención inicial de los constituyentes[125].

Vemos entonces que la Constitución del Estado Libre Asociado contiene dos procedimientos distintos

125 En los debates de la Convención Constituyente pueden encontrarse varias expresiones en las cuales se intenta demostrar que la oración que se le añadió a la Sección 3 a solicitud del Congreso era innecesaria, pues no hace otra cosa que reflejar lo que siempre fue entendido por los puertorriqueños y sus delegados a la Convención Constituyente. Ver, Diario de Sesiones, tomo IV. Además, en la Resolución n.º 34 de la Convención Constituyente (mediante la cual se aceptaron las condiciones impuestas por la Ley 447), se expresó: "Por cuanto, según consta del informe del Comité correspondiente de la Convención Constituyente, de los debates en el seno de la misma y de las explicaciones públicas relativas al artículo VII de la Constitución del Estado Libre Asociado de Puerto Rico, fue entendido en todo momento por el pueblo de Puerto Rico y por sus representantes en la Convención Constituyente que las enmiendas a la constitución habrían de adoptarse de conformidad con las disposiciones fundamentales que informan el Convenio establecido entre el pueblo de Puerto Rico y el Congreso de los Estados Unidos". *El Desarrollo Constitucional de Puerto Rico: Documentos y Casos* (CARMEN RAMOS DE SANTIAGO ed.) (San Juan: Editorial de la Universidad de Puerto Rico, 1985), p. 213.

para alterar el texto constitucional. Según lo explicado en el párrafo anterior, ambos procesos están sujetos a los límites sustantivos contenidos en la Sección 3: la forma republicana de gobierno y la prohibición de la abolición de la Carta de Derechos. Ambos límites, aunque explícitos, son de carácter general y casi piden a gritos ser objeto de desarrollo judicial. Por ejemplo, el significado de la frase 'forma republicana de gobierno', que podría parecer suficientemente claro, ha sido objeto de debate en la teoría constitucional francesa, cuya constitución posee una cláusula de intangibilidad similar. Es decir, ¿qué incluye la 'forma republicana de gobierno'? Una lectura restrictiva de dicha frase promovería la idea de que constituye meramente una expresión en contra del establecimiento de una monarquía. Así, por ejemplo, sería inválida en Francia una enmienda constitucional que reconociera la soberanía de un Rey. Por el contrario, una lectura más liberal propondría que la 'forma republicana de gobierno' incluye otros principios propios de un gobierno republicano, los cuales incluyen la igualdad entre los ciudadanos y el secularismo[126].

126 Para una breve discusión, ver Klein, *supra* nota 110, p. 39. Para una influyente formulación de la teoría del republicanismo, ver, Phillip Pettit, *Republicanism: A Theory of Freedom and Government* (Oxford: Oxford University Press, 1997). Nótese que, en las discusiones de la Convención Constituyente, se derrotó una enmienda del delegado Padrón Rivera a fin de que la primera parte de la Sección 1 (art. VII) leyera de la siguiente manera: "La Asamblea Legislativa podrá proponer enmiendas a esta constitución, *excepto en materia de carácter religioso*, mediante

El alcance de la prohibición de la abolición de la Carta de Derechos tampoco es tan claro como parece. Es decir, es evidente que lo que se prohíbe no es la alteración del contenido de alguno de los derechos enumerados en la Carta, la creación de nuevos derechos, o la eliminación de alguno(s)[127]. Sin embargo, no es necesario suprimir la totalidad de la Carta de Derechos para llevar a cabo su abolición. Por ejemplo, bastaría con añadirle una oración que dispusiese: 'Los derechos aquí enumerados solamente cobijarán a los

---

resolución concurrente que se apruebe por no menos de dos terceras partes del número total de miembros de cada cámara". Énfasis suplido. Es interesante señalar que, al escuchar esta propuesta, el delegado Héctor González Blanes expresó: "Compañero, ¿no cree que lo que él [sic] trata de prever está comprendido en el último párrafo de la proposición que dice: 'Ninguna enmienda a esta constitución podrá alterar la forma republicana de gobierno que por ella se establece o abolir su carta de derechos'?". Diario de Sesiones de la Convención Constituyente, tomo III.

127 En los debates de la Convención Constituyente hay un intercambio interesante entre el delegado Antonio Reyes Delgado y el delegado José Trías Monge respecto del alcance de la frase 'abolir la Carta de Derechos': "Sr. Reyes Delgado: ¿Me permite una pregunta? –Sr. Trías Monge: Con mucho gusto. –Sr. Reyes Delgado: Compañero Trías, ¿verdad que la carta de derechos no podría ser abolida mediante enmiendas, pero podría ser enmendada? –Sr. Trías Monge: Si, señor. –Sr. Reyes Delgado: ¿Y podría abolirse cualquier garantía de las que aparecen consignadas en la carta de derechos? ¿No es eso? –Sr. Trías Monge: Técnicamente, sí; democráticamente, no. Nuestro tipo de democracia no permitiría la abolición o supresión de ninguno de los derechos fundamentales ahí consignados." Diario de Sesiones de la Convención Constituyente, tomo III.

ciudadanos menores de 4 años de edad'. Además, podría argumentarse que incluir en la Carta de Derechos un elemento extraño, es decir, una cláusula que, en vez de reconocer un derecho nuevo o expandir (o restringir) los derechos existentes (aquí los argumentos expuestos por COOLEY y MARBURY son de especial relevancia), tenga un propósito distinto, podría activar la cláusula de intangibilidad en cuestión. Este sería el caso, por ejemplo, de una enmienda a la Carta de Derechos que limitara los poderes de una Asamblea Legislativa futura en cuanto a la adopción de una legislación para alterar la institución del matrimonio[128].

Los anteriores son límites que surgen de las cláusulas de intangibilidad contenidas en la Sección 3.

---

128 Este hubiese sido el caso de la no aprobada Resolución Concurrente del Senado n.º 99, cuya exposición de motivos rezaba: "(...) La familia, cimentada en la unión matrimonial monogámica entre el hombre y la mujer es un bien necesario e imprescindible, que tiene un valor intrínseco en derecho y justicia, a ser reconocido, protegido y promovido por el Estado para la prolongación responsable del género humano. Es por esta razón que el matrimonio está revestido del más alto interés público, el cual entendemos que debe gozar del más alto grado de protección, mediante su elevación a rango constitucional. Por último, somos del criterio que, *al instrumentar esta enmienda constitucional no se deja al fácil trastoque por futuras generaciones de legisladores el cambiar mediante legislación la institución del matrimonio*. Por otro lado, la Rama Judicial tendrá un mandato expreso y claro de la intención legislativa sobre la institución del matrimonio entre un hombre y una mujer. Por lo tanto, confirmamos que la misma debe gozar de la más alta protección y rango constitucional". Énfasis suplido.

Sin embargo, nada impide que, por medio de la interpretación judicial, se establezcan límites implícitos al poder de reformar la Constitución del Estado Libre Asociado. Estos límites, a mi juicio, solo deberían aplicar al proceso de *enmienda* contenido en la Sección 1, no al de *revisión* de la constitución mediante una nueva Convención Constituyente. El proceso de *revisión* constitucional contenido en la Sección 2, por envolver un grado mayor de deliberación y participación popular, puede ser utilizado para realizar transformaciones más importantes, incluso revisiones 'totales'. En este sentido, el proceso de revisión mediante Convención Constituyente debe entenderse (al menos en su formulación inicial, es decir, antes de ser afectado por la segunda oración de la Sección 3) como una válvula de escape, un intento de facilitar el ejercicio del poder constituyente. No obstante, el hecho de que una Convención Constituyente se encuentre limitada por las cláusulas de intangibilidad requeridas por el Congreso de Estados Unidos, sugiere que en el contexto del régimen político de la isla, el poder constituyente aún radica en Estados Unidos, no en el pueblo de Puerto Rico[129].

Naturalmente, el desarrollo de límites implícitos requiere que se identifiquen los principios básicos en los que descansa la Constitución del Estado Libre Asociado. Uno de estos principios sin duda es la dignidad humana (lo cual nos hace recordar el

129 Para un análisis, ver, COLÓN-RÍOS, *supra* nota 117.

argumento de Murphy, así como la jurisprudencia constitucional alemana), consagrado en la primera oración de la Carta de Derechos: "La dignidad del ser humano es inviolable". Lo contundente de esta expresión, así como el lugar que ocupa en la Constitución, sugiere que el respeto por la dignidad humana es uno de los principios fundamentales (si no el principio fundamental) en los que descansa la Constitución del Estado Libre Asociado[130]. De hecho, durante una de las sesiones de la Convención Constituyente, el delegado Jaime Benítez se refirió a la inviolabilidad de la dignidad humana como "el principio de que el ser humano y su dignidad constituyen la razón de ser y la justificación de la organización política (...) en su sobria declaración abarca la totalidad de los principios que más adelante van a desenvolverse y a puntualizarse"[131]. De forma similar, el Tribunal Supremo de Puerto Rico ha caracterizado al respecto por la dignidad humana como "el principio rector de

---

130 En uno de los informes de la Escuela de Administración Pública se expresó lo siguiente respecto del principio de la dignidad humana: "Nuestra Carta de Derechos debe comenzar con una declaración que ponga de relieve nuestra firme convicción de que el gobierno solo se justifica como un medio para lograr la libertad y dignidad humanas. En esta época de amenazas totalitarias, tanto dentro como fuera de las áreas democráticas, es imprescindible reafirmar esta valoración primordial". La Nueva Constitución de Puerto Rico, *supra* nota 122, p. 218.

131 Citado en *Arroyo v. Rattan Specialties*, Inc., 117 D.P.R. 35, 59 (1986).

nuestro orden social"[132] y, junto al principio de que todas las personas son iguales ante la ley, como "valor fundamental de nuestro ordenamiento jurídico"[133]. En ese sentido, si se intentara introducir a la constitución una enmienda inconsistente con este principio, no sería atrevido argumentar que, para todos los efectos, se estaría adoptando una constitución nueva.

En Puerto Rico, como en cualquier otro país con una constitución liberal sujeta a enmiendas iniciadas por la legislatura, existe el riesgo de que se utilice el poder de reforma para hacer lo que solo el pueblo debería poder hacer: alterar los principios o decisiones fundamentales en las que descansa el orden constitucional. Una cosa debe quedar clara. La razón por la cual se permite la revisión judicial de las enmiendas constitucionales es porque han sido adoptadas por las instituciones ordinarias del Estado, no a través de mecanismos diseñados para llevar a cabo transformaciones constitucionales fundamentales. La legitimidad democrática de esos mecanismos está directamente conectada con su naturaleza extraordinaria: son convocados en momentos de intensa deliberación pública y permiten un grado de participación popular que no es posible en el día a día de una sociedad contemporánea. Los actos de una Asamblea Constituyente no solo no estarían sujetos a revisión por parte de los tribunales, sino que podrían

---

132 *Albino Agosto V. Ángel Martínez*, 2007 TSPR 111 (2007), p. 6.
133 *S.L.G. v. Alcalde de Aguas Buenas*, 154 D.P.R. 117 (2001), p. 134.

inclusive abolir la institución de la revisión judicial. Un ordenamiento constitucional que no provea para la convocatoria de este tipo de asamblea y a la vez le otorgue a los tribunales la facultad de revisar las enmiendas constitucionales adoptadas mediante los procesos ordinarios de reforma, sufriría de una profunda crisis de legitimidad democrática, pues no haría otra cosa que petrificar la obra de generaciones pasadas.

CAPÍTULO 6

CARL SCHMITT Y LA TEORÍA DEL PODER CONSTITUYENTE EN LAS CORTES LATINOAMERICANAS: LOS CASOS DE VENEZUELA Y COLOMBIA*

Si existe un concepto en la teoría constitucional moderna poco usual en una sentencia judicial, ese concepto es el poder constituyente. Y si existe un jurista que rara vez será tratado de forma favorable por una Corte en una democracia constitucional, es CARL SCHMITT.

Las cortes, particularmente en las democracias constitucionales, podrían ser consideradas en radical oposición al titular del poder constituyente: están llamadas a limitar el poder político, a poner en práctica las restricciones que el constitucionalismo impone tanto en el gobierno como en el pueblo[1]. Y SCHMITT, uno de los más conocidos teóricos del poder constitu-

---

* Originalmente titulado "Carl Schmitt and Constituent Power in Latin American Constitutions: The Cases of Venezuela and Colombia", fue publicado en el 2011 por *Constellations: An International Journal of Critical and Democratic Theory.*

1 Ver, GIOVANNI SARTORI, "Constitutionalism: A Preliminary Discussion", 56(4) *American Political Science Review* 853 (1962), p. 862.

yente durante el siglo XX, no solamente estuvo directamente asociado con el nacional-socialismo alemán durante la década del 1930, sino que su pensamiento constitucional apuntaba hacia un poder soberano absoluto e incontrolable, una voluntad política cuyas decisiones no podían ser limitadas por ninguna forma de derecho positivo. Quizás más importante aún, y como vimos en el capítulo 4, SCHMITT pensaba que el poder constituyente podía ser ejercido en cualquier momento. Una idea que, al menos a primera vista, parece ajena a la actividad de decidir controversias de acuerdo con la ley.

Las cortes latinoamericanas, sin embargo, representan una importante excepción a esta regla[2]. No es solamente común que las cortes de la región discutan en detalle la teoría del poder constituyente, sino también que tomen en serio la teoría schmittiana que asume al poder constituyente como una fuerza permanente que sobrevive "al lado y por encima"[3] de la constitución. Por ejemplo, en un caso relacionado a la validez de una enmienda constitucional que afectaría el régimen de pensiones, el Tribunal Constitucional de Perú explicó, con una referencia a

---

2 Por supuesto que no son la única excepción. Uno de los ejemplos más recientes es el reciente fallo de la Corte Constitucional Federal Alemana, (*Lisbon Case*, BverfG, 2 BvE 2/08), brevemente discutido en el capítulo anterior, donde el concepto de poder constituyente jugó un papel importante.

3 CARL SCHMITT, *Teoría de la Constitución* (Madrid: Editorial Revista de Derecho Privado, 1927), p. 88.

SCHMITT, la distinción entre el poder constituyente y el poder de reforma constitucional. El Tribunal definió el poder constituyente como un poder "previo y sin control jurídico", mientras que el poder de reforma, "implica la competencia del Congreso para reformar preceptos no esenciales de la Constitución, conforme a lo previsto en su mismo texto"[4]. Así, según la Corte, el poder de reforma se caracteriza "por ser limitado jurídicamente y posterior"[5].

La teoría constitucional de SCHMITT, y particularmente su teoría del poder constituyente, ha influenciado de manera importante al desarrollo del constitucionalismo en América Latina, donde su *Verfassungslehre* ha estado disponible en castellano desde muy temprano en el siglo XX. De hecho, tal como RENATO CRISTI ha demostrado con respecto al régimen de Augusto Pinochet en Chile y a la atribución del poder constituyente a una junta militar, el trabajo de SCHMITT jugó un papel importante en la consolidación de dictaduras durante el siglo pasado[6]. Mediante el examen de dos importantes sentencias emitidas en Venezuela y Colombia, este capítulo mostrará que la teoría del poder

4 Ver, Sentencia 050-2004-AI/TC.

5 Ver, Sentencia 050-2004-AI/TC, párr.18.

6 RENATO CRISTI, "The Metaphysics of Constituent Power: Schmitt and the Genesis of Chile's 1980 Constitution", 21 *Cardozo Law Review* 1748 (2000). Un curso similar de acción fue seguido en Brasil en 1964, en donde el gobierno militar hizo uso extensivo de la teoría del poder constituyente. Ver, KENNETH L. KARST Y KEITH S. ROSENN, *Law and Development in Latin America: A Case Book* (Berkeley: University of California Press, 1975), p. 206.

constituyente, en su formulación schmittiana, puede ser utilizada para defender el carácter ilimitado de la soberanía popular, pero también para limitar el poder político de maneras importantes. El Fallo n.º 17 (1999) de la Corte Suprema de Justicia de Venezuela, provee un ejemplo de lo primero (el carácter ilimitado de la soberanía popular), durante el momento excepcional de la creación de nuevas constituciones. En ese caso, la Corte declaró que 'el pueblo' no estaba vinculado por el procedimiento de reforma contenido en la constitución (el cual se determinó solamente aplicaba al Congreso y al resto de los poderes constituidos), y podía por tanto alterar la constitución por medio de métodos alternos y no especificados.

La Sentencia C-551/03 de la Corte Constitucional de Colombia, por su parte, puso en práctica la teoría schmittiana de los límites implícitos a la reforma constitucional (discutida en el capítulo 3), al disponer que los poderes constituidos no puedan adoptar constituciones nuevas, un acto que solo puede ser legítimamente llevado a cabo por el titular del poder constituyente.

El capítulo comienza con una breve discusión acerca de la distinción entre las decisiones tomadas por el titular del poder constituyente, y su posterior ejecución y formulación; distinción que resulta esencial para entender cualquier aplicación concreta de la teoría del poder constituyente. La segunda y la tercera parte del capítulo están destinadas a examinar las decisiones judiciales anteriormente mencionadas, las cuales permiten entender algunas de las implicaciones prácticas de la teoría de Schmitt, así como algunos de sus peligros y potencial democrático. Finalmente, el capítulo discurre sobre si estas dos decisiones ejemplifican acercamientos distintos a la teoría del poder constituyente, y concluye que el concepto de poder constituyente no debe ser rechazado por la teoría constitucional contemporánea como una invitación al ejercicio de un poder absoluto y arbitrario.

I. La ejecución y la formulación del poder constituyente

El concepto de poder constituyente se ha convertido en una de las herramientas jurídicas más importantes de la izquierda latinoamericana (tal y como lo demuestran los recientes ejemplos de Venezuela, Bolivia, y Ecuador)[7]. Temido por las élites políti-

7 Uno de los primeros actos del Gobierno Revolucionario de Cuba fue la emisión de un Decreto (3 de enero de 1959) para proveer al Consejo de Ministros la facultad de llevar a cabo ejercicios de poder constituyente. Leonel A. de la Cuesta, "Cuatro Décadas de Historia Constitucional Cubana: 1959-1999" en *Cuban Studies* (Lisandro Pérez ed.) (Pittsburgh: University of Pittsburgh Press, 2001), 100. En el ejercicio de este poder, la protección constitucional de la propiedad privada fue alterada de una manera importante (facilitando las expropiaciones que siguieron a la revolución de 1959) mediante la enmienda del artículo 24 de la Constitución de 1940. No es de extrañar que la constitución cubana de 1976, adoptada por un gobierno revolucionario que operaba sobre la premisa de la revolución 'permanente', le otorgara a la Asamblea Nacional del Poder Popular la facultad de ejercer tanto el poder legislativo como

cas tradicionales por su potencial transformativo y desestabilizador; también es combatido por todos los medios, como sucedió en Honduras en el 2009[8].

---

el poder constituyente (art.70) ("La Asamblea Nacional del Poder Popular es el único órgano con potestad constituyente y legislativa en la República". Ver, también, JOSÉ BELL LARA, DELIA LUISA LÓPEZ GARCÍA y TANIA CARAM LEÓN eds., *Documentos de la Revolución Cubana* (La Habana: Editorial Ciencias Sociales, 2006). Aunque la idea de que una asamblea legislativa posea tanto el poder legislativo como el constituyente resulte extraña a la tradición latinoamericana de constituciones supremas y escritas, lo cierto es que es un componente esencial de la doctrina de la soberanía parlamentaria que opera en países como el Reino Unido y Nueva Zelanda. Ver, A. V. DICEY, *Introduction to the Study of the Law and the Constitution* (Macmillan, London, 1959), p. 36-37.

8 El reciente golpe de estado en Honduras fue desencadenado por la propuesta del Presidente MANUEL ZELAYA de convocar un referendo no vinculante (programado para el día del golpe) en el cual se le hubiese preguntado al electorado si deseaba convocar a una Asamblea Constituyente. La constitución no preveía la convocatoria de una Asamblea Constituyente en su norma de cambio constitucional (ver arts. 373 y 374). A pesar de que sus oponentes políticos insistieron en que la intención real de ZELAYA era enmendar la constitución a fin de eliminar la prohibición respecto a la re-elección presidencial (un objetivo que fue negado repetidamente por el Presidente ZELAYA, quien tenía a su favor el argumento de que, en cualquier caso, la nueva constitución hubiese sido adoptada después de que su periodo como Presidente hubiese terminado y solo en caso de que un referendo vinculante fuese convocado por el Congreso), el discurso oficial sobre la convocación de la asamblea fue caracterizado (como en Venezuela, Bolivia, Ecuador y Colombia durante sus procesos de elaboración de constituciones) por apelaciones frecuentes a la noción de poder constituyente del

Además, el constitucionalismo anglo-americano ha comenzado recientemente a prestar atención a la teoría del poder constituyente, lo cual probablemente está relacionado al creciente interés en el trabajo de SCHMITT.[9] Sin embargo, los teóricos constitucionales anglo-americanos parecen haber sido cautivados por los aspectos más misteriosos del concepto schmittiano del poder constituyente (su carácter pre-legal, absoluto, e independiente de toda forma jurídica) y aún no se examina a fondo sus implicaciones prácticas en el contexto de la reforma constitucional y de la creación de nuevas constituciones.[10] Son precisamente estos aspectos de la teoría de SCHMITT los que han influenciado al constitucionalismo latinoamericano.

El capítulo 3 de este libro exploró la doctrina de los límites implícitos al poder de reforma a la luz del concepto schmittiano del poder constituyente, doctrina ejemplificada en la jurisprudencia de la Corte Constitucional colombiana, la cual se discutirá más abajo. Esta sección intenta arrojar alguna claridad al

---

pueblo para fundar un nuevo régimen constitucional a fin de democratizar la vida social y política. Ver, JUAN CARLOS GÓMEZ LEYTON, "Honduras: El Peligroso Poder Constituyente", *El Clarín* de Chile, June 30, 2009, <http://www.elclarin.cl/index.php?option=com_content&task=view&id=17206#>.

9 Cabe destacar que *Teoría de la Constitución* publicada en inglés por primera vez en el 2008. CARL SCHMITT, *Constitutional Theory* (Durham: Duke University Press, 2008).

10 Ver, por ejemplo, los ensayos en *The Paradox of Constitutionalism: Constituent Power and Constitutional Form* (MARTIN LOUGHLIN & NEIL WALKER eds.) (Oxford: Oxford University Press, 2008).

concepto de poder constituyente, particularmente en lo referente a su relación con el derecho positivo y las formas constitucionales establecidas. Dicha discusión es importante pues SCHMITT describe el poder constituyente como un poder 'inmediato", no susceptible de ser regulado por ninguna norma constitucional[11]. Es un poder "anterior y superior a todo procedimiento de legislación constitucional", y ninguna constitución "puede señalar un poder constituyente y prescribir la forma de su actividad"[12]. No puede haber, insiste SCHMITT, "un procedimiento regulado al cual se encuentre vinculada la actividad del poder constituyente"[13]. En este sentido, no es del todo claro como un poder de esa naturaleza puede ser ejercido mediante procedimientos específicos (tal como asambleas constituyentes contempladas en el propio texto de una constitución), ni cuál puede ser su rol en determinaciones judiciales acerca de los límites del ejercicio del poder político.

La respuesta a esa interrogante se encuentra en la distinción que hace SCHMITT entre las decisiones del titular del poder constituyente y su posterior ejecución y formulación. Es decir, no puede existir ningún procedimiento que regule las maneras en que el ejercicio del poder constituyente es iniciado: el titular del poder constituyente (el pueblo en una democracia)[14]

---

11 SCHMITT, *supra* nota 3, p. 96-97.
12 *Ibíd.*, p. 97.
13 *Ibíd.*, p. 94.
14 Fue en su *Teoría de la Constitución* donde SCHMITT, alejándose del

puede decidir (re)determinar su forma de existencia política en cualquier momento que sea necesario y por cualquier procedimiento.[15] No obstante, "la ulterior ejecución y formulación de la decisión política adoptada inmediatamente por el pueblo requiere alguna organización, un procedimiento..."[16]. De otra manera, el poder constituyente permanecería en un estado de impotencia y desorganización, incapaz de transformar su voluntad en derecho positivo. En el contexto de la democracia moderna, esos procedimientos toman diferentes formas. La más común es la Asamblea Constituyente que redacta una constitución (constitución cuya validez a veces depende de que la misma sea ratificada por el pueblo en referendo). Si

---

punto de vista monárquico bajo el cual parecía operar cuando escribió los ensayos contenidos en *Teología Política,* identificó al pueblo como un titular legítimo del poder constituyente. Ver, CARL SCHMITT, *Political Theology: Four Chapters on the Concept of Sovereignty* (Cambridge: MIT Press, 1985).

15 *Ibíd*. Esto no quiere decir que SCHMITT daba la bienvenida a ejercicios frecuentes del poder constituyente. Como EMMANUEL SIEYÈS, SCHMITT consideraba que la estabilidad y el orden eran de importancia fundamental. Y, de hecho, parte de su crítica al liberalismo se debía a su supuesto fracaso para garantizar la estabilidad al no hacer la 'crucial' distinción entre amigo y enemigo. Ver, CARL SCHMITT, *The Concept of the Political* (Chicago: University of Chicago Press, 1996). Para una discusión, ver DAVID DYZENHAUS, *Legality and Legitimacy: Carl Schmitt, Hans Kelsen and Hermann Heller in Weimar* (Oxford: Oxford University Press, 2003), 97. Sobre SIEYÈS y la importancia de la estabilidad, ver, MARTIN LOUGHLIN, *The Idea of Public Law* (Oxford: Oxford University Press, 2003), p. 63.

16 SCHMITT, *supra* nota 3, p. 97.

bien ese tipo de asamblea actúa normalmente como una entidad soberana, (pues no tiene competencias, no opera bajo esferas de poder delimitadas de antemano) solamente ejerce un poder delegado

Por eso, viene obligada a actuar "siempre en nombre y por encargo del Pueblo, que puede en todo momento desautorizar a sus comisionados, por medio de una acción política"[17]. Ahora bien, para SCHMITT, el ejercicio del poder constituyente no debe ser visto como equivalente a lo que ocurre en las elecciones ordinarias o en un referendo: estos son medios para el ejercicio de competencias reguladas por la constitución y, aunque importantes, no son mecanismos a ser normalmente utilizados para alterar las decisiones políticas fundamentales tomadas por el titular del poder constituyente[18]. Según lo señalado en el capítulo 3, dichas decisiones políticas fundamentales son decisiones acerca del tipo y forma de Estado (en

17 SCHMITT, *supra* nota 3, p. 68.

18 SCHMITT, *supra* nota 3, p. 113-114. Sin embargo, SCHMITT no pensaba que el poder constituyente debía ser ejercido mediante los métodos más deliberativos y participativos posibles (como parecen sugerir las decisiones de las cortes colombianas y venezolanas). Por el contrario, para él la "forma natural" en la que el pueblo 'decide' y expresa su voluntad es mediante un acto de aclamación, una multitud reunida que aprueba o desaprueba por medio de un 'sí' o un 'no'. Schmitt, *supra* nota 3, p. 95. Asimismo, mantenía que una de las formas en que el pueblo expresaba que la constitución *descansaba* en su poder constituyente, era por medio de su participación en elecciones regulares. *Ibíd.*, p. 105.

terminología schmittiana, el "modo y forma de la propia existencia política"[19]). Es decir, se refieren a la estructura estatal básica: si el Estado toma la forma de una república o una monarquía, de un Estado unitario o federal, de una democracia liberal o de un orden socialista.[20] Conforme a esta visión, cuando ocurre un cambio en estas decisiones fundamentales, no cabe hablar de reforma constitucional sino de la creación de nuevas constituciones.

Como veremos a continuación, la teoría del poder constituyente (en su formulación schmittiana), cumplió un papel central en dos decisiones importantes de la Corte Constitucional de Colombia y de la Corte Suprema de Justicia de Venezuela. En el caso venezolano, la teoría del poder constituyente apuntó hacia un poder popular *ilimitado*, un pueblo que puede re-formular sus compromisos fundamentales sin verse sujeto al orden constitucional vigente. En el caso colombiano, la teoría fue utilizada con el fin de *limitar* el poder del Estado, como un medio para delinear las competencias de la rama ejecutiva y legislativa en el contexto de la reforma constitucional. En ambos casos, sin embargo, se hizo referencia a la idea de que, si se utilizan los medios apropiados, el pueblo puede ejercer su poder constituyente para transformar el orden constitucional de formas fundamentales. En este sentido, y como se sugerirá en

---

19 Schmitt, *supra* nota 3, p. 86.
20 Schmitt, *supra* nota 3, p. 27.

la última parte de este capítulo, estos casos apuntan tanto a los peligros como al potencial democrático de la teoría del poder constituyente del pueblo.

II. Continuidad jurídica, revoluciones, y poder constituyente en Venezuela

Cuando HUGO CHÁVEZ ganó las elecciones presidenciales de 1998 en Venezuela no había duda de que su gobierno se disponía a adoptar una nueva constitución nacional. Hasta 1999, Venezuela operó bajo un orden constitucional que reflejaba los principios básicos de una democracia liberal típica[21]. Adoptada por el Congreso entonces recientemente electo (el cual

21 De hecho, Venezuela fue considerada por muchos años después de 1961 como una democracia ejemplar en una región caracterizada por el autoritarismo y la dictadura. Esto, a pesar de que el periodo que siguió a la adopción de la Constitución de 1961 estuvo caracterizado por episodios de represión política, particularmente contra la izquierda. Ver, EDGARDO LANDER, "Izquierda y Populismo: Alternativas al Neoliberalismo en Venezuela", en *La Nueva Izquierda en América Latina: Sus Orígenes y Trayectoria Futura* (CESAR RODRÍGUEZ GARAVITO et al., eds.) (Bogotá: Grupo Editorial Norma, 2005), p. 99. Algunos autores mantienen que la Constitución de 1961 era una constitución adecuada, parcialmente responsable de la estabilidad de la democracia venezolana y, por ello, no había necesidad de remplazarla. MICHAEL COPPEDGE, "Venezuela: Popular Sovereignty versus Liberal Democracy" en *Constructing Democratic Governance,* 2d ed. (JORGE I. DOMÍNGUEZ & MICHAEL SHIFTER eds.) (Baltimore: The Johns Hopkins University Press, 2001) p. 177 y MIRIAM KORNBLITH, "The Politics of Constitution-Making: Constitutions and Democracy in Venezuela", 23(1) *Journal of Latin American Studies* 61 (1991) p. 87-88.

asumió funciones constituyentes), la Constitución de 1961 fue el resultado directo del acuerdo de Punto Fijo, cuyo objetivo principal era crear un sistema democrático estable y evitar el regreso de la dictadura militar. Para la década de los 80', sin embargo, muchos señalaban que en vez de una democracia, Venezuela se había convertido en una partidocracia en la cual los principales partidos políticos (*Acción Democrática* y el *Comité de Organización Política Electoral Independiente*), se alternaban en el poder. La percepción de un sistema político injusto, combinada al descenso económico de las décadas de los años ochenta y noventa que empobreció a grandes masas de la población (el cual contrastaba con la bonanza económica petrolera de la década de los años setenta), y la creencia de muchos de que las élites políticas se estaban enriqueciendo ilegalmente con los ingresos generados por la venta de petróleo, fueron algunos de los factores que precipitaron la victoria de CHÁVEZ en el 1998[22].

Para algunos, los problemas del país estaban conectados a la Constitución de 1961, la cual consideraban protegía las bases del acuerdo de Punto Fijo y garantizaba así la permanencia en el poder de las élites políticas tradicionales. Aunque esto era cuestionable (después de todo, la Constitución de 1961 era una constitución liberal típica), el hecho es que los llamados a la reforma constitucional no eran pocos y

---

22 *Ibíd.*, 173. Ver, además, LANDER, "Izquierda y Populismo", *supra* nota 21.

que Chávez y sus seguidores estaban determinados a reemplazarla con una constitución nueva. De forma más controversial, proponían adoptar la nueva constitución mediante una Asamblea Constituyente, en aparente violación al procedimiento de enmienda constitucional[23]. El problema inmediato, desde la perspectiva del oficialismo, era como justificar, en términos jurídicos, la convocatoria a una Asamblea Constituyente: al igual que la gran mayoría de las constituciones de la época, la Constitución de 1961 no contenía ninguna disposición que autorizara su sustitución por medio de una asamblea extraordinaria, sino que colocaba el poder de reforma constitucional en manos de la legislatura[24].

Los críticos no tardaron en sostener que el plan del gobierno era inconstitucional, que la convocatoria a una Asamblea Constituyente requeriría una enmienda previa a la Constitución de 1961 a los fines

23 Ver Lander, "Izquierda y Populismo", *supra* nota 21, p. 118. Esta no era una idea nueva y las propuestas para la adopción de una nueva constitución mediante una Asamblea Constituyente habían estado en el panorama político del país por algún tiempo. Después de que los colombianos adoptaron su constitución en 1991 mediante este método extraordinario, grupos como el Frente Patriótico y el Movimiento Bolivariano Revolucionario (el último dirigido por Hugo Chávez) comenzaron a apoyar opción. Ver, Ricardo Combellas, "El Proceso Constituyente y la Constitución de 1999", 30 *Politeia* 71 (2003).

24 Artículos 245 y 246 de la Constitución de 1961. El artículo 246 proveía para un proceso de reforma constitucional 'general' y requería que los cambios propuestos por la legislatura fueran ratificados por el electorado en un referendo iniciado por el gobierno.

de validar tal mecanismo de cambio constitucional. Esto, sin embargo, no era una alternativa aceptable para el oficialismo, quien no tenía las mayorías necesarias en ambas cámaras del Congreso (las elecciones congresionales habían tenido lugar varias semanas antes que las elecciones presidenciales)[25]. Por eso, en vez de proceder conforme a esa 'recomendación', el gobierno arguyó que la Asamblea Constituyente podía ser convocada a través del voto popular en referendo. De hecho, uno de los primeros actos del nuevo gobierno fue emitir un decreto para la celebración de un referendo en el cual se le preguntaría a la población si deseaban llamar a una Asamblea Constituyente con el objetivo de "transformar el Estado y crear un nuevo ordenamiento jurídico que permita el funcionamiento efectivo de una democracia social y participativa"[26]. La constitucionalidad de este

---

25 Coppedge, "Venezuela: Popular Sovereignty versus Liberal Democracy", *supra* nota 21, p. 178. Asimismo, resulta interesante notar que en un importante trabajo sobre enmiendas constitucionales, Donald S. Lutz identificó la constitución venezolana de 1961 como la tercera más difícil de enmendar en el mundo (solo superada por la Constitución de los Estados Unidos y la de la antigua Yugoslavia). Ver, Donald S. Lutz, "Toward a Theory of Constitutional Amendment" en *Responding to Imperfection: Theory and Practice of Constitutional Amendment* (Sanford Levinson ed.) (Princeton University Press, 1995), p. 260.

26 Las preguntas del referendo pueden encontrase citadas en Roberto Viciano Pastor y Rubén Martínez Dalmau, *Cambio Político y Proceso Constituyente en Venezuela: 1998-2000* (Vadell Hermanos, 2001), p. 130.

plan fue prontamente puesta a prueba en la Corte Suprema de Justicia (CSJ).

a. Fallo n.º 17 de la Corte Suprema de Justicia

Los jueces que emitieron el Fallo n.º 17 habían sido nombrados antes de que el gobierno de CHÁVEZ adviniera al poder, y no hay duda de que estaban muy conscientes de las profundas implicaciones políticas de ese caso. Por un lado, la consecuencia de una decisión a favor de la constitucionalidad del plan del gobierno con toda probabilidad resultaría en una transformación fundamental del orden constitucional, la cual a su vez podría conllevar al reemplazo de la CSJ por otra Corte (compuesta de otros jueces). Por otro lado, y tomando en cuenta la popularidad disfrutada por el gobierno de CHÁVEZ en el 1999, una declaración de inconstitucionalidad podría haber sido la estocada final a la precaria legitimidad del sistema político. Pero el razonamiento de la CSJ no debe ser visto como una simple maniobra jurídica dirigida a intentar proteger determinados intereses ante lo que parecían ser cambios constitucionales inminentes. Por el contrario, la Corte aplicó la teoría del poder constituyente, ya consolidada en el constitucionalismo latinoamericano, a los hechos ante su consideración. En efecto, en uno de los primeros párrafos de la parte sustantiva de la sentencia, la Corte identificó la teoría del poder constituyente como la doctrina jurídica que naturalmente aplicaba al caso: "La pregunta que se formula es si procede convocar a una revisión de la

Constitución o si procede la convocatoria a un Poder Constituyente, a un poder soberano"[27].

La decisión de la CSJ, escrita por HUMBERTO J. LA ROCHE, se emitió en respuesta a una acción presentada por la Fundación de Derechos Humanos, la cual solicitaba una interpretación del artículo 4 de la Constitución de 1961[28] y del artículo 181 de la Ley Orgánica para el Sufragio y la Participación[29]. La pregunta era si una Asamblea Constituyente podía ser válidamente convocada por un referendo celebrado bajo el artículo 181 de la ley antes mencionada, dejando a un lado el procedimiento ordinario de enmienda (así como la participación de la legislatura en el proceso). Según fue sugerido anteriormente, los juristas venezolanos se dividieron en dos grandes grupos. El primer grupo sostenía que la Asamblea Constituyente era una 'opción válida', pero que requería un cambio previo en el procedimiento de enmienda de la Constitución de 1961[30]. Citaban a su favor el artículo 250, el cual

---

27 Fallo n.º 17, p. 9.

28 El artículo 4 establece lo siguiente: "La soberanía reside en el pueblo, quien la ejerce, mediante el sufragio, por los órganos del Poder Público".

29 El artículo 181 de la referida ley le otorgaba al Presidente de la República en Consejo de Ministros, al Congreso y a los ciudadanos mediante la colección de firmas el poder de convocar a un referendo para consultar electores en cuestiones de importancia.

30 Para un debate sobre esta perspectiva, ver, ALLAN R. BREWER CARÍAS, *Golpe de Estado y Proceso Constituyente en Venezuela* (UNAM: México, 2002). Ver, además, PASTOR y MARTÍNEZ, *Cambio Político y Proceso Constituyente en Venezuela*, *supra* nota 26, p. 127.

disponía que la validez de la Constitución de 1961 no sería afectada si era alterada por medios distintos a los establecidos en el texto constitucional. En tales casos, rezaba el referido artículo, "todo ciudadano, investido o no de autoridad, tendrá el deber de colaborar en el restablecimiento de su efectiva vigencia"[31].

El segundo grupo, de tendencias schmittianas, insistía en que ninguna disposición constitucional podía tener el efecto de eliminar por siempre la soberanía popular y prevenir así el ejercicio futuro del poder constituyente[32]. Conforme a esa noción, independientemente del contenido de la constitución vigente, el pueblo podía otorgar a una Asamblea Constituyente el mandato de redactar una nueva constitución. Tal asamblea podía ser activada por medio de un referendo y, siendo un medio para el ejercicio del poder constituyente, operaría fuera del orden constitucional existente. La Corte comenzó por considerar el artículo 4 de la Constitución de 1961, que disponía: "La soberanía reside en el pueblo, quien la ejerce, mediante el sufragio, por los órganos del Poder Público". Para la Corte, era necesario determinar si esta delegación de

31 Artículo 250: "Esta Constitución no perderá su vigencia si dejare de observarse por acto de fuerza o fuere derogada por cualquier otro medio distinto del que ella misma dispone. En tal eventualidad, todo ciudadano, investido o no de autoridad, tendrá el deber de colaborar en el restablecimiento de su efectiva vigencia".

32 PASTOR y MARTÍNEZ, *Cambio Político y Proceso Constituyente en Venezuela*, *supra* nota 26

poderes significaba que la soberanía popular no podía ser ejercida *directamente* por el pueblo: si el pueblo, al adoptar una constitución, había permanentemente renunciado a la facultad de ejercer dicho poder. En otras palabras, si el procedimiento de reforma establecido en el texto constitucional (conforme al cual 'los órganos del Poder Público' eran los protagonistas) era exclusivo o si, por el contrario, el pueblo podía alterar la constitución mediante otros medios.

Bajo la primera noción, sugirió la Corte, "estaríamos en la presencia de un poder constituido"; bajo la segunda, estaríamos frente al poder constituyente, el cual tendría "un carácter absoluto e ilimitado". Apoyándose en la teoría del poder constituyente, la Corte rechazó la interpretación tradicional del artículo 4. Conforme a esa interpretación, el objetivo del artículo 4 era proteger el principio de representación y la idea de que aunque la soberanía *descansaba* en el pueblo, había sido delegada, por medio del sufragio, al gobierno (quien único podía ejercerla). La Corte rechazó esta interpretación indicando que quien es capaz de delegar un poder es también capaz de ejercitarlo. Es cierto, en el contexto del gobierno del día a día, que respecto a cuestiones que tienen que ver con funciones públicas específicas enumeradas en la constitución, la soberanía será normalmente ejercida por aquellos órganos a los cuales se le ha delegado. Es decir, una vez una constitución es establecida, el pueblo no puede (por razones legales y prácticas) ejercer directamente funciones que han sido delegadas a ciertos órganos (como la creación rutinaria de leyes, el llevar a cabo actos administrativos, o el adjudicar controversias entre ciudadanos).

Pero si el pueblo es el titular de la soberanía, el titular del poder constituyente, su poder no puede agotarse en la delegación de una serie de competencias a los órganos estatales. Y no debe haber duda, argumentó la Corte, que en aquellos casos en que la constitución guarda silencio (como en cuanto a la posibilidad de convocar a una Asamblea Constituyente), el pueblo puede ejercer su soberanía directamente[33]. Habiendo establecido que el pueblo retiene el derecho de adoptar una constitución mediante una entidad convocada específicamente para llevar a cabo esa tarea, el próximo paso era determinar si la Ley 181 podía ser utilizada para llamar a un referendo y preguntarle al electorado si deseaba convocar a una Asamblea Constituyente. La Ley 181 le otorgaba al

---

33 *Ibíd.*, p. 9. Hay cierta ambigüedad en este aspecto de la decisión. Esto es, no resulta claro si lo que la Corte está diciendo es que el pueblo retiene el derecho de ejercer directamente cualquiera de los poderes delegados al gobierno (si tuviese los medios para hacerlo), o que el pueblo puede ejercer directamente *solo* aquellos poderes que no han sido expresamente delegados al gobierno. Vale la pena destacar que como una cuestión de hecho, una vez convocada, la Asamblea Constituyente se enfrascó de varias maneras en el ejercicio de los poderes ordinarios del gobierno (por ejemplo expulsando a funcionarios judiciales e interfiriendo en el ejercicio del poder legislativo ordinario). Ver, COMBELLAS, *supra* nota 23, p. 9. Ver, también, LAURA LOUSA, "La Independencia del Poder Judicial a Partir de la Constitución de 1999", 38 *Politeia* 151 (2007).

Presidente de la República en Consejo de Ministros (así como al Congreso y a un número no menor del diez por ciento de los electores inscritos en el Registro Electoral), la iniciativa de llamar a un referendo para consultar a los electores en cuanto a asuntos de "especial trascendencia nacional". La Corte expresó que la Ley 181 establecía ciertos límites a los asuntos que podían ser sometidos a los electores. Por ejemplo, solamente podían someterse a referendo asuntos de importancia nacional, es decir, no se podía utilizar la Ley 181 para llamar a un referendo sobre cuestiones regionales o municipales.

Además, la Ley 181 establecía expresamente que no se podían someter algunos temas a referendo, tales como asuntos tributarios o asuntos relacionados con la suspensión o restricción de garantías constitucionales o derechos humanos. Para la Corte, estas exclusiones tenían un carácter absoluto, pero no prohibían la celebración de un referendo para preguntarle a los electores si deseaban convocar a una Asamblea Constituyente. Los argumentos anteriores parecerían ser suficientes para concluir que los venezolanos, al haber delegado ciertas competencias a las instituciones ordinarias del gobierno, no habían renunciado a su facultad de convenir a una Asamblea Constituyente para la adopción de una nueva constitución, y que un referendo llamado con base en la Ley 181 era un mecanismo apropiado para auscultar la voluntad del pueblo para convocar a dicha asamblea. Sin embargo, la Corte fue más lejos y consideró necesario clarificar que los requisitos específicos del proceso de enmienda solamente aplicaban a los poderes constituidos, y no al titular del poder constituyente.

Para la Corte, los requisitos y límites establecidos en la constitución están destinados a regular los procedimientos mediante los cuales los poderes constituidos pueden enmendarla y no están (ni pueden estar) dirigidos a controlar el poder constituyente del pueblo.[34] En lo que a mi juicio es una clara (aunque no atribuida) referencia a SCHMITT, la Corte expresó que el poder constituyente "presupone la vida nacional como unidad de existencia y de decisión" y a diferencia de los poderes constituidos, es "previo y superior al régimen jurídico establecido".[35] Si las facultades absolutas e ilimitadas del poder constituyente fuesen

34 *Ibíd.*, p. 12. Este razonamiento es sorprendentemente similar a la teoría de AKHIL AMAR sobre el cambio constitucional en Estados Unidos. Si bien AMAR no hace referencia a la teoría del poder constituyente, sostiene que el artículo V no es el modo exclusivo de alterar la constitución, sino que meramente establece los procedimientos que el *gobierno* (en oposición al pueblo) debe seguir si desea introducir cambios en el texto constitucional. Ver, AKHIL REED AMAR, "Popular Sovereignty and Constitutional Amendment," en *Responding to Imperfection*, *supra* nota 25.

35 *Ibíd.*, p. 11. A diferencia de la Corte Constitucional colombiana, la Corte Suprema de Justicia de Venezuela no hace ninguna referencia directa al trabajo de CARL SCHMITT. A mi modo de ver, sin embargo, no hay duda de que la Corte se sustenta aquí en SCHMITT. Compare el texto arriba citado con los siguientes pasajes de la *Teoría de la Constitución*: "La doctrina del Poder constituyente del pueblo presupone la voluntad consciente de existencia política, y, por lo tanto, una Nación", "La decisión política implicada en la Constitución no puede reobrar contra su sujeto, ni destruir su existencia política. Al lado y por encima

entendidas como susceptibles a ser ejercidas por las instituciones ordinarias del gobierno, sugirió la Corte, la soberanía entonces le habría sido arrebatada al pueblo y entregada a sus representantes.[36] Según la Corte, al establecer un sistema democrático de gobierno, el preámbulo de la constitución contenía un reconocimiento implícito de este poder ilimitado. Además, el derecho del pueblo a ser consultado sobre si desea convocar a una Asamblea Constituyente debe ser entendido como un derecho no-enumerado.

El hecho de que este derecho no se mencionara expresamente en la constitución era una laguna constitucional, pues sería absurdo pensar que un poder soberano renunciase, *ab initio,* a la facultad de tomar decisiones políticas fundamentales.[37] Mediante la teoría del poder constituyente (e indirectamente con la teoría schmittiana del poder constituyente), la CSJ pudo proveer una justificación al ejercicio de un poder político no sancionado (al menos expresamente), por el texto constitucional.[38] Sin embargo, eso no convirtió

---

de la Constitución, sigue subsistiendo su voluntad": SCHMITT, *supra* nota 3, p. 91, 88.

36 La Corte aquí cita un pasaje de PEDRO DE VEGA, *La Reforma Constitucional y la Problemática del Poder Constituyente* (Madrid: Técnos, 1985) p. 231. El libro de DE VEGA contiene una de las formulaciones más influyentes del concepto de poder constituyente por un autor español contemporáneo. A mi juicio, DE VEGA comparte la teoría schmittiana del poder constituyente.

37 Fallo n.º 17, p. 14.

38 En una serie de decisiones posteriores al Fallo 17, la Corte Suprema de Justicia declaró que la Asamblea Constituyente

a la convocatoria a la Asamblea Constituyente en un ejercicio de poder político puro, desnudo de toda limitación prudencial, sino en uno investido de un importante componente democrático que siempre debe acompañar a la actividad constituyente.[39] En la última sección de este capítulo examinaré este punto con más detalle, pero por el momento, examinemos la manera en que la Corte Constitucional de Colombia ha logrado utilizar la teoría del poder constituyente para *limitar* el ejercicio del poder público.

---

no era, de hecho, "soberana" (que no era un mecanismo para el ejercicio del poder constituyente en su forma ilimitada (poder constituyente originario), sino que solamente podía ejercer el poder constituido (poder constituyente derivado). Esto quería decir que los poderes de la Asamblea Constituyente se encontraban limitados por la Constitución de 1961, y que la asamblea no podía asumir las competencias delegadas por esa constitución a los poderes constituidos. Ver, PASTOR Y MARTÍNEZ, *Cambio Político y Proceso Constituyente en Venezuela*, *supra* nota 26, p. 132-137. No obstante a ello, una vez convocada, la asamblea ratificó su rol como mecanismo para facilitar el ejercicio del poder constituyente originario. Finalmente, la Corte Suprema de Justicia no tuvo otra opción que aceptar la naturaleza soberana de la asamblea. Para una discusión, ver, COMBELLAS, *supra* nota 23.

39 En una decisión del 2006, la Sala Constitucional del Tribunal Supremo de Justicia de Venezuela, expresó lo siguiente en torno a los límites del poder constituyente: "No puede entonces, alterarse la voluntad del soberano, por medio de instrumentos parciales y que no tengan su origen en el propio poder constituyente, es a él al cual le corresponde la última palabra, teniendo como se ha dicho como único límite, los derechos inherentes a la persona humana y derivados de su propia dignidad". Sentencia 1.488 del 28 de julio de 2006.

III. Los límites a la reforma constitucional en Colombia

Cuando la Corte Suprema de Justicia de Venezuela determinó que 'el pueblo' podía convenir una Asamblea Constituyente aun en ausencia de un reconocimiento explícito de ese mecanismo en el texto constitucional, la Corte no estaba haciendo nada fuera de lo ordinario, al menos no en el contexto del constitucionalismo latinoamericano. De hecho, en 1990, la Corte Suprema de Justicia de Colombia también le dio el visto bueno a la convocatoria de una Asamblea Constituyente en un contexto jurídico similar (evento que dio lugar a un importante debate en Venezuela)[40]. La CSJ de Colombia, en cierto modo, fue más lejos que su contraparte venezolana: aun cuando el Decreto Presidencial[41] que convocó a la Asamblea Constituyente limitaba el proceso de reforma constitucional a la discusión de ciertos temas, la Corte colombiana determinó que el poder constituyente solamente podía estar sujeto a límites auto-impuestos y que sus acciones no podían ser revisadas por los poderes constituidos[42].

---

40 Ver nota 23 de este capítulo.

41 El decreto presidencial, emitido el 24 de agosto de 1990, estableció en parte: "La Asamblea no podrá estudiar asuntos diferentes a los mencionados en el temario aprobado por el pueblo, y particularmente no podrá modificar el período de los elegidos este año, las materias que afecten los compromisos adquiridos por el Estado colombiano en virtud de tratados internacionales y el sistema republicano de gobierno".

42 Sentencia 138. "Siendo la nación el constituyente primario y

La Asamblea Constituyente colombiana fue convocada en la crisis de ese país durante un periodo importante del siglo xx. Para la década de los años noventa, el conflicto armado en el que participaba el ejército, las guerrillas, los grupos paramilitares y los carteles de la droga se había convertido en uno de los principales componentes del contexto político y social colombiano. Además, similar al caso venezolano, el sistema político del país era percibido por importantes sectores como hostil a la incorporación de nuevos movimientos políticos que representaban intereses distintos a los defendidos por los partidos tradicionales (los cuales, como en Venezuela, se alternaban el poder político)[43]. Durante la década de los años setenta comenzaron a llevarse a cabo intentos de reformar el orden constitucional del país. Por ejemplo, en el 1987, el Presidente Virgilio Barco falló en su intento de convocar a un referendo dirigido a alterar la

---

teniendo ella un carácter soberano, del cual emanan los demás poderes, no puede tener otros límites que los que él mismo se imponga, ni los poderes constituidos pueden revisar sus actos". La Corte reconoció, sin embargo, que como la pregunta presentada a los electores en la elección que precedió la convocatoria de la Asamblea Constituyente mantuvo que el propósito de la asamblea sería "fortalecer la democracia participativa", una vez convocada, la asamblea no debía apartarse de ese objetivo. Ver, Ramírez Cleves, *Límites de la Reforma Constitucional en Colombia: El Concepto de Constitución como Fundamento de la Restricción* (Bogotá: Universidad Externado de Colombia, 2005), p. 440.

43 Renata Segura y Ana María Bejarano, "¡Ni una Asamblea Más Sin Nosotros! Exclusion, Inclusion, and the Politics of Constitution-Making in the Andes" 11(2) *Constellations* 217 (2004), p. 220.

norma de cambio constitucional[44]. Como la gran mayoría de las constituciones de la época, la Constitución de 1886 instalaba el poder de reforma constitucional en el Congreso, y excluía la posibilidad de convocar a una asamblea extraordinaria para la preparación de una nueva constitución (naturalmente, tampoco proveía ninguna forma de participación popular directa en el cambio constitucional)[45].

Cuando en el 1990 el electorado colombiano votó a favor de la convocatoria a una Asamblea Constituyente, lo hizo por medio de un proceso mucho más informal que el utilizado en Venezuela. Un movimiento estudiantil lideró la campaña a favor de la Asamblea Constituyente y fue responsable de la introducción de una 'séptima papeleta' en las elecciones de 1990 que le preguntaba a los electores si favorecía convocar a una Asamblea Extraordinaria para alterar la Constitución de 1886. Más del 88% de los votantes se expresó a favor del 'sí' (hubo una abstención de 74%)[46], y la Asamblea Constituyente (cuyos delegados no solamente provenían de los partidos políticos tradicionales sino que incluían representantes

---

44 Ramírez Cleves, *Límites de la Reforma Constitucional en Colombia*, *supra* nota 42, p. 437.

45 Constitución Política de Colombia de 1886, artículo 209.

46 Ver Segura y Bejarano, *supra* nota 43, p. 233, n. 20. Esto no se encuentra fuera de lo ordinario para este tipo de elección especial en América Latina, particularmente cuando determinado resultado es ampliamente esperado. Por ejemplo, en la elección para convocar la Asamblea Constituyente en Venezuela, la tasa de abstención fue de 64%. *Ibíd.*, p. 235, n. 45.

de movimientos sociales así como ex-guerrilleros) fue eventualmente convocada en 1991, luego de ser sancionada por la Corte Suprema de Justicia en una decisión que siguió una línea argumentativa parecida a la del Fallo n.º 17 antes discutido.[47] Curiosamente, fue el casi 'permanente' Estado de excepción, presente en Colombia durante gran parte del siglo XX, lo que permitió al gobierno establecer los procedimientos que facilitaron la convocatoria a la asamblea[48].

a. Sentencia 551/03 de la Corte Constitucional de Colombia

La Constitución de 1991, celebrada por muchos desde su adopción, contiene muchas de las propuestas de reforma rechazadas por gobiernos anteriores (como el establecimiento de una Corte Constitucional), un generoso catálogo de derechos civiles, sociales y económicos, así como mecanismos para su protección[49].

---

47 Sentencia 138, 9 de noviembre de 1990.

48 Ver: "Decreto de Estado de Sitio" N. 1926 del 24 de agosto de 1990. De hecho, en 1990, el país había vivido 37 de los de los 42 años previos bajo estado de sitio. Ver: EDUARDO CIFUENTES MUÑOZ, "Los Estados de Excepción Constitucional en Colombia," 8(1) *Ius et Praxis* (2002). Para una discusión excelente sobre la relación entre los estados de excepción y el poder constituyente, ver: ANDREAS KALYVAS, *Democracy and the Politics of the Extraordinary: Max Weber, Carl Schmitt, and Hannah Arendt* (Cambridge: Cambridge University Press, 2008), p.119.

49 RAMÍREZ CLEVES, *Límites de la Reforma Constitucional en Colombia*, *supra* nota 42, p. 442. De hecho, la Constitución colombiana

Sin embargo, en el año 2003 el Presidente Álvaro Uribe promovió una serie de reformas constitucionales que no fueron bien recibidas por diversos grupos y cuya validez fue cuestionada en la Corte Constitucional. A pesar de que la mayor parte de estas reformas fueron validadas, el caso le permitió a la Corte adoptar la doctrina de los límites implícitos al poder de reforma (la cual fue discutida anteriormente)[50]. Lo que hace a esta decisión extraordinaria es que el artículo 241(1) de la Constitución de 1991 únicamente autorizaba a la Corte Constitucional a "Decidir sobre las demandas de inconstitucionalidad que promuevan los ciudadanos contra los actos reformatorios de la Constitución, cualquiera que sea su origen, *solo por vicios de procedimiento en su formación*"[51]. Además, su artículo 379 (el cual forma parte del procedimiento de enmienda constitucional), establece que los proyectos de reforma constitucional solamente podrán ser declarados inconstitucionales cuando violenten los requisitos del procedimiento establecido para enmendar la constitución[52].

---

de 1991 se ha vuelto una herramienta fundamental para la izquierda, que ha dado lugar a la curiosa situación de que esta tienda a defender el orden constitucional, y la derecha a desafiarlo desde el gobierno. Ver: César Rodríguez Garavito, "La Nueva Izquierda Colombiana: Orígenes, Características y Perspectivas" en *La Nueva Izquierda en América Latina, supra* nota 21, p. 196.

50 Sentencia 551/03, 9 de julio de 2003.

51 Constitución de Colombia (1991), artículo 241. Énfasis suplido.

52 El artículo 379 establece: "Los Actos Legislativos, la convocatoria

La reforma constitucional en cuestión entraría en efecto de ser aprobada en un referendo, el cual incluiría diecinueve preguntas. Estas preguntas trataban sobre distintos temas, tales como la modificación del sistema electoral, la alteración del proceso presupuestario, la regulación de los partidos políticos, la política pública en torno a los crímenes relacionados a los narcóticos, y la prolongación de los periodos electivos para los cargos de gobernadores y alcaldes (la cual aplicaría a aquellos gobernadores y alcaldes ya electos)[53]. Los defensores del referendo argumentaban que al evaluar la constitucionalidad del proyecto de reforma, la Corte estaba limitada a examinar si los requisitos formales del procedimiento de enmienda habían sido satisfechos. Por el contrario, los que estaban del otro lado de la controversia, le solicitaron a la Corte que examinara la sustancia de los cambios propuestos y, entre otras cosas, argumentaron que una enmienda constitucional podía ser declarada inconstitucional si contradecía los principios fundamentales en los que descansaba la constitución. Naturalmente, una parte importante de la decisión se enfocó en el significado de la frase "solo por vicios de procedimiento en su formación", así como en una discusión de la existencia de límites sustantivos al poder de reforma constitucional.

---

a referendo, la consulta popular o el acto de convocación de la Asamblea Constituyente, solo podrán ser declarados inconstitucionales cuando se violen los requisitos establecidos en este título".

53 El referendo fue autorizado por la Ley 796 de 2003.

La decisión de la Corte, cuyo Magistrado Ponente fue EDUARDO MONTEALEGRE LYNETT, comenzó por concurrir con la idea de que el contenido de un cambio constitucional, a diferencia del contenido de una ley ordinaria, no podía ser objeto de un examen de constitucionalidad. De lo contrario, expresó la Corte, el poder de reforma constitucional sería abolido, pues un cambio constitucional es, por definición, siempre inconsistente con el texto constitucional que busca transformar (y contradecir)[54]. En ese sentido, el único rol de la Corte con respecto a un proyecto de reforma constitucional era, tal y como quedó expresado en el artículo 241, asegurarse de que los requisitos del procedimiento de enmienda fuesen respetados. No obstante (y aquí es cuando el razonamiento de la Corte toma un giro inesperado y decisivo), en el contexto de la reforma constitucional, lo procesal y lo sustantivo no pueden ser fácilmente separados. La Corte avanzó su discusión en torno a la relación entre procedimiento-sustancia mediante la siguiente línea argumentativa. Una parte esencial de todo procedimiento es la competencia (entendida como la facultad de producir determinado contenido o consecuencia jurídica): "si esta Corte no verifica la competencia del órgano que adelanta la reforma, no estaría verdaderamente controlando que el procedimiento de aprobación de la reforma se hubiera hecho en debida forma"[55].

54 Sentencia 551/03, párr. 13.
55 *Ibíd.*, párr. 22.

Así, expresó la Corte, cuando el artículo 241 de la Constitución de 1991 restringe el poder revisor de la Corte con respecto a las enmiendas constitucionales a la identificación de defectos de forma o procedimiento, está necesariamente confiriéndole a ese cuerpo la facultad de examinar si la institución que se dispone a adoptar la reforma está actuando *ultra vires*[56]. Lo contrario significaría una Corte impotente ante un proyecto de reforma constitucional adoptado con estricto respeto a los requisitos procesales del procedimiento de enmienda constitucional, pero por un órgano sin la competencia de introducir ese tipo de cambio. De esta forma, la Corte pudo evitar lo que a primera vista aparecía como un obstáculo insuperable a su poder de controlar el contenido de un proyecto de reforma. Sin embargo, había un obstáculo adicional: ¿está el poder de reforma constitucional, establecido por la Constitución de 1991, sujeto a límites de competencia? Es decir, ¿es dicho poder susceptible a ser ejercido *ultra vires,* en el sentido de proponer cambios constitucionales que están fuera del alcance de su ámbito de autoridad?

Este obstáculo no era insignificante, porque si el poder de reforma constitucional no estaba sujeto a límites de competencia, entonces el argumento anterior (aun si fuese aceptado como correcto), no tendría ninguna implicación en el contexto del orden constitucional colombiano. El hecho de que la

---

56 *Ibíd.*, párr. 23.

Constitución de 1991, a diferencia de muchas otras constituciones, no incluyese cláusulas pétreas o de intangibilidad, añadía una capa adicional de complejidad. La respuesta de la Corte a esos interrogantes fue la adopción de la doctrina de los límites implícitos a la reforma constitucional. La Corte comenzó por señalar que diversos académicos así como cortes alrededor del mundo han mostrado que cualquier constitución democrática (inclusive aquellas que carecen de cláusulas pétreas), impone ciertos límites sustantivos al poder de reforma constitucional[57]. Estos límites, continuó la Corte, surgen de la propia naturaleza del poder de reforma constitucional como un poder constituido[58]. Las autoridades citadas por la Corte para sostener esta proposición incluyeron la *Teoría de la Constitución* de SCHMITT, cuyas ideas quedaron claramente reflejadas en la discusión[59]. El próximo paso fue la elaboración de la distinción entre

---

57 Ver, por ejemplo, los casos indios (discutidos en el capítulo anterior) de *Kesavananda Bharti Sripadagalvaru v. State of Kerala,* 1973 (SUP) SCR 0001 SC y *Minerva Mills Ltd. v. Union of India,* AIR 1980 SC 1789.

58 Sentencia 551/03, párr. 28

59 La Corte también se refirió a los trabajos de PEDRO DE VEGA, también citado en la Fallo Núm. 17 de la Corte Suprema de Justicia de Venezuela, ALF ROSS y GERMÁN BIDART CAMPOS, DE VEGA, *La Reforma Constitucional;* ALF ROSS, "On Self-Reference and a Puzzle in Constitutional Law" 77 *Mind: A Quarterly Review of Psychology and Philosophy* 309 (1969); GERMÁN BIDART CAMPOS, *Historia e Ideología de la Constitución Argentina* (Buenos Aires: Ediar, 1969).

el poder constituido (poder al cual la Corte a veces se refiere como poder constituyente derivado) y el poder constituyente (o poder constituyente originario). La Corte definió al poder constituyente como uno "radicado en el pueblo, quien tiene y conserva la potestad de darse una Constitución"[60].

El poder constituyente, señaló la Corte, "no está entonces sujeto a límites jurídicos, y comporta, por encima de todo, un ejercicio pleno del poder político de los asociados"[61]. Más aún, y citando la Sentencia C-544 de 1992, la Corte caracterizó al poder constituyente como "un poder soberano, absoluto, ilimitado, permanente, sin límites ni control jurisdiccional, pues sus actos son político-fundacionales y no jurídicos, y cuya validez se deriva de la propia voluntad política de la sociedad".[62] A este acercamiento claramente schmitiano, la Corte añadió (mediante una referencia a la Sentencia C-544) que las comunidades políticas en los Estados contemporáneos siempre retienen la libertad de ejercer "sus potestades originarias para autoconformarse, o para revisar y modificar las *decisiones políticas fundamentales* y para darle a sus instituciones jurídicas, formas y contenidos con el fin de reordenar el marco de la regulación básica con una nueva orientación pluralista"[63]. La Corte pasó a explicar que el poder de reforma (como poder constituido),

60 Sentencia 551/03 párr. 29.

61 *Ibíd.*

62 *Ibíd.*, párr. 29.

63 *Ibíd.*, Énfasis suplido.

estaba sujeto a diversos tipos de límites y controles. El propio proceso de reforma constitucional, que incluye una serie de requisitos formales que deben satisfacerse si se quiere producir una enmienda válida, es un ejemplo de esos límites. Pero la pregunta no es si el poder de reforma está sujeto a límites jurídicos (pues claramente lo está), sino si también está sujeto a límites de competencia[64].

Es decir, si existen ciertos temas, ciertos contenidos que se encuentran fuera del alcance del poder de reforma. El hecho de que la Constitución de 1991 careciera de cláusulas pétreas podría sugerir que el poder de reforma no está sujeto a límites de competencia, pero según la Corte, esto era correcto solo parcialmente. Es decir, es cierto que cualquier disposición de la Constitución de 1991 puede ser reformada o modificada. Sin embargo, esto no quiere decir que el procedimiento de enmienda puede ser utilizado para, más allá de reformar la constitución, reemplazarla con una *nueva* y *totalmente diferente*[65]. Esta es la doctrina colombiana de la sustitución de la constitución[66]. La Corte entonces procedió a conectar dicha doctrina con el texto de

---

64 *Ibíd.*, párr. 31-32.

65 *Ibíd.*, párr. 33.

66 En su decisión respecto a la constitucionalidad del Tratado de Lisboa, la Corte Constitucional Federal de Alemania llegó a una conclusión similar (aunque, a diferencia de la constitución colombiana de 1991, la Ley Fundamental alemana contiene una cláusula de eternidad (artículo 79.3). El acercamiento de Alemania a los límites del poder de reforma constitucional fue discutido en el capítulo anterior.

la Constitución de 1991[67]. Al expresar en el artículo 374, "la Constitución podrá ser reformada...", el texto constitucional no hace referencia a cualquier constitución, sino que se refiere exclusivamente a la Constitución de 1991. Conforme a esa interpretación, el texto constitucional autoriza al poder reformador solamente a introducir cambios a la constitución existente, pero no a sustituirla por otra.

Esto quiere decir que la constitución debe "conservar su identidad en su conjunto", independientemente de las modificaciones que pueda sufrir a lo largo del tiempo: "Es decir, que el poder de reforma puede modificar cualquier disposición del texto vigente, pero sin que tales reformas supongan la supresión de la constitución vigente o su sustitución por una nueva constitución"[68]. En ninguna parte de la constitución, expresó la Corte, se autoriza su "eliminación o sustitución por otra constitución distinta, lo cual solo puede ser obra del constituyente originario"[69].

---

67 Este intento de sustentar la doctrina de sustitución constitucional en las palabras literales de la Constitución de 1991 (en vez de fundarla únicamente en la teoría del poder constituyente) ha sido criticado por algunos académicos. Ver, por ejemplo, GONZALO RAMÍREZ CLEVES, "Reformas a la Constitución de 1991 y su Control de Constitucionalidad: Entre Democracia y Demagogia", 21 *Revista Derecho del Estado* (2008), p. 169.

68 *Ibíd.*, párr. 34.

69 *Ibíd.*, Además, la Corte estableció que los redactores de la Constitución de 1991 tuvieron la opción de permitir la 'revisión total' de la misma, como las constituciones españolas o suizas. Esta referencia, sin embargo, se encuentra en tensión con la

La Corte se limitó a dar un ejemplo concreto de una reforma que resultaría en la sustitución: "Por ejemplo, no podría utilizarse el poder de reforma para sustituir el Estado social y democrático de derecho con forma republicana (CP artículo 1) por un Estado totalitario, por una dictadura o por una monarquía, pues ello implicaría que la Constitución de 1991 habría sido reemplazada por otra diferente, aunque formalmente se haya recurrido al poder de reforma"[70]. Una posible objeción a este argumento, anticipada por la Corte, es que la doctrina de la sustitución de la constitución podría resultar en la petrificación del orden constitucional, lo que llevaría a rupturas jurídicas, rompimientos en la continuidad legal, si en algún momento la sociedad colombiana determinara necesario crear una nueva constitución[71].

Esto llevó a la Corte a considerar, en *obiter,* la pregunta que la Corte Suprema de Justicia de Venezuela

---

teoría schmittiana, conforme a la cual hasta en los casos de constituciones que contemplan la 'revisión total', el poder de reforma constitucional es un poder constituido y, por ello, un poder limitado. Ver, Schmitt, *supra* nota 3, p. 122-123 (donde específicamente considera el caso de la Constitución de Suiza).

70 *Ibíd.*, párr. 39. No es necesario señalar que este ejemplo nos recuerda a Schmitt. En sentencias posteriores han surgido otros ejemplos de cambios constitucionales que equivaldrían a la sustitución de la constitución. Por ejemplo, la Sentencia 757 de 2008 sugiere que abandonar el bicameralismo y crear una legislatura unicameral, implicaría la sustitución de la constitución.

71 *Ibíd.*, párr. 40.

había confrontado en el 1999 y que ha perseguido a los teóricos constitucionales por décadas: ¿cuál es el rol 'del pueblo', como titular del poder constituyente, luego de que una constitución ha entrado en vigor? Al responder esa pregunta, la Corte reconoció (al igual que su homóloga venezolana), la existencia de una tensión entre el principio soberanía popular y el principio de la supremacía constitucional o, dicho de otra manera, entre el constitucionalismo y la democracia. Cuando una constitución es enmendada conforme al procedimiento establecido para la reforma constitucional, expresó la Corte (nuevamente de manera consistente con la teoría schmittiana), y aun si los cambios se llevan a cabo mediante un referendo, no ocurre un ejercicio del poder constituyente[72]. En esos casos, lo que tiene lugar es el ejercicio de un poder constituido, autorizado y limitado por el texto constitucional. Pero, ¿qué ocurre si una gran mayoría apoya la adopción de una nueva constitución?

Si la constitución no provee ningún mecanismo que pueda ser utilizado para el ejercicio del poder constituyente, nos enfrentamos al siguiente dilema: o el poder constituyente ha sido asfixiado por los límites (explícitos o implícitos) al poder de reforma constitucional, o se hace necesaria una ruptura constitucional para permitir el ejercicio del poder

---

72 Sobre este punto, ver, DE VEGA, *supra* nota 36, p. 302, así como la Sentencia C-141/10, en donde la Corte Constitucional colombiana mantuvo que un referendo no debe ser entendido como un ejercicio de poder constituyente originario.

constituyente (como ocurrió en Venezuela en 1998 y en Colombia en 1990)[73]. En opinión de la Corte, la Constitución de 1991 intentó superar ese dilema, al reducir la tensión entre la soberanía popular y la supremacía constitucional por medio de la institución de la Asamblea Constituyente convocada por la legislatura (artículo 376), la cual podría ser utilizada para el ejercicio del poder constituyente. Dicho mecanismo provee "una apertura al poder constituyente originario, [mediante] un procedimiento agravado de reforma que podría eventualmente permitir una sustitución jurídicamente válida de la Constitución vigente"[74]. Es cierto que cualquier intento de fijar "un cauce al poder constituyente originario" es siempre imperfecto, pues por su propia naturaleza, el poder constituyente "es *rebelde a una integración total en un sistema de normas y competencias*, y por ello no admite una constitucionalización total"[75].

No obstante, sugirió la Corte, al proveer la posibilidad de convocar a una Asamblea Constituyente, la Constitución de 1991 buscó facilitar, no impedir, el ejercicio del poder constituyente (sin ocasionar rupturas constitucionales innecesarias). Luego de establecer la doctrina de la sustitución de la constitución y afirmar su jurisdicción para examinar si el poder de reforma amenaza con ser ejercido *ultra vires*, la Corte

---

73 Sentencia 551/03, párr. 40.

74 *Ibíd.*, párr. 40.

75 *Ibíd.* La parte en itálicas corresponde a una cita a Georges Burdeau, *Traité de Science Politique* (Paris: LGDJ, 199), tomo IV, p. 181.

no encontró que las enmiendas propuestas sustituyeran a la Constitución de 1991. Aun cuando algunos aspectos del referendo fueron invalidados[76], la Corte

---

76 La Corte invalidó varios aspectos del referendo propuesto, por ejemplo, el requerimiento de contestar 'si' o 'no' a un conjunto de cuestiones dispares en una de las preguntas (en oposición a poder votar de manera separada cada asunto), sobre la base de que violentaba la "libertad del elector". Desde la decisión del 2003, la Corte ha tenido otras ocasiones para desarrollar la doctrina de la sustitución de la constitución. Estas decisiones incluyeron la Sentencia C-1040/05, Sentencia C-970/04, Sentencia C-971/04, Sentencia C-1200/03, Sentencia C-757/08, Sentencia C-588/09 y, más recientemente, la Sentencia C-141/10. Para una discusión más detallada de algunas de estas decisiones, ver, GONZALO A. RAMÍREZ CLEVES, "El Control Material de las Reformas Constitucionales Mediante Acto Legislativo a Partir de la Jurisprudencia Establecida en la Sentencia C-551 de 2003", 18 *Revista Derecho del Estado* (2006). Una de las más importantes de estas decisiones tuvo lugar en el 2005, en el caso que lidió con una reforma que buscaba permitir la re-elección presidencial. En ese caso, la Corte desarrolló una sofisticada metodología (cuyos detalles están fuera del alcance de este capítulo) para ser utilizados por el juez que ha sido llamado a determinar si una sustitución de la constitución ha tenido lugar. Ver, Sentencia 1040/05, párr. 7.10.3. Para un análisis crítico de esta metodología, ver, CARLOS BERNAL PULIDO, "Unconstitutional Constitutional Amendments in the Case Study of Colombia: An Analysis of the Justification and Meaning of the Constitutional Replacement Doctrine", 11(2) *International Journal of Constitutional Law* 339-357 (2013). Esta metodología fue originalmente establecida en la Sentencia C-970/04. Al aplicar la doctrina en el 2005 (C-1040/05), la Corte encontró que, contrario a lo argumentado por la parte demandante, el reformar la ley suprema a los efectos de permitir la reelección presidencial no implicaba sustituir la constitución por una opuesta o integralmente dife-

concluyó que los cambios en cuestión se encontraban dentro del alcance del poder de reforma, y eran por lo tanto constitucionales. No obstante, utilizó la teoría del poder constituyente para afirmar que gozaba de jurisdicción para *limitar* el poder político. Es decir, para anunciar su facultad y responsabilidad de prevenir intentos futuros de las instituciones ordinarias del Estado de realizar transformaciones profundas del orden constitucional.

---

rente. Sus elementos esenciales, que incluyen el Estado Social y Democrático de derecho fundado en la dignidad humana, no serían sustituidos, como tampoco la forma de gobierno republicana, unitaria, descentralizada, con autonomía de sus entidades territoriales, democrática, participativa y pluralista. Asimismo, según la Corte, permitir la re-elección presidencial no infringía el principio republicano de la alternancia en el poder. Sin embargo, una de las enmiendas le confería al Consejo de Estado una facultad legislativa temporera que no estaría sometida a control político alguno y que también carecería de un efectivo control de constitucionalidad. Para la Corte, esta enmienda introduciría un elemento extraño a la constitución, pues "la supremacía de la constitución, expresión máxima de la soberanía inalienable del pueblo, [sería] reemplazada por algo integralmente diferente, o sea, por la soberanía transitoria del legislador extraordinario sin origen, composición o funcionamiento democráticos". Sentencia C-1040/05, en la sección 7.10.4.3. El principio de supremacía constitucional, expresó la Corte, es uno de los elementos de identidad de la Constitución de 1991. Su supresión tiene el efecto de sustituir a la constitución vigente por otra distinta y, por lo tanto, constituye un acto que se encuentra fuera de la competencia del Congreso como titular del poder de reforma.

IV. La relevancia jurídica de la teoría del poder constituyente

La misma teoría que fue utilizada por la Corte Suprema de Justicia de Venezuela para permitir una desviación del texto constitucional y justificar el ejercicio de un poder político absoluto, fue utilizada por la Corte Constitucional de Colombia para restringir el poder público. ¿Debería el constitucionalismo contemporáneo tomar en serio una teoría que puede traer consecuencias tan diferentes? Hay una manera de hacer consistente estas dos aplicaciones de la teoría del poder constituyente. Si bien el concepto de poder constituyente jugó un papel distinto en cada una de estas decisiones, ambas cortes aceptaron la proposición (defendida por SIEYÈS y SCHMITT) de que el poder constituyente no puede ser limitado por ninguna forma de derecho positivo. El hecho de que en el caso colombiano la teoría del poder constituyente hubiese sido utilizada para establecer límites al poder político, mientras que en el caso venezolano fuese utilizada para justificar el ejercicio de un poder político ilimitado, no hace otra cosa que confirmarlo: en el caso colombiano la Corte encontró que los actos de las instituciones ordinarias no envolvían el ejercicio del poder constituyente (y por eso estaban sujetos a ciertos límites); en el caso venezolano la Corte concluyó que la activación de una Asamblea Constituyente mediante un referendo sí lo hacía.

La pregunta que me propongo examinar en la parte final de este capítulo es si la teoría del poder constituyente, tal y como fue entendida en esos casos, debe ocupar un lugar importante en la teoría y la práctica constitucional contemporánea, o si, por el contrario, lo que estas decisiones demuestran, es que la misma debe rechazarse, pues viene acompañada de una tensión proveniente de dos peligros principales: (i) La posibilidad de limitar el poder gubernamental hasta el punto de hacer el cambio constitucional imposible; y (ii) El mantener viva la posibilidad de llevar a cabo ejercicios arbitrarios del poder político (justificados bajo la retórica del 'poder constituyente del pueblo'), actos puramente políticos que escapan a toda forma de regulación legal. Mi respuesta breve a esa pregunta es 'sí'. Es decir, la teoría del poder constituyente debe ser tomada en serio por la teoría y la práctica constitucional contemporánea. El concepto de poder constituyente, a mi juicio, debe ser entendido como el 'eslabón perdido' en el debate anglo-americano en torno a la relación entre el constitucionalismo y la democracia[77].

---

77 La literatura sobre este debate (discutido en el capítulo 2) es extensa. Algunos ejemplos (incluyendo algunos discutidos en capítulos anteriores) son los siguientes: STEPHEN HOLMES, "Precommitment and the Paradox of Democracy," en *Constitutionalism and Democracy* (JON ELSTER y RUNE SLAGSTAD eds.) (Cambridge: Cambridge University Press, 1988); JÜRGEN HABERMAS, "Constitutional Democracy: A Paradoxical Union of Contradictory Principles?" 29(6) *Political Theory* 766 (2001); LAWRENCE G. SAGER, "The Incorrigible Constitution" 65(4) *NYU L. Rev.* 893(1990); FRANK MICHELMAN, *Brennan and Democracy* (Princeton, NJ: Princeton University Press, 1999); JEREMY WAL-

Este debate (el cual examina el aparente conflicto entre estos dos ideales), es en última instancia un debate acerca de cómo lidiar con el hecho de que el constitucionalismo parece negar un principio democrático básico: el poder del pueblo de crear y re-crear constituciones. Es cierto que el constitucionalismo es (o puede entenderse como) consistente con la idea de que la autoridad de una constitución se deriva de la soberanía del pueblo, y de ahí fácilmente puede llegarse a la conclusión de que la constitución es una ley fundamental que no puede ser válidamente contradicha por las leyes ordinarias[78]. El problema, sin embargo, es que una vez la constitución ha entrado en vigor, la función principal del constitucionalismo (limitar el poder político), opera en contra de la idea de crear oportunidades para que el 'soberano popular' pueda convertirse en protagonista de transformaciones constitucionales importantes. En otras palabras,

---

DRON, *Law and Disagreement* (Oxford: Clarendon Press, 1999); CASS SUNSTEIN, "Constitutions and Democracies: An Epilogue," en *Constitutionalism and Democracy, ibid.*; RONALD DWORKIN, *Freedom's Law: The Moral Reading of the American Constitution* (Cambridge, MA: Harvard, 1996); BRUCE ACKERMAN, "Higher Lawmaking" en *Responding to Imperfection*, nota 25; AKHIL REED AMAR, "The Consent of the Governed: Constitutional Amendment Outside Article V," 94(2) *Columbia L. Rev.* 457 (1994); SANFORD LEVINSON, *Our Undemocratic Constitution: Where the Constitution goes Wrong (And How the People Can Correct It)* (Oxford University Press, 2006).

78 Ver, por ejemplo, BRUCE ACKERMAN, *We the People: Foundations* (Massachusetts, Belknap Press of Harvard University Press, 1991).

a nivel de la práctica política real, el poder soberano del pueblo está también sujeto a los límites impuestos por el constitucionalismo[79]. Lo que hace la teoría del poder constituyente es apuntar hacia ciertos momentos en los cuales la democracia debe tener prioridad sobre el constitucionalismo, episodios en los que la ciudadanía ejerce su derecho democrático a re-crear las leyes fundamentales a las que está sujeta.

La perspectiva constitucionalista tradicional se encuentra reflejada en la mayoría de los procedimientos de enmienda de las constituciones modernas. Como hemos visto a lo largo del libro, estos procedimientos no solamente buscan hacer el cambio constitucional difícil e improbable, sino que rutinariamente colocan al poder de reforma exclusivamente en las manos del gobierno. La mayoría de los procedimientos de enmienda (incluso aquellos que requieren la celebración de un referendo antes de que una reforma constitucional entre en vigor), no proveen a los ciudadanos los medios para iniciar, deliberar, y decidir acerca de cambios constitucionales importantes. Dicho de otra manera, no proveen al pueblo una posibilidad real

---

79 Como ha afirmado SARTORI, el constitucionalismo requiere una constitución que no solo limite el poder de gobierno sino también la voluntad del pueblo. SARTORI, *supra* nota 1, p. 862. Limitar el poder político del pueblo es necesario, según SARTORI, "porque una constitución no puede limitar de manera efectiva la voluntad de aquellos que tienen el poder si estos pueden flanquear impedimentos constitucionales al hacer apelaciones directas a la voluntad del pueblo". *Ibíd.*, n. 33.

de ejercer el poder constituyente. Pero, ¿a qué nos referimos cuando hablamos de permitirle *al pueblo* ejercer su poder constituyente? La Corte Suprema de Justicia de Venezuela concluyó que adoptar una constitución mediante una Asamblea Constituyente no solamente envolvía el ejercicio del poder constituyente, sino que ese ejercicio sería llevado a cabo por su titular, el pueblo. De forma similar, la Corte Constitucional de Colombia expresó que el pueblo, como titular del poder constituyente, siempre retiene la facultad de reemplazar la constitución existente con una nueva, y que la Asamblea Constituyente podía utilizarse para ese propósito.

Podría preguntarse, ¿qué estaban pensando estos jueces? Al igual que una legislatura, una Asamblea Constituyente es un cuerpo representativo compuesto de delegados electos por el pueblo, pero no es *el pueblo*[80]. De hecho, la idea misma de que el pueblo

---

80 Una asamblea constituyente es 'representativa' en el sentido de que no se encuentra compuesta por todos los ciudadanos. No obstante, cuando aquellos que están sentados en una asamblea carecen del poder de tomar decisiones (en el sentido de que sus propuestas necesitan ser ratificadas directamente por el pueblo antes de adquirir validez legal) no son 'representantes' sino 'delegados'. Para una discusión de los conceptos representación y delegación en el contexto de la teoría de poder constituyente, ver, KALYVAS, *supra* nota 48, p. 155. Es importante señalar que a diferencia de los casos más recientes de Bolivia, Ecuador, y Venezuela, la Constitución de Colombia de 1991 fue adoptada por la Asamblea Constituyente sin necesidad de un referendo ratificatorio. Este modo de proceder es altamente consistente con el pensamiento de SIEYÈS, conforme al cual el poder cons-

'puede darse una constitución mediante el ejercicio del

---

tituyente puede ser *representado*. EMMANUEL JOSEPH SIEYÈS, *What is the Third Estate?* (New York: Praeger, 1963) p. 154-156. Es decir, una Asamblea Constituyente electa para adoptar una nueva constitución o para sustituir la constitución vigente, es equivalente al pueblo, y puede ejercer el poder constituyente *como si fuera* el pueblo. SCHMITT criticó abiertamente este aspecto de la teoría de SIEYÈS. Para SCHMITT, el poder constituyente nunca puede ser representado, solamente *delegado*. SCHMITT, *supra* nota 3, p. 92. Es decir, el pueblo *delega* en la Asamblea Constituyente el poder de *redactar y proponer* una constitución nueva (pues no le es posible al pueblo reunirse en asamblea) pero la asamblea nunca *ejerce* el poder constituyente, el cual solo puede ser ejercido por el pueblo quien, luego de ser presentado con un borrador de constitución, con una propuesta, entonces decide, mediante un acto político, adoptarla como suya (o rechazarla). En tiempos modernos, ese acto político se ha institucionalizado en la figura del referendo. Claro está, un referendo constitucional, por sí solo, es parte del proceso ordinario de reforma y no equivale a un ejercicio del poder constituyente (tal y como lo expresó con claridad la Corte Constitucional en la Sentencia C-141/10) y por eso es que la Corte Constitucional puede declarar inconstitucionales reformas que serían adoptadas mediante referendo. Sin embargo, en el contexto de un ejercicio genuino del poder constituyente, el referendo, al menos para SCHMITT, tiene un valor importante, pues es la manera en que el pueblo completa el ejercicio del poder constituyente, y decide rechazar o aceptar, mediante un acto político, la nueva constitución. En Colombia, a pesar de que la teoría de SCHMITT sobre los límites implícitos al poder de reforma ha sido muy influyente, se ha implícitamente adoptado la teoría de SIEYÈS del poder constituyente como susceptible a ser representado. Por eso, cuando se adoptó la Constitución de 1991 no hubo necesidad de someterla a referendo: se entendió que la Asamblea Constituyente en aquel momento ejerció el poder constituyente a nombre, en representación, del pueblo.

poder constituyente' ha sido cuestionada por diversos teóricos políticos y constitucionales. Por ejemplo, algunos argumentan que esa idea está basada en "una mitología política inaceptable", y que cualquier acto 'del pueblo' (un pueblo que solamente es capaz de actuar por medio de representantes o delegados), es necesariamente regulado por reglas electorales y procesales que deben que ser impuestas sobre el pueblo por alguna otra persona o institución[81]. En mi opinión, los jueces venezolanos y colombianos, al emitir los fallos anteriormente discutidos, asumieron que la adopción de una constitución mediante una Asamblea Constituyente equivalía a un ejercicio del poder constituyente *del pueblo*, y tenían en mente algo como lo siguiente: es cierto que en las sociedades contemporáneas no puede ocurrir una reunión en la cual toda la ciudadanía delibere acerca de la creación de una nueva constitución. No solamente alguna forma de representación es necesaria, sino que las normas y procedimientos que hacen posible un acto de creación constitucional serán inicialmente adoptadas por alguna élite política.

En ese sentido, no existe tal cosa como 'un pueblo literalmente ejerciendo su poder constituyente', al

---

81 Ver, ANDREW ARATO, "Redeeming the Still Redeemable: Post Sovereign Constitution Making" 22(4) *International Journal of Politics, Culture, and Society* 427 (2009), p. 437-438 y HANS LINDAHL, "Sovereignty and Representation in the European Union" en *Sovereignty in Transition* (NEIL WALKER ed.) (Oxford: Hart Publishing, 2003).

menos no en el mundo moderno. No obstante, existen algunas normas y procedimientos que se acercan, moderadamente, a la idea de un pueblo dándose a sí mismo una constitución. Y, por eso, esas normas y procedimientos gozarán de una legitimidad democrática mayor que otros tipos de reglas y mecanismos de cambio constitucional. Por ejemplo, una Asamblea Constituyente activada mediante un referendo con el propósito específico de deliberar acerca de la creación de una nueva constitución, se acercaría más a un ejercicio del poder constituyente del pueblo que una legislatura ordinaria que asume la facultad de dar vida a transformaciones constitucionales fundamentales[82]. Después de todo, los legisladores son electos con el propósito de adoptar leyes ordinarias, de buscar soluciones jurídicas a los problemas del día a día, y no para sustituir el orden constitucional bajo el cual fueron electos. Cuando una Asamblea Constituyente es convenida en momentos en los cuales las grandes mayorías populares parecen favorecer

---

82 Si el proceso para convocar Asamblea Constituyente, en vez de ser iniciado por la legislatura es iniciado desde abajo, con la recolección de firmas (como lo permiten las constituciones de Venezuela, Bolivia y Ecuador), podría decirse que el acto de elaboración de una constitución se acercaría aún más a un acto 'del pueblo'. Además, si la Asamblea está compuesta por delegados electos que no provienen de partidos políticos tradicionales y representan diferentes movimientos sociales y sectores de la población, podría acercarse más todavía. Para un examen de la Asamblea Constituyente convocada 'desde abajo', ver: capítulo 4.

cambios constitucionales importantes, sucede algo distinto a lo que ocurre durante el ejercicio de los poderes políticos ordinarios.

Eso es lo que permite describir ese tipo de proceso como constituyente, y el hecho de que los ciudadanos tengan la oportunidad de participar directamente (por ejemplo, mediante el referendo inicial para la convocatoria de la asamblea, la elección de los delegados llamados a deliberar sobre el futuro del orden constitucional, y el referendo de aprobación de la constitución), lo acerca al ejercicio del poder constituyente *del pueblo*. Las decisiones discutidas anteriormente muestran que la teoría del poder constituyente nos permite pensar sobre ciertos episodios de apoyo popular masivo a favor del cambio constitucional que requieren la utilización de mecanismos extraordinarios conducentes a altos grados de participación política. En otras palabras, hay algunos momentos excepcionales en la vida de un orden constitucional en los que el principio de supremacía constitucional debe ceder ante el principio de soberanía popular, y el constitucionalismo debe ceder ante la democracia. Episodios en los cuales la ciudadanía actúa fuera de las instituciones ordinarias del Estado, pone en duda los principios fundamentales de la constitución vigente y, de ser necesario, participa en la creación de un orden jurídico nuevo.

Ahora bien, según la Corte Constitucional de Colombia, un corolario de esta idea es que las instituciones políticas ordinarias no pueden modificar las decisiones políticas fundamentales[83] en las que descansa el orden

---

83 Como se sostuvo en el capítulo 4, el contenido específico del tipo de decisiones que deben ser tomadas mediante el ejercicio de poder constituyente variará de país en país, aunque usualmente estará conectado a la estructura de gobierno y al respeto de los derechos humanos fundamentales. De hecho, recientemente, las Cortes venezolanas y colombianas han llegado a decisiones distintas en torno a los tipos de cambios privativos del titular del poder constituyente. En el 2009 la Corte más alta de Venezuela consideró la validez de una propuesta de reforma constitucional que tendría el efecto de permitirle al Presidente (así como al resto de los oficiales electos) postularse para la reelección; Tribunal Supremo de Justicia (Sala Constitucional), Sentencia Núm. 53, 3 de febrero de 2009. Sin embargo, a diferencia de Colombia en el 2005 (Sentencia 1040/05), esta enmienda buscó remover todas las barreras para la reelección; no solo buscaba permitir que oficiales electos se postularan por segunda vez (algo que la constitución venezolana de 1999 ya permitía), sino que se postularan para la re-elección de forma indefinida. Como en Colombia, aquellos que se opusieron a la enmienda argumentaron que el proceso ordinario de enmienda constitucional no podía ser usado para alterar principios fundamentales arraigados en el texto constitucional. La Corte venezolana (afirmando su jurisdicción para 'declarar inconstitucional' una enmienda constitucional) mantuvo que la enmienda no alteraría de ninguna manera la estructura fundamental de la constitución y que, de hecho, un referendo que preguntara al pueblo si deseaba enmendar el texto constitucional a fin de abolir los límites sobre la re-elección era un ejemplo de democracia participativa en acción (uno de los principios fundamentales sobre los que descansaba la constitución). Fallo 53, *ibíd.*, Sección V, n.os 2-3. En la Sentencia C-141 de 2010, la Corte Constitucional colombiana no estuvo de acuerdo: declaró inconstitucional una enmienda que buscaba permitir al Presidente postularse por un tercer periodo consecutivo. Luego de apuntar hacia una serie de irregularidades procesales, la Corte expresó que el cambio

constitucional. De acuerdo a ese razonamiento, la teoría del poder constituyente establece límites a los tipos de cambios constitucionales susceptibles a ser adoptados mediante el proceso ordinario de reforma[84]. Esto nos confronta directamente con el primero de los peligros identificados al inicio de esta sección: si la teoría del poder constituyente es utilizada para limitar el alcance del poder de reforma, la misma podría resultar en la petrificación de la constitución vigente. Esta preocupación no puede ser ignorada pues las constituciones a veces deben ser alteradas de manera fundamental y esto hace necesario que se trace una ruta para esos fines. Pero esta preocupación solamente aplica a situaciones en las cuales ciertos tipos de cambios son colocados fuera del alcance del poder de reforma y (como en los casos de Alemania e India, discutidos en el capítulo 5), *a la misma vez*, el orden constitucional no provee ninguna apertura para el ejercicio del poder constituyente del pueblo. Ya que la mayoría de los órdenes constitucionales exhiben el segundo problema, el peligro es real y merece atención. La Constitución de los Estados Unidos

---

propuesto implicaba la sustitución de la Constitución de 1991, por cuanto estaba en conflicto con su estructura fundamental, la cual incluye la separación de poderes, el sistema de pesos y contrapesos, la regla sobre la alternación en el poder, el derecho a la igualdad, y el carácter general y abstracto de las leyes.

84 La pregunta acerca de si deberían ser los jueces los llamados a hacer cumplir este límite a la reforma constitucional es una pregunta distinta, por lo tanto está fuera del alcance de este capítulo.

provee probablemente el mejor ejemplo.[85] El discurso constitucional estadounidense mantiene de forma casi unánime que la legitimidad de la constitución descansa en que dicho documento fue adoptado por 'el pueblo', y que, en el ejercicio de su soberanía, el pueblo puede alterarla o reemplazarla con otra nueva.

En realidad, sería difícil encontrar a un constitucionalista en Estados Unidos que no esté de acuerdo con la idea de que el pueblo puede adoptar cualquier constitución que le parezca adecuada. Después de todo, "Nosotros, el pueblo", el pueblo soberano, es la "única fuente legítima del poder"[86], como escribiera JAMES MADISON. No obstante, a la misma vez, es casi universalmente aceptado que la Constitución de los Estados Unidos es extremadamente difícil de enmendar. Más aún, la regla de enmienda de dicha constitución (artículo V)[87] coloca el poder de reforma en las manos

---

85 Sobre este punto, ver, AMAR, *supra* nota 34, y LEVINSON, *supra* nota 77.

86 *The Federalist*, n.º 49.

87 El artículo V de la Constitución de Estados Unidos dispone: "El Congreso propondrá enmiendas a esta Constitución, siempre que dos terceras partes de ambas Cámaras lo estimen necesario; o, a petición de las Asambleas Legislativas de dos terceras partes de los estados, convocará una convención para proponer enmiendas, las cuales, en uno u otro caso, serán válidas para todos los fines y propósitos, como parte de esta Constitución, cuando las ratifiquen las Asambleas Legislativas de las tres cuartas partes de los estados, o las convenciones celebradas en las tres cuartas partes de los mismos, de acuerdo con el modo de ratificación propuesto por el Congreso; Disponiéndose, que ninguna enmienda hecha antes del año mil ochocientos ocho

de las instituciones ordinarias del gobierno (federal y estatal) y no está del todo claro si una Convención Constitucional convocada conforme al artículo V –la cual es altamente difícil de convocar–[88] estaría (o podría estar) compuesta por los mismos legisladores ordinarios autorizados a convocarla (es decir, si se trataría de un Congreso que asume funciones constituyentes), si el proceso incluiría alguna forma de participación popular directa, si el poder de reforma de la propia convención estaría sujeto a ciertos límites, o si el Congreso estaría obligado a convocar a una Convención Constitucional una vez reciba la correspondiente petición de dos terceras partes de cada una de las Asambleas Legislativas de los Estados.

En un orden constitucional como ese, en el cual el cambio constitucional no es solo difícil sino altamente improbable, no es sorprendente que ocurra una petrificación del orden constitucional[89]. Por eso, adoptar

---

afectará en modo alguno los incisos primero y cuarto de la novena sección del primer artículo; y que no se privará a ningún Estado, sin su consentimiento, de la igualdad de sufragio en el Senado".

88 Ver, MICHAEL STOKES PAULSEN, "How to Count to Thirty-Four: The Constitutional Case for a Constitutional Convention" 34 *Harvard Journal of Law and Public Policy* 837 (2011), p. 856. Ver, además, CHARLES L. BLACK, JR., "Amending the Constitution: A Letter to a Congressman, 82 *Yale L.J.* 189 (1972); WALTER E. DELLINGER, "The Recurring question of the "Limited" Constitutional Convention, 88 *Yale L.J.* 1623 (1979).

89 Esto explica, al menos en parte, el énfasis en la interpretación constitucional que en la actualidad parece caracterizar a la teoría constitucional (progresista) estadounidense. En particular, ver

la doctrina de la sustitución de la constitución en ese país, como han sugerido algunos teóricos constitucionales estadounidenses, no es una alternativa particularmente atractiva, al menos no desde una perspectiva democrática (asumiendo que la adopción de la doctrina no vendría acompañada de la democratización del orden constitucional)[90]. Pero la teoría del poder constituyente, según esbozada en los dos casos aquí discutidos, está precisamente dirigida a evitar situaciones como esa. Es una teoría que no solamente establece que en una democracia el titular del poder constituyente es el pueblo y no aquellas instituciones llamadas a ejercer el poder de reforma, sino que asume que el poder constituyente puede ser ejercido en cualquier momento. Ya que la razón para el establecimiento de límites al poder de reforma es que, en el contexto de transformaciones constitucionales importantes, las instituciones ordinarias del gobierno no pueden legítimamente reclamar que actúan a nombre de un pueblo que ha

---

los ensayos en *The Constitution in 2020*, (Jack M. Balkin y Reva B. Siegel eds.) (New York, Oxford University Press, 2009).

90 Algunos ejemplos de autores americanos que han favorecido la adopción de la doctrina de las enmiendas constitucionales inconstitucionales incluyen: Walter Murphy, *Constitutional Democracy: Creating and Maintaining a Just Political Order* (Baltimore: The Johns Hopkins University Press, 2007); John Rawls, *Political Liberalism* (New York: Columbia University Press, 2005); William L. Marbury, "The Limitations upon the Amending Power, 33 *Harvard L. Rev.* 223 (1920). Para una discusión, ver el capítulo 5 de este libro.

decidido ejercer su poder constituyente, la doctrina de los límites implícitos indirectamente requiere que los cambios constitucionales importantes ocurran mediante de procedimientos altamente participativos.

En ese sentido, y esto nos lleva al segundo de los peligros identificados anteriormente (la posibilidad de que ejercicios arbitrarios de poder político se oculten bajo la retórica del poder constituyente del pueblo), las conexiones entre el poder constituyente y la democracia no deben ser subestimadas. Por eso, como vimos en capítulos anteriores, las concepciones contemporáneas del poder constituyente, además de atribuirle a su titular una facultad ilimitada de crear y re-crear constituciones, hacen bien en destacar su carácter fundamentalmente colectivo[91]. Así, el poder constituyente es visto como el poder de crear constituciones *junto a los demás*, un poder de creación constitucional que solamente puede ser ejercido a través de aquellos que estarán sujetos a la nueva constitución[92].

---

91 Hay algunos autores, sin embargo, que consideran al poder constituyente casi únicamente en el contexto de la teoría del estado de emergencia de SCHMITT, o que lo identifican con el poder que los individuos en el estado de naturaleza ejercen cuando deciden ingresar la sociedad civil. Ver por ejemplo, DAVID DYZENHAUS, "The Politics of the Question of Constituent Power" en *The Paradox of Constitutionalism, supra* nota 10 y MURRAY FORSYTH, "Thomas Hobbes and the Constituent Power of the People", 29(4) *Political Studies* 191(1981). Estos enfoques, a mi modo de ver, tienden a desatender el potencial democrático de la teoría del poder constituyente.

92 Este punto ya fue discutido en el capítulo 3.

Para que un acto de creación constitucional pueda ser considerado un acto del poder constituyente, tiene que ocurrir por un ejercicio político altamente democrático, un ejercicio político llevado a cabo por medio de los procesos más inclusivos y participativos posibles. Por ejemplo, en el caso venezolano (así como en Colombia en 1990), la determinación judicial de que el procedimiento de enmienda contenido en la constitución, entonces vigente, podía ser 'ignorado', está directamente conectada al hecho de que dicho procedimiento iba a ser sustituido por un proceso más democrático y participativo. En este sentido, es importante recordar que, tanto en Colombia como en Venezuela, uno de los mandatos principales de las asambleas constituyentes fue la creación de una constitución que estableciera una democracia participativa[93].

Entender el poder constituyente como el poder de crear una constitución junto a aquellos que estarán sujetos a ella, y defender la idea de que un orden constitucional debe permitir el ejercicio del poder constituyente en casos en que sea necesario llevar a cabo transformaciones constitucionales fundamenta-

---

93 En Colombia, un lenguaje similar fue utilizado en la pregunta presentada a los ciudadanos antes de que la Asamblea Constituyente fuese convocada (ver la nota al calce 42 de este capítulo). En Venezuela, este lenguaje fue utilizado en un decreto presidencial que llamó al referendo que preguntó a los ciudadanos si deseaban convocar una Asamblea Constituyente (ver el Decreto 3 del 2 de febrero de 1999).

les, tiene importantes implicaciones democráticas. Es decir, dicha noción requiere que ese tipo de cambios constitucionales ocurra mediante procedimientos altamente participativos, y presiona a los gobiernos para que provean a los ciudadanos ordinarios los medios para activar dichos procedimientos. Aun si esta noción no logra explotar la totalidad del potencial democrático de la teoría del poder constituyente, representa un avance significativo sobre los procesos de reforma constitucional que caracterizan a la mayoría de los estados modernos. En ese sentido, una teoría constitucional democrática, en la cual los ciudadanos son vistos como los autores potenciales de un orden constitucional nuevo o de una constitución radicalmente transformada, defendería la idea de que las constituciones deben proveer una apertura para que el poder constituyente se manifieste de tiempo en tiempo. Pero no se detendría ahí. Por el contrario, parte de sus energías estarían dedicadas a desarrollar mecanismos que hagan posible episodios de cambio constitucional participativo, así como argumentos a favor de la adopción de esos mecanismos. Una teoría como esa requeriría una transformación importante de la visión tradicional del constitucionalismo, y un re-examen del actual 'balance' entre el constitucionalismo y la democracia. En los capítulos anteriores intenté dar unos primeros pasos en esa dirección.

CAPÍTULO 7

LA DIFICULTAD CONTRA-MAYORITARIA Y EL CAMINO NO RECORRIDO: DEMOCRATIZAR LAS NORMAS DE CAMBIO CONSTITUCIONAL

La legitimad democrática de la revisión judicial ha sido durante mucho tiempo uno de los problemas principales que ha enfrentado la teoría constitucional anglo-americana. Los capítulos anteriores intentaron trasladar el debate en torno a la relación entre el constitucionalismo y la democracia hacia el terreno de la reforma constitucional, tomando distancia momentáneamente de la preocupación con la legitimidad de la revisión judicial. No obstante, la teoría constitucional democrática que surge de esos capítulos (así como los principios de la apertura democrática y la participación popular) tiene implicaciones en torno a la pregunta de si es deseable otorgar a los

* Originalmente titulado "The Counter-Majoritarian Difficulty and the Road not Taken: Democratizing Amendment Rules" fue publicado en el 2012 por el *Canadian Journal of Law and Jurisprudence*.

jueces la facultad de invalidar leyes ordinarias. Las discusiones sobre la legitimidad democrática de la revisión judicial se suelen enmarcar en términos de la llamada dificultad "contra-mayoritaria", es decir, la idea de que el control judicial es una "institución desviada" en el contexto de una democracia[1]. ¿Cómo puede un país ser considerado democrático, si un grupo no electo de jueces tiene la facultad de derogar las leyes que han sido aprobadas por una mayoría de los representantes electos por el pueblo? Esta es la pregunta que han tratado de responder los teóricos interesados en el debate acerca de la legitimidad de la revisión judicial, desde ALEXANDER BICKEL a JOHN HART ELY, desde RONALD DWORKIN a JEREMY WALDRON y BRUCE ACKERMAN[2]. Hay mucho que decir a favor y en contra de las respuestas de ellos y otros a esta pregunta.

---

1 ALEXANDER M. BICKEL, *The Least Dangerous Branch: The Supreme Court at the Bar of Politics* (New Haven, CT; Yale University Press, 1986), p. 18. La idea de la dificultad contra-mayoritaria puede ser extendida a cualquier institución que de alguna manera constriñe las decisiones de la mayoría legislativa (por ejemplo, otorgar al poder ejecutivo la facultad de vetar los proyectos de ley aprobados por la legislatura). Sin embargo, voy a usar la frase para referirme exclusivamente a la institución de la revisión judicial y su difícil relación con la democracia.

2 Ver, *ibíd.*; JOHN HART ELY, *Democracy and Distrust: A Theory of Judicial Review* (Cambridge, MA: Harvard University Press, 1980); RONALD DWORKIN, *Freedom's Law: The Moral Reading of the American Constitution* (Cambridge, MA: Harvard University Press, 1996); JEREMY WALDRON, *Law and Disagreement* (Oxford: Clarendon Press, 1999).

Sin embargo, este capítulo sostiene que, si formulamos la pregunta en esos términos, tendemos a olvidar que no hay nada en la dificultad contra-mayoritaria que sugiera que la revisión judicial de la legislación por parte de jueces no electos es *necesariamente* problemática desde el punto de vista democrático (incluso desde una perspectiva que equipare la democracia con la 'voluntad de la mayoría' según expresada por una asamblea legislativa). Un arreglo institucional que otorga a los jueces la facultad de invalidar leyes que consideran incompatibles con la constitución resulta en una dificultad contra-mayoritaria, *solo si* la constitución no puede ser enmendada por mayoría simple[3].

El no prestar la debida atención al papel desempeñado por un proceso de enmienda rígido en la existencia de la dificultad contra-mayoritaria, se argumentará en este capítulo, tiene como consecuencia indirecta la ausencia de propuestas dirigidas a la democratización de los procesos de reforma constitucional (los cuales podrían potencialmente disolver la dificultad contra-mayoritaria, incluso en el contexto de un sistema de revisión judicial fuerte). La idea no es que facilitar el proceso de enmienda haga que el carácter contra-mayoritario de la revisión judicial desaparezca: un cuerpo de jueces no electos facultado para anular leyes aprobadas por una legislatura electa por la ma-

3 Debido a que los Estados Unidos tiene una constitución que resulta extremadamente difícil de enmendar, no es sorprendente que haya sido allí en donde el debate en torno a la dificultad contra-mayoritaria se haya desarrollado con más fuerza.

yoría de los ciudadanos es claramente una institución contra-mayoritaria[4]

Sin embargo, en la medida en que las mayorías legislativas tengan la facultad de hacer inefectiva una decisión judicial que haya invalidado una ley ordinaria, el carácter contra-mayoritario de la revisión judicial no permanece ya como una *dificultad,* por lo menos no desde un punto de vista democrático. Por ejemplo, supongamos que una legislatura decide limitar la capacidad de las personas jurídicas de contribuir económicamente a las campañas políticas, y un grupo de jueces no electos deja sin efecto la ley en cuestión, por entender que dicha medida es inconsistente con el derecho a la libertad de expresión. La objeción democrática al ejercicio de la revisión judicial en ese ejemplo perdería fuerza si una simple mayoría legislativa pudiera responder, ya sea alterando la constitución con el fin de atribuirse la competencia para adoptar

4 BARRY FRIEDMAN ha intentado mostrar que la Corte Suprema de los Estados Unidos, en realidad, responde a las perspectivas de la mayoría del pueblo y que, por lo tanto, no es verdaderamente una institución contra-mayoritaria. Ver, BARRY FRIEDMAN, *The Will of the People: How Public Opinion Has Influenced the Supreme Court and Shaped the Meaning of the Constitution* (New York: Farrar, Straus and Giroux, 2009). Un acercamiento democrático a la dificultad contra-mayoritaria (como el presentado aquí) no está principalmente interesado en si las decisiones judiciales son consistentes o no con las opiniones de las mayorías populares (después de todo, un dictador también puede ser muy responsivo a las opiniones populares), sino en el hecho de que la institución de la revisión judicial autoriza a oficiales no electos a invalidar las decisiones de una asamblea legislativa electa por el pueblo.

la ley en cuestión, o 'clarificando' que el derecho a la libertad de expresión no incluye el derecho de hacer contribuciones ilimitadas a las campañas políticas. La idea de otorgar a una mayoría legislativa la posibilidad de tener la última palabra sobre el significado y alcance de los derechos no es, por supuesto, una idea nueva. De hecho, es la característica básica del modelo de revisión judicial 'débil', actualmente presente en varios países de tradición británica[5].

Este modelo se manifiesta en sistemas en los que las cortes tienen el poder de invalidar leyes (como en Canadá)[6] o de únicamente declarar su incompatibilidad

---

5 El modelo de revisión judicial débil no es ajeno a la historia constitucional de América Latina. Por ejemplo, en su artículo 160(4), la Constitución de Ecuador de 1945 le atribuía al Tribunal de Garantías Constitucionales el poder de "Suspender la vigencia de una ley o precepto legal considerados inconstitucionales, hasta que el Congreso dictamine acerca de ellos". En su artículo 165, la constitución disponía que: "Solo al Congreso corresponde declarar si una ley, decreto, reglamento, acuerdo, orden, disposición, pacto o tratado público es o no constitucional, e interpretar la Constitución y las leyes de modo generalmente obligatorio; sin perjuicio de la atribución que corresponde a la Corte Suprema, en cuanto a la unificación de la jurisprudencia obligatoria, conforme a la ley". Ver, Agustín Grijalva Jiménez, *Constitucionalismo en Ecuador* (Quito: Corte Constitucional, 2012), p. 183-185.

6 La Sección 33(1) de la Carta de Derechos y Libertades canadiense establece: "El Parlamento o la legislatura de una provincia puede promulgar una ley donde se declare expresamente que esta o una de sus disposiciones es aplicable independientemente de alguna disposición comprendida en el artículo 2 o en los artículos 7 a 15 de la presente Carta". Tal declaración, bajo la

con los derechos (por lo general derechos reconocidos en una ley ordinaria, como en Nueva Zelanda o el Reino Unido) sin tener la facultad de invalidarlas[7]. Lo que hace 'débiles' a estos sistemas de revisión judicial es que una simple mayoría legislativa tiene siempre la palabra final sobre la validez de todas las leyes (y en Nueva Zelanda y el Reino Unido, sobre el contenido mismo de la carta de derechos)[8]. Es decir, si la legislatura no está de acuerdo con la interpretación de la Corte o si, aun estando de acuerdo, determina que la ley en cuestión es necesaria a pesar de ser inconsistente con algún derecho, tiene el poder de ignorar la decisión judicial y mantener la validez de la ley en controversia. No es de extrañar, entonces, que STEPHEN GARDBAUM haya argumentado que este modelo "disuelve directa y radicalmente la dificultad contra-mayoritaria"[9]. En otras palabras, en ausencia de

---

Sección 33, cesa de tener algún efecto cinco años después de que entra en vigencia, pero puede ser puesta en vigor nuevamente.

7 En Nueva Zelanda, ver, *Moonen v. Board of Film and Literature* [2000] 2 NZLR9 (CA) para un reconocimiento judicial del poder judicial de declarar la incompatibilidad de la ley con el *Bill of Rights Act, 1990* (más no la facultad para invalidar la ley). En el Reino Unido, ver la Sección 4 del *Human Rights Act, 1998*.

8 No obstante la Sección 33, Canadá es considerada por algunos autores como ejemplo de un modelo de revisión judicial fuerte pues la Sección 33 es rara vez invocada.

9 STEPHEN GARDBAUM, "Reassessing the New Commonwealth Model of Constitutionalism", 8 *International Journal of Constitutional Law* 167 (2010). No todo el mundo coincide en que la revisión judicial débil disuelve la dificultad contra-mayoritaria. Por ejemplo, MARK TUSHNET ha argumentado que los sistemas

una constitución rígida (o cuando existe un mecanismo que permita a simples mayorías legislativas anular las decisiones judiciales en materia de derechos), la revisión judicial puede coexistir pacíficamente con las formas más fuertes de mayoritarismo.

Esta es, de hecho, la forma en que BICKEL y ELY siempre entendieron la dificultad contra-mayoritaria. Para BICKEL, el hecho de que los representantes electos por el pueblo tengan el poder de enmendar la constitución no puede ser utilizado para defender la revisión judicial de la objeción democrática, ya que "la cláusula de enmienda incorpora un veto minoritario

---

de revisión judicial débiles no sobreviven con el tiempo, pues aunque las legislaturas retienen el poder formal para responder a las interpretaciones judiciales, estas interpretaciones generalmente son respetadas. Ver, MARK TUSHNET, *Weak Courts, Strong Rights: Judicial Review and Social Welfare Rights in Comparative Constitutional Law* (Princeton, NJ: Princeton University Press, 2009), p. 47, 51. Ver, también, JANET L HIELBERT, "Parliamentary Bills of Rights: An Alternative Model?", 69 *Modern Law Review* 7 (2006). Mientras estos enfoques muestran de manera convincente que en modelos de revisión judicial débiles, como cuestión práctica, los jueces tienen la última palabra respecto al significado de disposiciones constitucionales, esto parece ser el resultado de las formas en que los legisladores perciben las consecuencias políticas de revertir o ignorar una decisión judicial. Es decir, como una consecuencia de una cultura política que por alguna razón favorece las interpretaciones judiciales de derechos por sobre las interpretaciones legislativas, y no necesariamente el resultado de un defecto institucional de la revisión judicial débil que desplace el balance de poder a favor de los jueces.

extremo".[10] Y de acuerdo con ELY, el problema con la idea de defender la naturaleza 'democrática' de la revisión judicial alegando que –al dejar sin efecto una ley– las cortes simplemente dan prioridad a una ley superior creada por el pueblo mismo, es que debido a "lo difícil que es enmendar la constitución", la ley fundamental en todo caso solamente representa "la voz de personas que han estado muertas por uno o dos siglos"[11]. Pero BICKEL y ELY abandonaron la discusión de la relación entre la reforma constitucional y la revisión judicial temprano en sus famosos libros, y se ocuparon en desarrollar argumentos destinados a defender un modelo de revisión judicial 'fuerte' (o una versión modificada de dicho modelo) dejando a un lado el proceso de enmienda. Y eligieron ese camino por buenas razones.

Una característica definitoria del constitucionalismo moderno es que una constitución escrita es una ley superior adoptada por el pueblo: un proceso de enmienda que coloca el texto constitucional fuera del alcance de las mayorías legislativas ordinarias, así como la propia institución de la revisión judicial, son reflejos de ese 'hecho'. Dicho de otra manera, ya que la constitución fue adoptada por el pueblo, esta debe protegerse de las mayorías legislativas[12]. Otorgar a la

---

10 BICKEL, *supra* nota 1, p. 21.

11 ELY, *supra* nota 2, p. 8-9.

12 La distinción entre 'pueblo' y 'legislatura', en tanto se relaciona con la justificación de la revisión judicial –aunque ha sido oscurecida en la teoría constitucional moderna– ya se encontraba

legislatura el poder de modificar la constitución con facilidad o la facultad de anular decisiones judiciales, disolvería (o al menos debilitaría) la dificultad contra-mayoritaria, pero frustraría el propósito de un sistema que busca proteger una constitución 'adoptada por el pueblo' de las decisiones de las instituciones ordinarias del Estado. Sin embargo, al parecer BICKEL y ELY no pensaron que existen formas de hacer la constitución más flexible, de hacer el cambio constitucional más mayoritario, sin aumentar el poder de la legislatura para reformar la constitución. Es decir, ellos no tomaron en cuenta que existen maneras de incrementar el poder de reforma del 'pueblo' (o sea, de los ciudadanos actuando por medio de instituciones extraordinarias, similares a aquellas mediante las cuales se crean las constituciones).

Si por el contrario, hubiesen decidido examinar la dificultad contra-mayoritaria desde la perspectiva de la reforma constitucional, podrían haber contribuido al debate de cómo hacer el desarrollo del derecho constitucional más participativo. La necesidad de ir más allá de la dicotomía legislaturas/cortes, muestra porqué el modelo revisión judicial 'débil' es insatisfactorio: dicho modelo disuelve la dificultad contra-mayoritaria alterando el equilibrio de poder entre

---

presente en BICKEL y ELY (de hecho ha estado presente en los Estados Unidos desde *Marbury v Madison*, aunque fue por el trabajo de ACKERMAN que se trasladó al centro del debate). BRUCE ACKERMAN, *We the People: Foundations* (Cambridge, MA: Harvard University Press, 1991).

las cortes y las legislaturas a favor de estas últimas. A pesar de que GARDBAUM tiene razón en decir que el modelo de revisión judicial débil disuelve la dificultad contra-mayoritaria, se trata de un modelo que por no ir más allá de las cortes y las legislaturas, está abierto a los mismos tipos de críticas formuladas por los defensores de la revisión judicial fuerte contra los sistemas de supremacía legislativa. Por esta misma razón, la 'teoría del diálogo', que ha sido tan influyente entre algunos constitucionalistas canadienses, tampoco puede salvar a la revisión judicial de la objeción democrática. Es decir, el hecho de que bajo el sistema constitucional canadiense una "decisión judicial esté abierta a la revocación, modificación o invalidación legislativa"[13], solo significa que la legislatura será capaz de salirse con la suya de vez en cuando.

El diálogo entre las cortes y las legislaturas que podría resultar de ese tipo de sistema, aunque expande de manera importante el terreno de la interpretación constitucional, no brinda al pueblo la facultad de participar en la determinación de los límites al poder legislativo[14]. Bajo la teoría del diálogo constitucional,

---

13 PETER W HOGG & ALLISON A BUSHELL, "The *Charter* Dialogue Between Courts and Legislatures (Or Perhaps the *Charter of Rights* Isn't Such a Bad Thing After All)", 35 *Osgoode Hall Law Journal* 75 (1997), p. 79.

14 ANDREW PETTER lleva este punto más lejos al sostener que tanto las cortes como las legislaturas sufren de importantes déficits de legitimidad democrática (esto es, las cortes no son electas y las legislaturas no son verdaderamente representativas). Ver, ANDREW PETTER, *The Politics of the Charter: The Illusive Promise of*

"los ciudadanos debaten las decisiones judiciales controversiales"[15], pero le corresponde al gobierno (es decir, a la legislatura), no a los propios ciudadanos, decidir si dichas decisiones deben ser dejadas sin efecto. Este capítulo argumenta que en una sociedad democrática, la deliberación y la toma de decisiones sobre el significado y contenido de la constitución debe extenderse más allá de las instituciones ordinarias del gobierno. Bajo ese concepto, una mirada más democrática a la dificultad contra-mayoritaria otorgaría a las mayorías *populares* (en oposición a las mayorías legislativas) la facultad de modificar la ley fundamental con el fin de responder a determinaciones judiciales acerca de la constitucionalidad de las leyes. Así por ejemplo, los ciudadanos podrían convocar a cuerpos extraordinarios, activados mediante referendo y atribuidos con el mandato específico de deliberar acerca de la decisión judicial en cuestión. Dichos cuerpos tendrían además el poder de proponer cambios constitucionales, que más tarde serían ratificados o rechazados por el electorado. Este tipo de mecanismo se examina en la parte final del capítulo, pero antes de movernos hacia esa discusión, es necesario explorar más a fondo las conexiones entre la dificultad contra-mayoritaria y la reforma constitucional.

Constitutional Rights (Toronto, ON: University of Toronto Press, 2010), p. 143-144.

15 Kent Roach, "Dialogic Judicial Review and its Critics", 23 *Supreme Court Law Review* (2nd) 49 (2004), p. 99.

La primera parte del capítulo introduce la idea de la dificultad contra-mayoritaria mediante un examen de la obra de ALEXANDER BICKEL y JOHN HART ELY, y argumenta que ambos autores conciben el poder de revisión judicial como potencialmente problemático solo en el contexto de una constitución rígida. Es decir, ambos juristas pensaban que la dificultad contra-mayoritaria se basaba en dos problemas distintos: el problema de un poder judicial que no responde al electorado y el problema de una fórmula de enmienda no democrática. La segunda parte examina brevemente algunas ideas acerca de la revisión judicial propuestas por RONALD DWORKIN, JEREMY WALDRON y BRUCE ACKERMAN. Este examen mostrará que la teoría anglo-americana tradicionalmente ha entendido la dificultad contra-mayoritaria de una manera limitada, con el efecto indeseable de cerrar las posibilidades de ampliar el alcance de la política democrática hacia el terreno del control y de la reforma constitucional.

Para los propósitos de este capítulo, la frase 'reforma constitucional' se referirá no a cambios constitucionales fundamentales (como los discutidos en capítulos anteriores), sino a cambios que no requieren el ejercicio del poder constituyente y que podrían ser adoptados por medio de los procedimientos de enmienda ordinarios.

La tercera parte del capítulo examina las propuestas de WIL WALUCHOW, ETHAN LEIB, ERIC GHOSH, y CHRISTOPHER ZURN, quienes (en formas muy diferentes) han pensado en la relación entre una constitución rígida y la legitimidad de la revisión judicial y, en el caso de los últimos tres autores, proponen formas de aumentar la participación ciudadana en la elaboración del derecho constitucional.

La cuarta parte explora las ventajas de abordar la dificultad contra-mayoritaria desde la perspectiva de la reforma constitucional, y ofrece algunas sugerencias sobre la democratización de los procesos de cambio constitucional que le facilitarían los ciudadanos reaccionar ante decisiones judiciales controversiales.

I. La Dificultad contra-mayoritaria

"La dificultad fundamental", escribió Alexander Bickel en *The Least Dangerous Branch,* es que "la revisión judicial es una fuerza contra-mayoritaria en nuestro sistema"[16]. Entre las diversas formas de "ignorar esta realidad inevitable", añadió en las primeras páginas de su famoso libro, está la idea de que cuando los jueces invalidan una pieza de legislación ponen en práctica, "en nombre del 'pueblo', los límites que, [el propio pueblo] ha impuesto a las instituciones de un gobierno limitado"[17]. Este fue el argumento que el juez Marshall utilizó en *Marbury vs. Madison* para responder a la opinión de que la revisión judicial involucraba el control de la mayoría electa por una minoría no electa[18]. Como señala Bickel, este es un

---

16 Bickel, *supra* nota 1, p. 16.

17 *Ibíd.* Este argumento también fue expuesto por Charles L Black, *The People and the Court: Judicial Review in a Democracy* (New York: The Macmillan Company, 1960), p. 183-184.

18 *Marbury v Madison,* 5 US 137 (1803).

claro argumento hamiltoniano. En *El Federalista* 78, ALEXANDER HAMILTON sostuvo que cuando la voluntad del legislador, tal como se expresa en las leyes ordinarias "se opone a la del pueblo, declarada en la constitución, los jueces deben regirse por la última en lugar de la anterior"[19]. Para BICKEL, el uso del término 'pueblo' por HAMILTON en el pasaje citado anteriormente es una mera abstracción, dirigida a ocultar la innegable realidad de que cuando un grupo de jueces no electos ejerce su función de control constitucional, "se frustra la voluntad de los representantes actuales del pueblo del aquí y del ahora".[20]

Por supuesto, BICKEL reconocía que en las democracias contemporáneas los ciudadanos no son constantemente consultados sobre las decisiones gubernamentales, que las legislaturas frecuentemente delegan poderes regulatorios a funcionarios no-electos, y que la capacidad de reflejar la 'voluntad del pueblo' de una asamblea legislativa electa es a lo sumo limitada. A pesar de esas imperfecciones, la democracia requiere que "una mayoría representativa tenga el poder para derogar"[21] cualquier decisión anteriormente tomada, y la revisión judicial es el poder para "aplicar e interpretar la constitución... en contra de los deseos de la mayoría legislativa, que es, a su vez,

---

19 *The Federalist Papers* (CLINTON ROSSITER ed.) (New York: New American Library, 1961), p. 78.

20 BICKEL, *supra* nota 1, p. 17.

21 *Ibíd.*,

impotente de afectar la decisión judicial"[22]. Las mayorías legislativas carecen del poder de invalidar las decisiones judiciales sobre el significado de alguna cláusula constitucional pues, como señala BICKEL, el artículo V (la regla de enmienda de la Constitución de los Estados Unidos) incorpora un "veto minoritario extremo"[23]. Independientemente de la solución propuesta por BICKEL (la cual examinaré brevemente a continuación), se aprecia que dicho autor entiende que la dificultad contra-mayoritaria se basa en dos dificultades distintas pero relacionadas: (D1) El hecho de que los jueces no respondan al electorado (el problema de la falta de responsabilidad democrática[24]); (D2) El hecho de que una determinación judicial, anulando una ley, no pueda ser revertida por una mayoría simple de los representantes del pueblo (el problema de una fórmula de enmienda constitucional no-democrática)[25].

El resolver uno de estos dos problemas por lo general tendrá implicaciones que afectarán indirectamente al

---

22 *Ibíd.*, p. 20.

23 *Ibíd.*, p. 21.

24 Uso la expresión 'falta de responsabilidad democrática' para referirme solo al hecho de que, por no ser electos, los jueces no tienen la responsabilidad de actuar conforme a los deseos de los electores (ni de tomar estos deseos en cuenta a la hora de decidir casos constitucionales ante su consideración).

25 Uso la expresión 'no democrática' en este contexto simplemente para hacer referencia a una fórmula de enmienda que otorga a la minoría legislativa un veto sobre todas las propuestas de cambio constitucional.

otro. Por ejemplo, si con el fin de hacer frente a D1 se establece una Corte Constitucional periódicamente electa por el voto popular, el problema presentado por D2 pierde su fortaleza, ya que la Corte se convertiría en una especie de 'mini' legislatura con el poder de cambiar el significado de la constitución por mayoría simple. Si, por el contrario, se decide abordar directamente a D2 otorgando a la legislatura el poder de enmendar la constitución por mayoría simple (o de alguna otra forma dejar sin efecto a la determinación judicial en cuestión), D1 se vuelve menos urgente, porque en la práctica se habría adoptado un sistema de revisión judicial débil, en el cual las mayorías legislativas pueden interponer sus interpretaciones de la constitución a las de los jueces. No hace falta decir que, al abordar estos problemas de la manera arriba descrita uno estaría expuesto a una serie de objeciones (como, por ejemplo, que una Corte Constitucional electa se convertiría en una entidad abiertamente política, con los jueces sujetos al mismo tipo de presiones que los políticos ordinarios, y una legislatura con el poder de reformar la constitución mediante mayoría simple se convertiría en una especie de Asamblea Constituyente en sesión permanente, capaz de transformar la constitución de maneras fundamentales y sin ningún grado de participación ciudadana)[26].

---

26 Para la idea de una legislatura suprema como una Asamblea Constituyente en sesión permanente, ver, ALEXIS DE TOCQUEVILLE, *Democracy in America* (RICHARD D. HEFFNER ed.) (New York: New American Library, 1956), p. 74 y AV DICEY, *Introduction*

Ahora bien, BICKEL no solo opta por ofrecer una justificación para la revisión judicial dirigida exclusivamente al problema de la falta de responsabilidad democrática, sino que una parte importante de su argumento enfatiza los 'beneficios' de D1. Para BICKEL, la falta de responsabilidad democrática de los jueces sitúa a las cortes en una posición privilegiada para desempeñar el papel de foros de principio. Su relativo aislamiento de la opinión pública y de la presión política, les imprime "la capacidad de apelar a lo mejor del carácter de los hombres, y recordarles sus aspiraciones, las cuales pueden ser olvidadas en momentos de agitación"[27]. En lugar de verse forzados a tomar decisiones basadas en las necesidades inmediatas o en las preferencias de sus electores, los jueces están en la posición de considerar si la actuación de los representantes electos del pueblo es consistente con los "valores a los cuales le atribuimos un interés general y permanente"[28]. De este modo, las cortes también pueden desempeñar una importante función educativa, haciendo de los valores fundamentales "algo familiar a las masas populares"[29].

BICKEL era consciente de que esa justificación no hacía a la revisión judicial plenamente consonante con el ideal democrático. Señalaba que es difícil estar tan

---

to the Study of the Law of the Constitution (London: MacMillan, 1959), p. 84.

27 BICKEL, *supra* nota 1, p. 26.

28 *Ibíd.*, p. 24.

29 *Ibíd.*, p. 26, cuando cita a *Eakin v Raub*, 12 S & R 330,355 (1825).

seguro de "la validez permanente de cualquier principio, [aparte del principio de que en una democracia la mayoría manda] para estar dispuesto a imponérselo a una mayoría coherente y decidida"[30]. Sin embargo, dado que las cortes rara vez tratan a los principios constitucionales de forma rígida, que disfrutan de virtudes pasivas que permiten a los jueces actuar con moderación, y que la propia voluntad popular puede encontrar expresión por medio de una sentencia constitucional, esta línea de justificación puede como mínimo proveer un "acomodo tolerable de la teoría y la práctica de la democracia"[31]. Al centrarse en el problema de la falta de responsabilidad democrática, BICKEL aborda indirectamente la ausencia de una fórmula de enmienda democrática: si el hecho de que los jueces no son democráticamente responsables no es, después de todo, un problema de grandes proporciones –sino de hecho algo positivo–,[32] entonces el que sus decisiones sean más o menos finales no resulta tampoco tan problemático.

El que BICKEL no hubiese considerado, ni siquiera por un momento, abordar directamente a D2 es perfectamente comprensible. Por un lado, él pensaba

30 *Ibíd.*, p. 28.

31 *Ibíd.*

32 Esta es también la razón por la cual no había lugar en la teoría de BICKEL para argumentar que los jueces deberían ser democráticamente electos: tal enfoque iría en contra de una de las mayores fortalezas de la Corte, es decir, su aislamiento de la opinión pública y de la presión política.

que las legislaturas, por su naturaleza política (por ejemplo, su alta susceptibilidad a la opinión pública), estaban mal equipadas para defender valores constitucionales perdurables sobre la voluntad inmediata de los ciudadanos. BICKEL hubiese estado de acuerdo con que el otorgar a las mayorías legislativas el poder de enmendar la constitución (o de superar a los efectos de una decisión judicial desfavorable) disolvería la dificultad contra-mayoritaria, pero probablemente hubiese insistido en que ese no debía ser el camino a seguir. Por otra parte, este autor también rechazó la otra alternativa más obvia: eludir a la legislatura y recurrir directamente al electorado cuando hay un desacuerdo acerca de si una ley es inconsistente con algún principio o disposición constitucional. Según BICKEL, este tipo de problemas no debe ser decidido en un referendo: para él, una pregunta que envuelva valores fundamentales solo puede ser decidida después de una "deliberación intensa"[33].

Por las razones que sean, BICKEL no se detuvo a considerar si, aparte de estas dos alternativas extremas (una constitución modificable por mayorías legislativas y la revisión constitucional –no judicial–[34] por referendo) había otras maneras de abordar el problema de una fórmula de enmienda no-democrática. Es decir, un método de enmienda constitucional que

33 BICKEL, *supra* nota 1.

34 Por revisión constitucional (no judicial), simplemente me refiero a instancias en que el cuerpo llamado a determinar si una ley es consistente con la constitución no es una Corte.

pase por alto al poder legislativo y permita al pueblo participar directamente en la formación del significado y el contenido de su ley fundamental, a la vez ofreciendo amplias oportunidades para la deliberación. El enfoque de JOHN HART ELY a la dificultad contra-mayoritaria arroja luz adicional a la relación entre la revisión judicial y la democracia (así como a las conexiones entre la dificultad contra-mayoritaria, la reforma constitucional y las teorías de la interpretación constitucional). ELY defiende una visión procesal de la revisión judicial partiendo de un examen del debate entre las teorías interpretivistas y no-interpretivistas de la interpretación constitucional (hoy día, las primeras se identificarían con algunas versiones del originalismo, y las segundas con el constitucionalismo del árbol viviente). Es en el marco de este examen que ELY identifica las conexiones fundamentales entre la dificultad contra-mayoritaria y la reforma constitucional y, como BICKEL, se aleja rápidamente de ellas.

Cuando una Corte invalida una ley por razones constitucionales, escribe ELY, "un cuerpo que no es electo y por ende no responsable políticamente de manera significativa, le dice a los representantes electos por el pueblo que no pueden gobernar como les gustaría", y lo hace "de una manera que no está sujeta a la 'corrección' mediante el proceso político ordinario"[35]. ELY sugiere que entre las dos teorías principales de interpretación constitucional, el inter-

35 *Ibíd.*

pretivismo tiene, al menos a primera vista, la ventaja de ser más fácil de conciliar con la democracia. Según la "teoría democrática de nuestro gobierno", escribe, "la mayor parte de las decisiones políticas importantes son tomadas por nuestros representantes electos (o por personas que son responsables ante ellos)"[36]. El interpretivismo tiene, sin embargo, una respuesta aparentemente convincente a la crítica democrática a la revisión judicial: si bien es cierto que en el ejercicio de la revisión judicial los jueces imponen límites a las mayorías legislativas, si los jueces ejercen sus poderes de acuerdo con la noción interpretivista, no estarían aplicando otra cosa que límites "impuestos por el pueblo mismo... [;] dado que la Constitución fue objeto de ratificación popular"[37].

El no-interpretivismo, en forma bastante problemática, "otorgaría a jueces políticamente no responsables, el poder de seleccionar y definir los valores que se colocarán fuera del control de la mayoría"[38]. El interpretivismo insistiría (y Ely estaría de acuerdo), en que eso *es* claramente antidemocrático[39]. Sin embargo, este autor sostiene con acierto que el argumento

36 *Ibíd.*, p. 4.

37 *Ibíd.*, p. 8. Por 'ratificación popular', Ely se refiere a la ratificación por convenciones especiales en los estados.

38 *Ibíd.*

39 Hay, por supuesto, muchos argumentos dirigidos a defender el pedigrí democrático del no-interpretivismo. Algunos de estos argumentos fueron considerados por Ely, y otros pueden ser encontrados en trabajos de autores como Ronald Dworkin y Will Waluchow. Ver, Dworkin, *Freedom's Law*, *supra* nota 2; W J

del interpretivista "es en gran parte una falsedad": el hecho de que la constitución fue adoptada hace varios siglos y que contiene una regla de enmienda que hace muy difícil el cambio constitucional significa que estos límites no han sido auto-impuestos por los seres humanos de carne y hueso que constituyen al pueblo el día de hoy[40]. Como puede observarse, ELY asume que la dificultad contra-mayoritaria está basada en los dos problemas que identificamos anteriormente: la falta de responsabilidad democrática de los jueces y la presencia de una fórmula de enmienda que no otorga a las mayorías legislativas ordinarias la última palabra sobre el significado y el contenido del derecho constitucional. Aunque ELY estuvo muy cerca de sugerir que una fórmula de enmienda rígida era en realidad una virtud de la constitución, sostuvo que la misma "socava fatalmente la idea de que, en la aplicación de la constitución –incluso la constitución escrita del interpretivista– los jueces simplemente aplican la voluntad popular"[41].

ELY llegó a la conclusión de que ambas teorías son incompatibles con principios democráticos básicos (y también defectuosas como teorías de interpretación constitucional). Y, como sabemos, defendió un concepto de la revisión judicial según la cual los jueces solo deberían dejar sin efecto aquellas leyes que difi-

---

WALUCHOW, *A Common Law Theory of Judicial Review: The Living Tree* (New York: Cambridge University Press, 2007).

40 ELY, *supra* nota 2, p. 11.

41 *Ibíd.*

cultan el proceso democrático. Para ELY, tal concepto no solo era más coherente con la Constitución de los Estados Unidos (la cual, él insistía, debía entenderse como un documento esencialmente procesal que no se caracterizaba por proteger valores sustantivos), sino que también promovía las premisas fundamentales de la democracia representativa al garantizar amplia participación en el proceso político (al proporcionar protección particular para la participación de las minorías)[42]. El argumento de ELY, como el de BICKEL, está dirigido a lo que identificamos como D1: ELY aborda a la dificultad contra-mayoritaria enfocándose en la falta de responsabilidad democrática de los jueces y limitando el papel de las cortes a proteger la integridad del proceso democrático (a diferencia de un sistema de revisión judicial que otorga a los jueces la facultad de cuestionar las decisiones de la legislatura sobre cuestiones sustantivas que no tienen implicaciones negativas claras para el proceso democrático).

Antes de trasladar su atención a ese argumento, sin embargo, hay un punto decisivo en su libro. Después de explicar que tanto el interpretivismo como el no-interpretivismo son incapaces de responder a la objeción democrática, ELY escribió: "A pesar de la suposición usual de que estas son las únicas opciones... [un] enfoque diferente está disponible"[43]. Este enfoque

---

42 *Ibíd.*, p. 87, 103.
43 *Ibíd.*, p. 73.

era el concepto procesal de la revisión judicial que acabo de resumir brevemente, el cual limita el poder revisor de los jueces de manera importante. A pesar de que esa era sin duda una de las opciones disponibles (y para ELY era la mejor alternativa), no era la única. Es decir, si la presencia de un procedimiento de enmienda difícil hace fracasar la pretensión del interpretivista de defender el pedigrí democrático de la revisión judicial, y la visión no-interpretivista de atribuir a jueces no electos la tarea de identificar y desarrollar los valores fundamentales no cuadra con el ideal democrático, ¿por qué, entonces, no democratizar el proceso de enmienda de tal forma que sea viable para el interpretivista defender con éxito el carácter democrático de la revisión judicial y permita a la constitución, al mismo tiempo, crecer y adaptarse a los entendimientos actuales de los valores constitucionales fundamentales (como recomienda el no-interpretivismo)? [44]

---

44 Una respuesta puede yacer simplemente en el hecho de que ELY pensaba que el grado de dificultad envuelto en la regla de enmienda de la constitución estadounidense no era algo negativo, de manera que su modificación no era una alternativa. *Ibíd.*, p. 11. Una mejor respuesta es que el hecho de flexibilizar el proceso de enmienda a fin de permitir enmiendas constitucionales por mayorías populares iría en contra del objetivo de asegurar un proceso político justo. El problema con la respuesta a la primera pregunta, al menos desde una perspectiva democrática, es claro: la actual fórmula de enmienda de la Constitución de los Estados Unidos puede, y debería, ser democratizada de manera importante. La segunda respuesta es mucho más

II. La defensa y la abolición del modelo de revisión judicial fuerte: ¿qué pasa con las enmiendas constitucionales?

Al concebir la dificultad contra-mayoritaria como compuesta de dos problemas diferentes (la falta de responsabilidad democrática y una fórmula de enmienda no-democrática), Ely y Bickel apuntaron indirectamente hacia un camino alternativo en donde la democratización de la reforma constitucional asumiría un papel central. No obstante, la mayoría de los teóricos constitucionales contemporáneos han seguido a Bickel y a Ely respecto de no seguir ese camino: los defensores de la revisión judicial muy excepcionalmente proponen modificaciones a las

---

de difícil de abordar. Se encuentra basada en la preocupación por el riesgo de la 'tiranía de la mayoría', y cualquier teoría democrática que busca aumentar el poder decisional de las mayorías populares se encuentra vulnerable a este problema. ¿Cómo asegurarse, por ejemplo, de que una mayoría popular no enmendará la constitución a fin de privar a ciertos grupos de sus derechos civiles? Primero, como Waldron, mi acercamiento a la dificultad contra-mayoritaria aplica solamente a sociedades que ya poseen compromisos democráticos fuertes. Ver, Jeremy Waldron, "The Core of the Case Against Judicial Review", 115 *Yale LJ* 1346 (2006), p. 1360. Segundo, considero que en un proceso de enmienda constitucional que ofrece amplias oportunidades para la deliberación pública y el diálogo entre los ciudadanos y oficiales del Estado, es más proclive a procurar el desarrollo de formas más amplias de participación popular que a afectar de manera negativa la habilidad de ciertos grupos a participar en el proceso político.

formas rígidas de cambio constitucional y sus opositores suelen proponer su sustitución por un sistema de supremacía parlamentaria (o un modelo de revisión judicial débil), sin contemplar propuestas para democratizar el cambio constitucional[45]. Por el lado de la revisión judicial fuerte, RONALD DWORKIN ofrece el mejor ejemplo. Articulando una impresionante defensa de esta institución, DWORKIN define la dificultad contra-mayoritaria en los siguientes términos: "Los jueces en cortes superiores son nombrados y no electos... [y] se adscriben un derecho y un deber de interponerse en el camino de lo que los representantes de la mayoría consideran conveniente y en el interés de la comunidad en su conjunto"[46].

Como vimos en el capítulo 2, el argumento de DWORKIN se basa en un concepto de la democracia que se enfoca en los resultados. Desde su punto de vista, el carácter democrático de una decisión política no depende de si la misma ha sido tomada por los representantes electos del pueblo, sino del cumplimiento de ciertas condiciones (que por lo general toman la

---

45 Esto no quiere decir que estudiosos constitucionales contemporáneos no hayan presentado críticas al proceso tradicional de reforma constitucional, sino que esas críticas (y propuestas de cambio) raramente ocurren en el contexto de discusiones sobre la legitimidad de revisión judicial. Ver, por ejemplo, SANFORD LEVINSON, *Our Undemocratic Constitution: Where the Constitution Goes Wrong (And How We the People Can Correct It)* (Oxford: Oxford University Press, 2006).

46 RONALD DWORKIN, "Equality, Democracy, and Constitution: We the People in Court" 28 *Alberta Law Review* 324 (1990), p. 325.

forma de derechos liberales básicos): "Sin duda, la democracia es negativamente afectada cuando un tribunal toma la decisión equivocada acerca de lo que exigen las condiciones democráticas", pero no más que, cuando "una mayoría legislativa toma una decisión constitucional incorrecta que queda vigente".[47] Si uno cree, como DWORKIN, que los jueces están mejor preparados para proteger los derechos liberales y que la existencia misma de la democracia depende de la protección de esos derechos, entonces no hay razón para rechazar una institución que otorga a los jueces no electos el poder de derogar las leyes aprobadas por una asamblea electa. Al apoyarse en ese concepto de la democracia, DWORKIN intenta resolver la dificultad contra-mayoritaria haciendo que el problema previamente identificado como D1 desaparezca, dejando a un lado el problema de una fórmula de enmienda no-democrática (un análisis que se hace innecesario si se cree que existen 'decisiones correctas' acerca del significado de la ley fundamental que los jueces pueden identificar con éxito).

No obstante, en uno de sus libros más recientes, DWORKIN abordó el tema de las enmiendas constitucionales expresamente, pero se limitó a argumentar que el hecho de que la Constitución de Estados Unidos sea difícil de modificar la hace enteramente consistente con su idea de la democracia. Las mayorías legislativas, sostuvo, no deben tener la facultad de

---

47 DWORKIN, *Freedom's Law*, *supra* nota 2, p. 32.

alterar una constitución que protege las condiciones que hacen posible a la democracia: los derechos liberales están mejor protegidos si se reglamentan en una ley fundamental que sea difícil de modificar. Ya que la democracia depende de la existencia de esas condiciones, no hay nada anti-democrático en un proceso de enmienda contra-mayoritario, combinado con un poder judicial no electo que posea autoridad para invalidar las leyes. Así, DWORKIN insiste que es mejor colocar "ciertos derechos individuales en una constitución que ha de ser interpretada por los jueces y no por los representantes electos, y luego [establecer] que la constitución puede ser enmendada solo por supermayorías"[48].

Mientras que en el trabajo de DWORKIN el problema presentado por D2 se desplaza a un segundo plano (y a la postre, se traduce en una ventaja), es en la obra de JEREMY WALDRON, el crítico más famoso de la revisión judicial, donde el problema de un proceso de enmienda no-democrático desaparece por completo. No es que WALDRON (como BICKEL, ELY y DWORKIN) esté de acuerdo con la existencia de una regla de enmienda altamente difícil de satisfacer. Por el contrario, su compromiso con el mayoritarismo *legislativo* (es decir, la supremacía parlamentaria) hace democráticamente inaceptable la existencia misma de

48 RONALD DWORKIN, *Is Democracy Possible Here: Principles for a New Political Debate* (Princeton, NJ: Princeton University Press, 2006), p. 144.

un proceso especial de enmienda. Bajo su enfoque, D2 se aborda de la manera más sencilla: hacer de la constitución una ley ordinaria y por lo tanto modificable por una mayoría simple de los representantes del pueblo. El enfoque de WALDRON tiene el acierto de exponer las inconsistencias de la institución de la revisión judicial con el principio democrático básico de la participación popular, pero viene acompañado del problema (discutido en el capítulo 2) de no distinguir entre la participación de los ciudadanos y la actividad legislativa ordinaria[49].

WALDRON sostiene que los ciudadanos tienen el derecho de participar por igual en todos los aspectos del gobierno de su comunidad, lo que incluye la capacidad de alterar las leyes fundamentales[50]. Para él, la idea misma de los derechos se basa en un concepto del titular de los derechos como un ente pensante, alguien capaz de deliberación moral y de trascender el interés personal. Esto requiere un respeto profundo al derecho de participación en el proceso de hacer y re-hacer las leyes (pues ese derecho es precisamente un reflejo de las capacidades políticas de los ciudadanos)[51]. Llevado hasta sus últimas consecuencias, el concepto de WALDRON es incompatible con la idea misma de arraigar ciertos principios en una constitución que no

---

49 Para el desarrollo de este punto, ver, DIMITRIOS KYRITSIS, "Representation and Waldron's Objection to Judicial Review", 26 *Oxford Journal of Legal Studies* 733(2006).

50 WALDRON, *Law and Disagreement*, *supra* nota 2, p. 213.

51 *Ibíd.*, p. 250.

puede ser alterada mediante procedimientos democráticos (entendidos aquí como procesos mayoritarios, es decir, procesos que no le dan más peso a los votos de la minoría). Como es de esperarse, WALDRON ha rechazado incluso la idea de promulgar "cualquier lista canónica de derechos, sobre todo si el objetivo es poner ese canon más allá del ámbito del debate político ordinario y de la revisión"[52].

Sin embargo, desde la perspectiva de WALDRON, el derecho a la participación política de los ciudadanos puede ser plenamente ejercido por una legislatura ordinaria: "En los países que no permiten que la legislación sea invalidada [por jueces] el pueblo mismo puede decidir finalmente por la vía legislativa normal, si quiere permitir el aborto, la acción afirmativa, los vales escolares o el matrimonio gay"[53]. La defensa de WALDRON de la supremacía legislativa y su insistencia en la abolición de la revisión judicial nos invitan a eliminar radicalmente las fuentes de la dificultad contra-mayoritaria de nuestra vida política. Su propuesta hace que D1 y D2 desaparezcan al mismo tiempo: el problema de un grupo de jueces no-electos anulando las decisiones de una legislatura electa por el pueblo deja de existir porque dicho poder es abolido, y el problema de una fórmula de enmienda no-democrática desaparece pues ya no se

---

52 *Ibíd.*, p. 212.

53 WALDRON, "The Core of the Case against Judicial Review", *supra* note 44, p. 1349.

tiene una ley fundamental que asume prioridad sobre las demás leyes. Por esta razón, a WALDRON no le preocupan los modelos de revisión judicial débil[54], su 'objetivo', aclara, es dirigirse en contra de la revisión judicial fuerte[55].

Al defender un modelo de supremacía legislativa, sin embargo, WALDRON (al igual que los defensores de la revisión judicial débil) mantiene sus argumentos en el terreno de las cortes y las legislaturas. El proceder de esta forma permite que el problema de una fórmula de enmienda no-democrática desaparezca (ya que simplemente no hay una fórmula de enmienda para democratizar), pero a costa de identificar a la legislatura con el pueblo y, en consecuencia, de hacer innecesarias propuestas dirigidas a democratizar la institución de la reforma constitucional[56]. Incluso si uno tiene gran confianza, como WALDRON, en las capacidades de una legislatura para considerar y decidir sobre cuestiones de principios (por ejemplo, frente al pesimismo de BICKEL y DWORKIN), sin duda existen otras maneras de rechazar la idea de colocar las constituciones fuera del ámbito de la política democrática.

---

54 Como la Sección 33 de la Carta de Derechos y Libertades canadiense rara vez es utilizada, WALDRON considera a Canadá como un caso de facto de revisión judicial fuerte. Ver *Ibíd.*

55 *Ibíd.,* p. 1354.

56 Razón por la cual WALDRON frecuentemente habla de "el pueblo *o sus representantes*" (énfasis agregado). Ver, por ejemplo, WALDRON, *Law and Disagreement, supra* nota 2, p. 235; 252; 264; 265; 281; 293; 301; 303.

En ese sentido, el enfoque que propondré en la parte final de este capítulo puede ser entendido como un intento de llevar el mayoritarismo de Waldron a un terreno más democrático. Así, abordaré el problema de una fórmula de enmienda no-democrática no solo con el objetivo de eliminar la dificultad contra-mayoritaria (incluso en el contexto de un sistema de revisión judicial fuerte), sino de defender la creación de oportunidades para la participación ciudadana en la determinación del significado y contenido de la constitución.

Hay, sin embargo, otro acercamiento a la dificultad contra-mayoritaria que debemos considerar antes de continuar con el argumento anterior, ya que implica un intento de defender la revisión judicial de la objeción democrática que elude tanto al problema de una fórmula de enmienda no-democrática como a la legislatura misma, apelando directamente a la voluntad del pueblo. Esto es, precisamente, lo que la teoría dualista de Bruce Ackerman hace: enfrentado con la rigidez del artículo v de la Constitución de los Estados Unidos, Ackerman busca proporcionar una forma para que el pueblo (en oposición al gobierno o la legislatura que actúa mediante el procedimiento de enmienda) tenga la última palabra sobre el significado de la constitución. La famosa teoría de Ackerman (la cual discutimos en el capítulo 2, pero volvemos a describir brevemente para beneficio del lector) aborda a D2 de forma particular. Ackerman sostiene que la Constitución de los Estados Unidos busca distinguir entre dos tipos de decisiones: (a) las decisiones del gobierno, y (b) las decisiones del 'Pueblo'[57]. ACKERMAN describe los momentos cuando el propio pueblo toma decisiones acerca de la constitución como momentos *constitucionales* que conforman la 'manifestación más alta de la política', instancias en que 'Nosotros el Pueblo' habla sin estar sujeto a estructuras constitucionales pre-establecidas. Durante la política *normal,* por el contrario, es solo el gobierno el que habla.

Esta visión mira a la representación política con suspicacia y nos invita a reconocer que las acciones de la legislatura no deben ser confundidas con la voz genuina del soberano popular[58]. La idea es que el poder legislativo y el ejecutivo solo representan al pueblo de forma muy limitada: "cada uno es una metáfora que nunca se debe confundir con la forma en que el pueblo expresa su voluntad durante esos raros períodos de política constitucional, cuando la masa de los ciudadanos estadounidenses se moviliza en un esfuerzo colectivo por renovar y redefinir el bien público"[59]. Como los representantes ordinarios son solo 'sustitutos' del pueblo, sus acciones en ocasiones ponen en peligro las leyes fundamentales creadas durante los momentos de política constitucional. Para ACKERMAN, el papel de la revisión judicial es, precisamente, proteger los logros del pueblo durante estos

---

57 ACKERMAN, *supra* nota 12, p. 6.
58 *Ibíd.,* p. 167.
59 *Ibíd.,* p. 170.

episodios extraordinarios, invalidando cualquier ley ordinaria inconsistente con el texto constitucional[60]. De ese modo, ACKERMAN intenta superar el problema de una fórmula de enmienda no-democrática: aun cuando la constitución solo puede ser formalmente enmendada con dificultad y no por mayorías legislativas o populares, 'el Pueblo' siempre conserva la facultad de transformar radicalmente el significado de la ley fundamental durante períodos extraordinarios de política constitucional, actuando fuera de los requisitos estrictos del proceso de enmienda formal.

Este argumento no solo parece disolver la dificultad contra-mayoritaria (ya que D2 se convierte en irrelevante pues el pueblo siempre puede modificar la constitución por medio de métodos extra-constitucionales), sino que además, otorga a los jueces no-electos un papel decididamente 'populista'. A pesar de presentar un sofisticado recuento de la historia del cambio constitucional en los Estados Unidos, la solución de ACKERMAN a la dificultad contra-mayoritaria no es una solución real. Al menos no lo es si uno considera, como BICKEL y ELY, que la presencia de una regla de enmienda no-democrática es una parte importante de la objeción a la revisión judicial fuerte. Es decir, la teoría de ACKERMAN no trata de flexibilizar los procesos de reforma constitucional o de otorgar a las mayorías actuales la palabra final sobre el contenido de la constitución, sino de mostrar que hay momentos

60 *Ibíd.*, p. 72.

en la historia constitucional de los EE.UU. en los que 'el Pueblo' ha sido capaz de eludir una alta rigidez constitucional (y que bien *podría* volver a hacerlo en el futuro).

De hecho, lo que hace ACKERMAN es subrayar aún más el problema presentado por D2: enmendar la constitución es tan difícil que en el pasado ha sido necesario recurrir a medios extra-constitucionales. Esto no sería un problema si 'el pueblo' pudiese sublevarse en cualquier momento y desencadenar un período de cambio constitucional extra-constitucional. Sin embargo, el propio recuento de ACKERMAN de la historia constitucional de los Estados Unidos muestra que así no funcionan las cosas. Los períodos de política constitucional identificados por él, (la creación de la constitución, la Reconstrucción, y el Nuevo Trato) son sumamente excepcionales, y no necesariamente fueron el resultado de movilizaciones populares a favor del cambio constitucional, como tampoco ocurrieron por medio de procedimientos particularmente democráticos[61]. En este sentido, ACKERMAN ha dejado tanto el problema de una fórmula de enmienda no-democrática como el de un poder judicial no responsable desde una perspectiva democrática, intactos.

---

61 Esto no significa que ACKERMAN no considere importante la participación ciudadana, pero su teoría dualista y su defensa a la revisión judicial no viene acompañada de un enfoque participativo a la reforma constitucional. Ver, por ejemplo, BRUCE ACKERMAN y JAMES S FISHKIN, *Deliberation Day* (New Haven, CT: Yale University Press, 2004).

III. ACERCÁNDONOS A D2

Uno de los intentos más recientes de defender la revisión judicial de la objeción democrática se encuentra en el trabajo de WIL WALUCHOW[62], quien argumenta que las cartas de derechos que tienen prioridad sobre las leyes ordinarias (y que son protegidas con la revisión judicial) no deben ser vistas como documentos estáticos que fijan el alcance de los poderes gubernamentales, o como pre-compromisos sobre ciertos límites al poder decisional de la mayoría[63]. Si las cartas de derechos se entienden de esa manera, WALUCHOW piensa que tienen razón los críticos de la revisión judicial[64]. Al explicar las razones para esa conclusión, WALUCHOW (a diferencia de la mayoría de los teóricos constitucionales contemporáneos) define claramente la dificultad contra-mayoritaria como compuesta por lo que hemos identificado como D1 y D2. ¿Por qué el pueblo de hoy debería estar restringido por las decisiones de las generaciones pasadas, se pregunta, "en especial con el sesgo en contra del cambio constitucional, establecido típica, y quizás esencialmente, por las fórmulas de enmienda

---

62 WALUCHOW, *A Common Law Theory of Judicial Review*, *supra* nota 39 y WIL WALUCHOW, "Constitutions as Living Trees: An Idiot Defends", 18 *Canadian Journal of Law and Jurisprudence* 207 (2005).

63 WALUCHOW, *A Common Law Theory of Judicial Review*, *supra* nota 39, p. 183.

64 WALUCHOW, "Constitutions as Living Trees", *supra* nota 62, p. 209.

constitucional?"[65]. Incluso si dejamos de lado este problema (es decir, D2), de todos modos podría argumentarse que "permitir que jueces (mayormente) no electos hagan caso omiso de las opiniones de legisladores responsables y representativos, representa el abandono total del auto-gobierno"[66] (es decir, D1). Con el fin de salvar la revisión judicial de la objeción democrática, y para evitar los problemas 'aparentes' presentados por D1 y D2, WALUCHOW nos invita a entender las cartas de derechos como árboles vivos, capaces de crecer y de adaptarse a nuestras siempre cambiantes nociones sobre el significado y alcance de los derechos.

Conforme a esta visión, las cartas de derechos representan "una *concesión* a nuestra incapacidad de comprender cabalmente la naturaleza de los derechos fundamentales y cómo éstos podrían ser menoscabados por las acciones del gobierno"[67]. La revisión judicial (bajo la noción del árbol viviente) envuelve la identificación de la moral constitucional auténtica de una comunidad; no la moral constitucional de generaciones anteriores o de las opiniones defendidas por las mayorías del día a día. Naturalmente, WALUCHOW ofrece argumentos sobre porqué los jueces, y no los legisladores, deberían ser los llamados a contestar las preguntas que surgen acerca del significado y alcance

65 WALUCHOW, *A Common Law Theory of Judicial Review*, *supra* nota 39, p. 136.
66 *Ibíd.*, p. 134.
67 *Ibíd.*, p. 228.

de los derechos. Por ejemplo, el autor apunta hacia los argumentos usuales sobre el aislamiento relativo de la judicatura de la política partidista y su demostrada capacidad para decidir sobre cuestiones controversiales, y concluye que al final del día, "si estuviera forzado a apostar qué grupo, jueces o legisladores, tiene más probabilidades de enfrentarse [exitosamente] a las fuerzas políticas relevantes en juego en la decisión de cuestiones polémicas relacionadas a las cartas de derechos, pondría mi dinero en los jueces"[68]. Esto no quiere decir que WALUCHOW apoyaría necesariamente la versión tradicional de la revisión judicial fuerte, ya que podría haber mecanismos, tales como la Sección 33 de la Carta de Derechos y Libertades de Canadá, que podrían estar disponibles en caso de que los jueces "sigan los dictados de una ideología dominante o elitista"[69].

Hay que tener presente que, a pesar de reconocer a D2 como un componente fundamental de la dificultad contra-mayoritaria, estar dispuesto a aceptar un modelo de revisión judicial débil, y defender un concepto conforme al cual las constituciones están en

68 *Ibíd.*, p. 244.

69 *Ibíd.*, p. 167. Según vimos en la nota 6 de este capítulo, la Sección 33 le permite (con algunas excepciones) al parlamento federal o a la legislatura de una provincia, declarar que una ley operará a pesar de ser inconsistente con algún derecho reconocido en la carta (o, dicho de otra manera, permite que, de así determinarlo una legislatura, su visión acerca de qué ley es inconsistente o consistente con algún derecho prevalezca sobre la visión de la Corte).

un proceso de evolución constante, Waluchow no se involucra directamente con propuestas para la democratización de la reforma constitucional. Más aún, la mayoría de la 'actualización' que requiere la noción del árbol viviente será el resultado de la interpretación judicial (no de la deliberación democrática). Esto es lamentable, ya que una forma de rechazar el concepto tradicional de las cartas de derechos (bajo el cual las mismas son vistas como documentos estáticos) sería permitir que las generaciones presentes, actuando fuera de las legislaturas y de las cortes, puedan modificar el texto constitucional mediante procesos no caracterizados por requisitos contra-mayoritarios. Sin embargo, en varios puntos de su trabajo, Waluchow se refiere directamente a las fórmulas de enmienda y a los obstáculos que estas imponen a la reforma constitucional y a la justificación de los modelos de revisión judicial fuerte: "Cierto, siempre está el proceso de enmienda constitucional, pero sería difícil sobreestimar las dificultades prácticas a menudo asociadas con tal proceso"[70]; las enmiendas constitucionales "ocurren excepcionalmente y requieren niveles de voluntad política, compromiso y acuerdo que pueden ser muy difíciles de reunir"[71], y en un momento, al responder a los críticos que argumentan en contra de las constituciones supremas, incluso sugiere: "tal vez

70 *Ibíd.*, p.182.
71 *Ibíd.*, p. 132.

una Constitución con fórmulas de enmienda menos restrictivas sea la respuesta" [72].

Sin embargo, en lugar de tratar de complementar su concepto de las cartas de derechos como árboles vivos con una fórmula de enmienda democráticamente mejorada (p. ej. que provea amplias oportunidades para la participación popular en el cambio constitucional), WALUCHOW simplemente sugiere que el problema de un proceso de enmienda contramayoritario no es tan grave si las constituciones no son vistas como "productos terminados llamados a mantenerse estáticos hasta el momento en que la fórmula de enmienda sea invocada con éxito o se produzca una revolución"[73], sino como proyectos en progreso (actualizados por los jueces, no por el pueblo). En este sentido, WALUCHOW, al igual que los teóricos constitucionales contemplados en la sección anterior, no parece estar muy interesado en realizar propuestas concretas para la democratización de los procedimientos de reforma. Hay, sin embargo, otros autores que lo hacen (o que proponen concepciones participativas de revisión constitucional no judicial), cuya obra se discute a continuación.

En el contexto de los Estados Unidos, ETHAN LEIB ha propuesto añadir una rama *popular* al sistema tradicional de frenos y contrapesos, que otorgue al pueblo un papel más directo en la toma de decisiones

---

72 *Ibíd.*, p. 139.
73 *Ibíd.*, p. 69.

políticas[74]. La rama popular estaría compuesta de muestras aleatorias estratificadas de 525 votantes, quienes debatirían en pequeños jurados civiles y en sesiones plenarias ocasionales[75]. Esta tendría la función de promulgar leyes o enmiendas constitucionales, y consideraría cuestiones presentadas por los ciudadanos (por medio de la re-colección de un número de firmas) o por la legislatura[76]. A pesar de que LEIB no trata de resolver la dificultad contra-mayoritaria o de proveer una justificación para la revisión judicial, su propuesta de una rama popular que tendría el poder de enmendar la constitución, parece ser una excelente idea desde el punto de vista de D2. Es decir, LEIB aparenta ofrecer un modo de democratizar la reforma

---

74 ETHAN J LEIB, *Deliberative Democracy in America: A Proposal for a Popular Branch of Government* (University Park: Pennsylvania State University Press, 2004), p. 12.

75 LEIB está, por supuesto, descansando de manera importante sobre el trabajo de JAMES FISHKIN acerca de las encuestas deliberativas. Ver, JAMES S. FISHKIN, *Democracy and Deliberation: New Directions for Democratic Reform* (New Haven, CT: Yale University Press, 1991). Como ERIC GHOSH, cuyo trabajo consideraré más adelante, LEIB intenta llevar la propuesta de FISHKIN a un plano más democrático. Esto es, en vez de usar la encuesta deliberativa para intentar descubrir cuál sería la opinión del 'pueblo' si este pudiera reunirse y deliberar, LEIB y GHOSH atribuyen al cuerpo deliberativo con cierto poder de decisión. LEIB, *supra* nota 74, p. 10.

76 LEIB también sugiere que los jueces de apelación podrían convocar a una asamblea popular para que responda a alguna pregunta controversial, aunque en esos casos, la rama popular no estaría ejerciendo su poder legislativo sino formulando recomendaciones. LEIB, *supra* nota 74, p. 14.

constitucional, de brindar al pueblo la última palabra sobre el significado y el contenido de la constitución y, con ello, hacer que la dificultad contra-mayoritaria desaparezca. Sin embargo, cuando se examina más de cerca, la propuesta de LEIB padece de limitaciones importantes.

En primer lugar, LEIB piensa que las decisiones de la rama popular deben estar sujetas a un requisito de mayoría calificada[77]. En ese sentido, su propuesta tiene el mismo problema de un procedimiento de enmienda tradicional: no permitir la anulación de decisiones judiciales mediante procesos mayoritarios. En segundo lugar, e incluso si nos olvidamos por un momento del primer problema, las propuestas de la rama popular pueden ser vetadas por la rama ejecutiva o legislativa (en este último caso por una supermayoría de los legisladores), y sus decisiones pueden ser impugnadas por la rama judicial, la cual estaría autorizada "a salvaguardar y defender los preceptos constitucionales para evitar la tiranía de la mayoría y los resultados deliberativos inaceptables"[78]. Para LEIB, a pesar de que el carácter participativo y deliberativo de las decisiones populares les otorga la fuerza de una decisión legislativa, "no les imprime más legitimidad *para los fines de la revisión judicial*"[79]. En tercer lugar, a pesar de que la rama popular es libre de proponer

77 *Ibíd.*, p. 83.
78 *Ibíd.*, p. 12; 22.
79 *Ibíd.*, p. 72 (énfasis en el original).

cambios constitucionales, las enmiendas son "asuntos muy serios", y "podría causar preocupación que esta propuesta le permita a una supermayoría de un grupo de ciudadanos legos seleccionados al azar, promulgar cambios monumentales para todo el país", sin seguir "los sofisticados procedimientos de enmienda constitucional enumerados en el artículo v"[80].

Como resultado, Leib considera varias formas de reducir el poder de reforma constitucional de la rama popular, tales como aumentar el porcentaje de votos requeridos para la ratificación popular, o la creación de un requisito para que la decisión de la rama popular solo entre en vigor después de que hayan sido satisfechos los requisitos del artículo v[81]. Por eso, a pesar de que la propuesta de Leib es en muchos aspectos prometedora, solo envuelve avances muy tímidos en torno a la democratización de la reforma constitucional. Al igual que Leib, Eric Ghosh defiende el uso de grupos de ciudadanos seleccionados aleatoriamente, pero, a diferencia de Leib, lo hace en el contexto específico del debate sobre la legitimidad de la revisión judicial. Ghosh se refiere a la dificultad contra-mayoritaria de una manera muy interesante: en vez de hacer frente a D2 (o D1) directamente, él propone deshacerse (por lo menos en algunos casos) de la revisión *judicial*. De este modo, formula un sistema en el que grupos

---

80 *Ibíd.*

81 Eric Ghosh, "Deliberative Democracy and the Countermajoritarian Difficulty: Considering Constitutional Juries", 30 *Oxford Journal of Legal Studies* 327 (2010).

representativos de ciudadanos, en lugar de jueces, participen en la tarea de la revisión constitucional[82].

Para GHOSH, el problema de la revisión judicial no es que los jueces son democráticamente irresponsables o que sus decisiones son más o menos definitivas; el problema es que un cuerpo más genuinamente democrático podría hacer el trabajo de revisar la constitucionalidad de las leyes[83]. Influenciado (al igual que LEIB), por el trabajo de JAMES FISHKIN sobre las encuestas deliberativas, GHOSH promueve la idea de jurados constitucionales compuestos por alrededor de 200 miembros seleccionados al azar (un método de selección que hace probable que los puntos de vista prevalecientes en el grupo sean similares a los de diferentes sectores de la población), que serían llamados periódicamente para deliberar y emitir decisiones sobre determinados casos. La selección de casos estaría basada en opiniones consultivas ofrecidas por un panel de expertos (los cuales GHOSH sugiere que podrían ser miembros voluntarios de la judicatura). Para hacer frente a los costos de esta propuesta, podría limitarse el número de casos excluyendo a aquellos que involucren controversias "finamente equilibradas"[84]. Con el fin de otorgar "mayor autoridad a las decisiones de los jurados",

82 *Ibíd.*, p. 344. Sobre los jurados constitucionales, ver además el importante trabajo de, HORACIO SPECTOR, "Judicial Review, Rights, and Democracy", 22(3-4) *Law and Philosophy* 285 (2003).

83 *Ibíd.*, p. 349.

84 *Ibíd.*, p. 346.

estos vendrán obligados a tomar sus decisiones por un voto supermayoritario[85]. El carácter vinculante de las decisiones de este jurado constitucional (o de la Corte Ciudadana) estaría "limitado por el poder de la legislatura para derogar las decisiones de la corte, con el requisito supermayoritario del 60%".[86]

Ghosh piensa que los jurados constitucionales permitirían desafíos a la legislación "basados en concepciones populares sobre los derechos y la justicia, pero que han sido producto de la deliberación"[87]. A la larga, este sistema podría obtener un nivel de legitimidad que sería inalcanzable por la revisión judicial tradicional. La propuesta de Ghosh tiene muchos méritos y la idea general de una asamblea de ciudadanos que delibere sobre la constitucionalidad de una ley es algo que propongo más adelante en este capítulo. El problema, en mi opinión, es la forma en que Ghosh sugiere que esa asamblea debe funcionar. En primer lugar, debido a la preocupación sobre el contenido de las decisiones que un grupo de ciudadanos ordinarios puedan hacer (y como un intento de aumentar la representatividad del jurado), Ghosh incorpora un requisito supermayoritario en el proceso decisional de los jurados constitucionales. Un requisito como este tiene ciertas ventajas y puede ser defendido de muchas maneras y, de hecho, Ghosh

---

85 *Ibíd.*, p. 347.
86 *Ibíd.*, p. 349.
87 Leib, *supra* nota 74, p. 83-8; Ghosh, *supra* nota 81, p. 346.

dedica una parte de su artículo precisamente a eso. Pero si el objetivo es encontrar una manera de evitar la dificultad contra-*mayoritaria* (como es mi intención aquí), queda claro porqué cualquier argumento a favor de mayorías cualificadas no funcionaría. Tal procedimiento de toma de decisiones, al otorgar un poder de veto a la minoría, es obviamente contra-mayoritario (al igual que las reglas típicas de enmienda).

En segundo lugar, en su intento de democratizar el proceso de revisión constitucional, GHOSH no está dispuesto a brindar a la Corte Ciudadana la última palabra sobre el significado y el alcance de la constitución y de los derechos allí contenidos: una supermayoría legislativa sería capaz de anular las decisiones de los jurados constitucionales. Estos quedarían así en una posición similar a la ocupada por las cortes ordinarias en un sistema de revisión judicial fuerte: en esos sistemas, una supermayoría legislativa puede anular usualmente la invalidación judicial de una ley con una enmienda constitucional. Sin embargo, el hecho de que las decisiones iniciales de la Corte Ciudadana están sujetas en sí mismas a un requisito de mayoría cualificada, el efecto es colocar a los jurados constitucionales en una posición inferior con respecto tanto a las legislaturas como a las cortes ordinarias. Es decir, aunque concebido como un cuerpo altamente deliberativo y representativo, no se le permitiría derogar (o validar) una ley aprobada por una mayoría legislativa simple, aun cuando más de la mitad de los miembros de la Corte Ciudadana la considere incompatible con la constitución (algo que las cortes ordinarias –que después de todo operan conforme a la regla de la mayoría simple– pueden, y frecuentemente hacen).

En tercer lugar, los jurados constitucionales no pueden ser convocados por los propios ciudadanos (a diferencia de las reuniones de la rama popular de LEIB, que pueden ser activadas por iniciativa popular). En ese sentido, incluso si la mayoría de los ciudadanos está convencida de que una ley es incompatible con la constitución o de que la Corte ha actuado incorrectamente al invalidar una ley, no pueden desencadenar el proceso deliberativo que GHOSH propone. Creo que estos problemas, combinados con el proceso (limitado) de selección de casos que otorga un papel importante a un consejo asesor de jueces, hacen de la Corte Ciudadana un mecanismo insuficiente para hacer frente a la dificultad contra-mayoritaria. Es aquí donde el trabajo reciente de CHRISTOPHER ZURN adquiere trascendencia. Las propuestas de ZURN superan muchos de los problemas que sufren los enfoques de GHOSH y LEIB. De hecho, la manera en que ZURN aborda la dificultad contra-mayoritaria es excepcional, pues enfrenta directamente el problema de una regla de enmienda no-democrática y defiende una propuesta para la democratización de la reforma constitucional[88].

---

88 CHRISTOPHER ZURN, "Deliberative Democracy and Constitutional Review", 21 *Law and Philosophy* 467 (2002), p. 535. ZURN también sugiere la adopción de un arreglo parecido al reflejado en la Sección 33 de la Carta de Derechos y Libertades canadiense, así como también otros mecanismos, incluyendo paneles de

ZURN sostiene que, si bien el ejercicio de la revisión judicial nunca es final (incluso en los sistemas de revisión judicial fuerte siempre hay la posibilidad de enmendar la constitución), "la finalidad relativa de los pronunciamientos judiciales es inversamente proporcional a la facilidad con que se pueden adoptar las enmiendas"[89]. Por eso, ZURN piensa que los ciudadanos y los actores políticos democráticamente responsables deberían poder "modificar y / o invalidar" las decisiones de una Corte Constitucional por medio de una fórmula de enmienda más flexible[90]. ZURN sugiere en su análisis que cualquier propuesta para facilitar el proceso de enmienda constitucional debe hacer dicho proceso más accesible a los ciudadanos ordinarios (por ejemplo, debe incluir la posibilidad de iniciativa y ratificación popular). Sin embargo, como demócrata deliberativo, este autor sospecha de la presunción de que la iniciación y ratificación popular del cambio constitucional estará acompañada por una esfera pública deliberativa vibrante que permita a

auto-examen dentro de la legislatura y de las agencias regulatorias, y un foro cívico constitucional (que será examinado a continuación). CHRISTOPHER F ZURN, *Deliberative Democracy and the Institutions of Judicial Review* (Cambridge: Cambridge University Press, 2007), p. 301-41.

89 ZURN, "Deliberative Democracy and Constitutional Review", *supra* nota 88, p. 536.

90 ZURN, *Deliberative Democracy and the Institutions of Judicial Review*, *supra* nota 88, p. 320.

los ciudadanos sopesar las propuestas de enmienda a la luz de información y argumentos pertinentes[91].

Para hacer frente a este problema, ZURN propone el establecimiento de una serie de foros constitucionales cívicos. Así, en primer lugar, incorpora la propuesta de BRUCE ACKERMAN y JAMES FISHKIN acerca del Día de la Deliberación[92] a su propuesto procedimiento de enmienda. El Día de la Deliberación tendría lugar antes de que el electorado se exprese sobre una propuesta de enmienda constitucional, lo cual, de acuerdo con ZURN, "iría bastante lejos en mejorar los problemas deliberativos más graves que aquejan a los procedimientos de enmienda formal"[93].

En segundo lugar, ZURN sugiere combinar la propuesta de LEIB (utilizar encuestas deliberativas como mecanismo de toma de decisiones) con la propuesta del Día de la Deliberación. El proceso de enmienda

---

91 *Ibíd.*

92 ACKERMAN Y FISHKIN describen el 'Día de la Deliberación' de la siguiente manera: "[Un] nuevo día feriado nacional [en Estados Unidos]. Se llevará a cabo una semana antes de las elecciones nacionales. Los votantes registrados serán llamados en conjunto a lugares de encuentro en sus vecindarios, en pequeños grupos de 15, y grupos más grandes de 500, para discutir las cuestiones centrales planteadas por la campaña. A cada persona que delibere se le pagará $150 por el día trabajado… el Día de la Deliberación durará dos días, y cada ciudadano tendrá el derecho a tomarse un día libre para deliberar sobre las alternativas enfrentadas por la nación". Ver, ACKERMAN & FISHKIN, *Deliberation Day, supra* nota 61, p. 7.

93 ZURN, Deliberative *Democracy and the Institutions of Judicial Review, supra* nota 88, p. 331.

se pondría en marcha por iniciativa popular o por voluntad legislativa, y con el fin de garantizar que las propuestas de reforma constitucional cumplan con los estándares mínimos de coherencia y claridad jurídica, las mismas serían examinadas por un panel legal independiente de juristas. Las propuestas serían entonces consideradas por tres jurados constitucionales sucesivos (compuestos por diferentes grupos de ciudadanos seleccionados aleatoriamente), llamados a deliberar acerca de si un determinado cambio constitucional se debe someter o no a referendo nacional (que, como se ha dicho, estaría precedido por un Día de la Deliberación)[94].

La propuesta de ZURN nos acerca a nuestro objetivo: una fórmula de enmienda que otorgue a los ciudadanos, no a las legislaturas, la última palabra sobre el significado de la constitución. No obstante, a pesar de que ZURN está escribiendo acerca de la legitimidad de la revisión judicial, y de que su fórmula propuesta de enmienda se presenta como una manera de enfrentar ese problema, los mecanismos que propone no han sido diseñados con el propósito específico de brindar a los ciudadanos la capacidad de 'reaccionar' a decisiones judiciales controversiales. Después de todo, ZURN está interesado en el objetivo más general de desarrollar un "proceso plenamente democrático de auto-gobierno constitucional"[95]. Es por esto que concibe la reforma

94 *Ibíd.*, p. 336-38.
95 *Ibíd.*, p. 324.

constitucional como un medio para el ejercicio del poder constituyente: ZURN está interesado en la posibilidad de cambios constitucionales que "mejoren los procedimientos básicos de la producción misma del derecho democrático"[96]. Para hacer frente a D2 de un modo más directo, me propongo desarrollar un procedimiento de enmienda que atribuya a los ciudadanos (actuando independientemente de la legislatura) la facultad de invalidar decisiones judiciales controversiales. Tal procedimiento coexistiría fácilmente con el propuesto por ZURN, pero difiere del mismo de varias maneras.

IV. La revisión judicial y la democratización de las enmiendas constitucionales

En los párrafos anteriores intenté demostrar que lo que convierte al carácter contra-mayoritario de la revisión

96 *Ibíd.*, p. 341. ZURN concibe un proceso de enmienda ordinario como el equivalente a una institucionalización de "la posibilidad de un ejercicio vertical del poder constituyente del pueblo". ZURN, *Deliberative Democracy and the Institutions of Judicial Review, supra* nota 88, p. 314. Discrepo de ese uso del concepto de poder constituyente ya que, por definición, un proceso de enmienda formal es un poder *constituido* (un poder ordinario que modifica el texto constitucional de la mera prescrita por el mismo texto, respetando cualquier límite sustantivo explícito o implícito). A mi modo de ver (y como he explicado en los capítulos anteriores), el ejercicio del poder constituyente solo tiene lugar cuando una nueva constitución es creada (o cuando los cambios adoptados son tan fundamentales que resultan en la creación de una constitución diferente).

judicial en una dificultad es la suma del hecho de que los jueces no son responsables frente a los electores (D1), y el que la constitución no puede ser modificada por mayorías legislativas o populares (D2). Se argumentó que, en ausencia de una constitución rígida, la revisión judicial de la legislación por parte de jueces no electos, a pesar de ser contra-mayoritaria, no plantea dificultad alguna, al menos desde un punto de vista democrático[97]. Hay dos caminos principales para la resolución de este dilema. El primer camino, que fue el seguido por los enfoques considerados en la primera parte de este capítulo, se dirige principalmente a D1: la abolición de la institución misma de la revisión judicial (WALDRON) o la justificación de su existencia –y, de manera implícita, de la existencia de una constitución rígida– desde una perspectiva democrática (BICKEL, ELY, DWORKIN, ACKERMAN). El segundo camino, el cual tiene un grupo de seguidores mucho más reducido

97 Hay, no obstante, cierta asimetría entre los dos componentes de la dificultad contra-mayoritaria. Mientras eliminar el problema de una fórmula de enmienda no democrática disolvería la dificultad contra-mayoritaria, abolir la revisión judicial (o proveer para la elección de jueces) reteniendo una constitución rígida resultaría una dificultad contra-mayoritaria de otro tipo, pero problemática desde una perspectiva democrática. En este sentido, podría decirse que como resultado del artículo v, los Estados Unidos ha operado bajo una dificultad contra-mayoritaria mucho antes de que fuera resuelto el caso *Marbury v. Madison* (el cual reconoció el poder de los jueces federales de invalidar la legislación federal ordinaria). *Marbury v Madison*, 5 US 137 (1803).

y el que voy a seguir aquí, requiere democratizar la fórmula de enmienda constitucional. Este camino fue explorado parcialmente por Waldron, quien evitó el problema presentado por D2 recomendando la adopción de una constitución no suprema (o no codificada). Sin embargo, al no ir más allá del terreno de las cortes y las legislaturas, Waldron solo siguió este camino a medias.

Es decir, este camino alterno implica la democratización y reformulación de la institución de la reforma constitucional (haciéndola más consistente con los principios de participación popular y apertura democrática discutidos en los capítulos anteriores) de tal forma que incluso un sistema de revisión judicial fuerte pueda evitar la dificultad contra-mayoritaria. Por eso es que las propuestas de Ghosh, Leib y Zurn son prometedoras: estas tratan de involucrar directamente a los ciudadanos en la actividad de la reforma y revisión constitucional. Solo Zurn, sin embargo, propone el diseño de una fórmula de enmienda democrática. De hecho, Zurn nos ha llevado muy cerca de lidiar plenamente con D2, pero tenemos que complementar su oferta con un mecanismo que facilite el uso de la fórmula de enmienda para invalidar (o afirmar) decisiones judiciales controversiales. Es decir, un mecanismo de enmienda constitucional que permita a los ciudadanos iniciar un proceso específicamente diseñado para deliberar acerca de decisiones judiciales sobre la constitucionalidad de las leyes, y que, cuando sea necesario, también les permita proponer enmiendas constitucionales al electorado. Dicho mecanismo completaría, a mi juicio, la democratización de la reforma constitucional y la disolución de la *dificultad* contra-mayoritaria.

Mi enfoque, como el de ZURN, descansa en una democracia fuerte según la cual, "no es suficiente simplemente asegurar que los funcionarios públicos rindan cuentas al electorado mientras son autorizados con poderes prácticamente plenarios para decidir sobre las opciones políticas"[98]. En el contexto de la reforma constitucional, proporcionar amplias oportunidades para la participación popular es visto, no solo como una forma de llevar a los procesos de deliberación más allá de la mera interacción entre las élites políticas, sino también de otorgar a los ciudadanos un papel en la *determinación* de los resultados de los procesos de cambio constitucional[99]. Una forma de lograr estos objetivos es a través de una Asamblea No-Constituyente activada por iniciativa popular o convocada por la legislatura, encargada de deliberar acerca de decisiones judiciales controversiales, y provista con la facultad de presentar al electorado propuestas concretas de reforma constitucional. A diferencia de la iniciativa popular para las enmiendas constitucionales (discutida en el capítulo 4), este mecanismo combina instituciones de democracia directa (el referendo) e indirecta (la asamblea), con el fin de

---

98 ZURN, *Deliberative Democracy and the Institutions of Judicial Review*, *supra* nota 88, p. 313.
99 *Ibíd.*

procurar oportunidades para que los ciudadanos deliberen y tomen decisiones vinculantes.

Confrontar la dificultad contra-mayoritaria desde esta perspectiva tiene al menos cuatro ventajas principales. En primer lugar, a diferencia de los enfoques tradicionales, en los que la democracia parece ser agotada en un parlamento soberano o en la relación entre las legislaturas y las cortes, el enfoque alternativo nos permite posicionar las deliberaciones sobre el significado de la constitución en instituciones extraordinarias, instituciones en donde los ciudadanos asumen un papel mucho más importante que en la actividad legislativa ordinaria. En segundo lugar, ya que –al igual que la reforma constitucional– las decisiones judiciales controversiales en materia constitucional no tienen lugar todos los días, estas crean valiosas oportunidades para experimentar con mecanismos altamente participativos. En tercer lugar, este enfoque promueve un diálogo constitucional no solo entre la Corte y la legislatura, sino entre las cortes, la legislatura y el pueblo[100]. En este sentido, se crea (al menos potencialmente) un incentivo para que las cortes tomen conocimiento de los puntos de vista e interpretaciones populares acerca de lo que exige la constitución (lo que inicialmente pudiese haber

---

100 Para una noción del constitucionalismo del árbol viviente que enfatiza la importancia de un diálogo entre las ramas judiciales y políticas de gobierno, ver, Jack M Balkin, "Framework Originalism and the Living Constitution",103 *Northwestern Law Review* 549 (2009).

llevado a la legislatura a adoptar la ley en cuestión), y se le ofrece a los ciudadanos y a los movimientos sociales la posibilidad de jugar un papel real en la interpretación constitucional, como proponen algunos defensores del constitucionalismo popular[101].

Por último, el enfoque alternativo provee una nueva forma de mirar al debate entre las teorías de interpretación constitucional originalistas y las teorías del árbol viviente. En otras palabras, permite a las cortes interpretar las disposiciones contenidas en la constitución de acuerdo con la teoría de interpretación constitucional compartida por la mayoría de los jueces (independientemente de si el énfasis está en la intención de los fundadores, en el significado original público del texto constitucional, o en la lectura moral de la constitución)[102]. Sin embargo, al mismo tiempo, permite a las generaciones presentes la oportunidad de participar en el proceso de desarrollar el significado de los principios constitucionales (como proponen algunas formulaciones del constitucionalismo del

---

101 Para una defensa de constitucionalismo popular, ver, LARRY D KRAMER, *The People Themselves: Popular Constitutionalism and Judicial Review* (Oxford: Oxford University Press, 2004).

102 Para una breve discusión del originalismo, ver, JOHN O MCGINNIS & MICHAEL B RAPPAPORT, "Original Methods Originalism: A New Theory of Interpretation and the Case against Construction", 103 *Northwestern University Law Review* 751 (2009). Para una defensa del constitucionalismo del árbol viviente, ver, WALUCHOW, *A Common Law Theory of Judicial Review*, *supra* nota 39.

árbol viviente)[103], y de apartarse de determinadas interpretaciones judiciales cuando se considere necesario. Como se mencionó anteriormente, uno de los posibles medios institucionales para la realización de este enfoque es la Asamblea No-Constituyente. Este mecanismo implica la democratización de la fórmula de enmienda, de modo que se disuelva la dificultad contra-mayoritaria, mientras se preserva un sistema de revisión judicial fuerte y se ofrece a los ciudadanos (por medio de un mecanismo extraordinario) la posibilidad de determinar si las interpretaciones judiciales de los derechos constitucionales son consistentes con la constitución que ellos quieren.

La Asamblea No-Constituyente sería llamada a deliberar sobre decisiones judiciales controversiales recientes[104] (decisiones que habrían invalidado o confirmado la validez de una ley) y tendría la facultad de proponer al electorado enmiendas constitucionales particulares. Describo la Asamblea como 'No-Constituyente', ya que no estaría investida con poderes plenos para crear una nueva constitución ni para

---

103 Ver, Robert C. Post & Reva B. Siegel, "Democratic Constitutionalism" en , *The Constitution in 2020* (Jack M. Balkin y Reva Siegel eds.) (Oxford: Oxford University Press, 2009).

104 Tendría que existir un límite de tiempo para convocar a una Asamblea No-Constituyente después de que la decisión judicial relevante fuese tomada. Así, instancias anteriores de revisión judicial solo podrían ser dejadas sin efecto mediante el proceso de enmienda ordinario que, idealmente, sería tan democrático como el propuesto por Zurn.

adoptar cambios constitucionales fundamentales[105]. En lugar de ejercer un poder ilimitado de reforma constitucional, solo estaría autorizada a considerar enmiendas parciales al texto constitucional con el propósito de anular los efectos de una interpretación judicial de la constitución vigente. Además, para hacer frente a D2 de la forma más eficaz posible, la Asamblea No-Constituyente también tendría el poder de proponer interpretaciones alternas de la constitución ante el electorado (en los casos en que una enmienda constitucional no parezca necesaria). Este tipo de asamblea no debe, entonces, ser entendida como un reemplazo del proceso de enmienda ordinario. En ese sentido, y a diferencia de la fórmula de enmienda general de ZURN, este mecanismo solo puede utilizarse en determinadas ocasiones y con efectos muy limitados (es decir, solo puede ser activado como consecuencia del ejercicio del poder de revisión judicial y con el fin de decidir si los efectos de la decisión judicial deben permanecer vigentes).

105 En casos extremos, podría ocurrir que dejar sin efecto una decisión judicial invalidando una ley requiera adoptar una enmienda constitucional que, a su vez, implique la creación de una nueva constitución. La adopción de una enmienda como esa estaría fuera del alcance de la Asamblea No-Constituyente, y por lo tanto, el deber de las cortes sería declarar inconstitucional dicha enmienda. Por supuesto, en un orden constitucional plenamente democrático, los ciudadanos tendrían la oportunidad de convocar a una Asamblea Constituyente y llevar a cabo los cambios constitucionales fundamentales que consideren necesarios.

La Asamblea No-Constituyente, sin embargo, puede coexistir con una fórmula típica de enmienda, o con una democráticamente superior (como la propuesta por Zurn). Sería atribuida con la responsabilidad específica de deliberar acerca de interpretaciones judiciales sobre el significado y el alcance de los derechos, y sobre qué actos de la legislatura representan o no las aspiraciones de la generación presente. Si es necesario, la asamblea podría proponer una modificación a la constitución con el fin de hacer constitucional una ley que, a juicio de la Corte, sea inconstitucional. La asamblea podría ser convocada por la legislatura o activada por iniciativa popular. En el primer supuesto, una legislatura que está en desacuerdo con la decisión de la Corte de invalidar una ley, podría solicitar a los ciudadanos expresarse acerca de si desean convocar a una Asamblea No-Constituyente para deliberar sobre la decisión judicial en cuestión. Un referendo tendría lugar, y el electorado se expresaría a favor o en contra de convocar la asamblea. En el caso de que se convoque a la asamblea por iniciativa popular, los ciudadanos que están en desacuerdo con una decisión particular de la Corte (ya sea validando o invalidando una ley) recogerían un número determinado de firmas (número que sería similar al requerido para las iniciativas populares para enmendar la constitución, es decir, alrededor del 5% al 15% de los electores registrados), con el fin de llamar a un referendo sobre la convocatoria de la asamblea. En ambos casos, el voto afirmativo de la mayoría de los electores sería suficiente para desencadenar la elección de los delegados a la Asamblea No-Constituyente[106].

Con el fin de evitar (o, por lo menos, disminuir) la posibilidad de que la asamblea sea controlada por políticos profesionales, debería requerirse (como propuse en el capítulo 4 respecto a las Asambleas Constituyentes), que los delegados no hayan actuado como funcionarios gubernamentales (en posiciones políticas) en el pasado, y que no puedan ocupar un

---

106 La asamblea podría estar compuesta por delegados electos de manera directa (como lo la mayoría de las asambleas constituyentes) o por ciudadanos seleccionados aleatoriamente. GHOSH, LEIB, y ZURN prefieren el método de la selección al azar. La pregunta aquí es cuál es el mejor método para asegurar no solo representatividad, sino también una participación popular elevada. Podría ser cierto que una selección aleatoria de delegados resultaría en una asamblea representativa "muy improbable de diferir radicalmente de la población". JAMES S. FISHKIN y ROBERT C. LUSKIN, "The Quest for Deliberative Democracy" en *Democratic Innovation: Deliberation, Representation and Association*, (MICHAEL SWARD ed.) (London: Routledge, 2000), p. 20. No obstante, tal vez se pierde algo al privar a los ciudadanos de la oportunidad de seleccionar delegados particulares que, por diferentes razones, ellos consideran que representarían mejor sus puntos de vista en un ejercicio deliberativo. Desde la perspectiva de la democracia deliberativa, sin embargo, no hay garantía de que una elección de delegados será precedida por suficiente (e inteligente) deliberación y debate. Ver, JOHN S. DRYZEK, "Legitimacy and Economy in Deliberative Democracy", 29 *Political Theory* 651 (2001), p. 653-54. En este sentido, la propuesta de ZURN de tener un Día de la Deliberación como preludio a un referendo sobre el cambio constitucional sería una actividad valiosa en el contexto de una elección de delegados a una Asamblea No-Constituyente.

cargo político en el futuro cercano. Una vez convocada, la asamblea deliberará sobre la decisión de la Corte. El resultado de esa deliberación podría ser rechazar la interpretación judicial y aclarar (o modificar) el sentido de la disposición constitucional pertinente mediante una enmienda constitucional (o mediante una interpretación alternativa del derecho o de la ley en cuestión) o confirmar que la decisión de la Corte es consistente con la visión de la ciudadanía[107]. Para que los resultados de la deliberación tengan algún efecto legal, la ciudadanía tendría que ratificarlos en un referendo adicional. Si la asamblea determina que la decisión judicial no representa las aspiraciones de la generación presente de ciudadanos, un voto negativo en el referendo permitiría que la decisión judicial prevalezca sobre la ley en controversia, la cual permanecería inválida (o válida, en función del resultado del ejercicio de la revisión judicial). Si la asamblea decide invalidar la decisión judicial en cuestión, su determinación vendría acompañada de una interpretación alternativa de la disposición constitucional en controversia[108], o si una interpre-

107 La insistencia de Waldron de consultar al pueblo y no a los jueces cuando hay una discrepancia sobre el alcance de un derecho constitucional es altamente relevante en cuanto a este punto, con la salvedad de que no se le preguntaría a la legislatura, sino a una entidad aún más representativa.

108 En esas situaciones, la Asamblea No-Constituyente estaría participando de una revisión constitucional (no judicial) en vez de una reforma constitucional.

tación alternativa (razonable) no es posible, con una propuesta de enmienda constitucional que dejaría sin efecto la decisión de la Corte.

En tal situación, un voto positivo en el referendo daría lugar a un cambio al texto constitucional o, al menos, tendría el efecto de validar la ley previamente invalidada (o de invalidarla, en caso de que la Corte la haya declarado constitucional), a la luz de la interpretación alternativa de los materiales jurídicos en cuestión. Si la asamblea confirma la decisión de la Corte, un voto positivo en un referendo ratificaría el status quo (según lo establecido por la decisión judicial). Sin embargo, si se determina que la invalidación (o validación) judicial de una ley era correcta y el electorado vota en contra de esa determinación en el referendo, el status quo también se mantendría (la determinación de la asamblea se convertiría en una nulidad, y el voto popular –potencialmente no deliberativo– por sí solo, no sería suficiente para dejar sin efecto la decisión judicial). En tales casos, el electorado y la legislatura tendrían dos opciones: esperar que la corte revoque su propia decisión, o desencadenar el proceso general de reforma constitucional y proponer una enmienda constitucional que tenga el efecto deseado. Nótese aquí la distinción entre una Asamblea No-Constituyente y un proceso general de reforma constitucional: mientras que el primero se convoca para deliberar acerca de una decisión controversial y *podría* proponer una enmienda constitucional al electorado, el segundo proceso se inicia con una propuesta de enmienda constitucional particular.

Las Asambleas No-Constituyentes proporcionan una manera de abordar directamente a D2: un cuerpo deliberativo susceptible de ser activado por iniciativa popular, con la facultad de proponer a la ciudadanía cambios constitucionales sujetos a ratificación popular. Con el fin de superar plenamente a la dificultad contra-mayoritaria, los procesos de toma de decisiones involucrados en la convocatoria y en el funcionamiento de una Asamblea No-Constituyente, deben ser estrictamente mayoritarios: tanto los referendos como la asamblea operarían de acuerdo con la regla de la mayoría (de otro modo no se superaría la dificultad contra-*mayoritaria*). La propia existencia de este mecanismo puede hacer que las cortes se muestren más conscientes de las opiniones populares sobre el significado de la constitución y, anticipándose a la posible convocatoria de una Asamblea No-Constituyente, a que dirijan algunos de sus argumentos al 'pueblo mismo' (por ejemplo, para tratar de persuadir a los ciudadanos de que los puntos de vista aparentemente populares sobre el significado o alcance de algún derecho son defectuosos o podrían dar lugar a resultados injustos), argumentos que serían examinados por la asamblea durante sus deliberaciones. De la misma manera, los legisladores podrían tratar de influir en el entendimiento constitucional de los ciudadanos, con el fin de mantener la validez de la ley cuya constitucionalidad ha sido puesta en duda (y por supuesto, los legisladores opuestos desde el comienzo a la ley en cuestión podrían hacer lo contrario).

Según se ha señalado anteriormente, este tipo de dinámica podría crear un amplio diálogo constitucional que iría más allá de las cortes y las legislaturas, y que potencialmente se extendería a la sociedad en general. La inestabilidad de los modelos de revisión judicial débiles,[109] causada por la falta de voluntad política de los legisladores para asumir los costos políticos (reales o imaginarios) de limitar o dejar sin efecto una decisión judicial, no sería un problema: los miembros de una Asamblea No-Constituyente y los electores en un referendo no serían políticos profesionales y no estarían sujetos a la reelección. La Asamblea No-Constituyente también podría tener un impacto en la forma en que se concibe a la interpretación constitucional. Por ejemplo, sería consistente con la idea central de las teorías de interpretación originalistas, precisamente porque la interpretación de la Corte de determinadas disposiciones constitucionales podría ser rechazada por el pueblo del aquí y el ahora. Por otra parte, la constitución aparecería como un árbol viviente, pero uno que no solo crece y se expande como consecuencia de la 'jardinería' judicial, sino también como consecuencia del 'cuidado' brindado por el pueblo.

109 Ver TUSHNET, *supra* nota 9.

V. Conclusión

Este capítulo intentó mostrar que la institución de la revisión judicial solo es vulnerable a la objeción democrática tradicional cuando a jueces no electos les es conferido el poder de invalidar leyes, en el contexto de una constitución que es difícil de modificar. Se sostuvo que tanto Alexander Bickel como John Hart Ely entendieron la dificultad contra-mayoritaria de esta manera, a pesar de que no se propusieron resolverla mediante la democratización de la reforma constitucional. Además, el capítulo sostuvo que algunas de las defensas y ataques más conocidos a la revisión judicial (como las de Ronald Dworkin, Bruce Ackerman, y Wil Waluchow, así como la crítica de Jeremy Waldron) no buscan resolver el problema de un proceso de enmienda no-democrático. Si bien las propuestas de Ethan Leib y Eric Ghosh ofrecen nuevas formas de participación ciudadana en el proceso de reforma y revisión constitucional (no judicial), en última instancia, no ofrecen a los ciudadanos la posibilidad de invalidar o afirmar decisiones judiciales controversiales por medio de un procedimiento mayoritario. A diferencia de los autores mencionados anteriormente, Zurn propone un proceso de enmienda democrático. Mi propuesta complementaría el enfoque de Zurn con un mecanismo (la Asamblea No-Constituyente) dirigido a facilitar la respuesta ciudadana a las decisiones judiciales y permitir a la ciudadanía modificar la constitución, con el fin de dejar sin efecto la invalidación (o validación) judicial de una ley.

Contra los defensores de los modelos de revisión judicial fuerte, este enfoque insiste en otorgar a las mayorías populares la última palabra sobre el significado de la constitución. Contra los defensores de la soberanía parlamentaria o de un modelo de revisión judicial débil, entiende que la frase 'mayorías populares' se refiere a una categoría política distinta a la de 'mayorías legislativas', una categoría que no puede ser agotada en las actividades de una legislatura ordinaria. Sin embargo, esta propuesta comparte con los defensores de la soberanía parlamentaria y de la revisión judicial débil una sospecha democrática de la 'supremacía judicial'. No obstante, al igual que los defensores de la revisión judicial fuerte, se resiste a ver a las legislaturas como el conducto de la 'voluntad del pueblo', capaces de asumir el papel de máximos intérpretes constitucionales. Es un enfoque que asigna a los jueces la función de examinar la compatibilidad de las leyes ordinarias con la constitución, pero no privilegia sus capacidades interpretativas; al menos no en todas las ocasiones. En ese sentido, se dirige tanto en contra de la supremacía judicial como de la supremacía legislativa, apostando a favor de una forma no judicial de revisión constitucional en la que el pueblo conserva la última palabra sobre el significado y el contenido de las leyes que regulan su asociación política. Junto a los otros mecanismos de cambio constitucional examinados en capítulos anteriores, la Asamblea No-Constituyente completaría el arsenal institucional de una teoría constitucional democrática.

BIBLIOGRAFÍA

REFERENCIAS

Pleitos

Alemania

Article 117 Case, 3 BverfGE 225 (1953).

Assembly Dispersal Case BverGE 84 (1991).

The Electronic Eavesdropping Case, 109 BverfGE 279 (2003).

Elfes, 6 BverfGE 32, 36 (1957).

Klass Case 30 BverGE 1 (1970).

Lisbon Case (BverfG, 2 BvE 2/08).

The Southwest Case, 1 BverfGE 14 (1951).

Belice

Barry M Bowen v. Attorney General of Belize (Claim Num. 445 of 2008).

The British Caribbean Bank Limited v. Attorney General of Belize (Claim n.º 597 of 2011).

Canadá

Edwards v. AG of Canada, [1930] 1 DLR 98, AC 124.

Kesavananda BhartiSripadagalvaru v. State of Kerala, 1973 (SUP) SCR 0001 SC.

Reference re Secession of Quebec, [1998] 2 SCR 217.

Colombia

Sentencia C-551/03

Sentencia C-551-03

Sentencia C-1200/03

Sentencia C-970/04

Sentencia C-971/04

Sentencia C-1040/05

Sentencia C-1040/05

Sentencia C-757/08

Sentencia C-588/09

Sentencia C-141/10

Sentencia 138 de 1990

Sentencia C-551/03

Costa Rica

050-2004-AI/TC

007-2005-PI/TC

009-2005-PI/TC

Estados Unidos

Amador Valley Joint Union High Sch. Dist. v. State. Bd. of Equalization, 22 Cal. 3d 208 (1978).

Barsky v. U.S. 167 F.2d 241(1948)

Brosnahan v. Brown, 32 Cal. 3d 236 (1982)

Coleman v. Miller 307 U.S. 433 (1939)

Hollingsworth v. Perry no. 12-144

Hopkins v. Duluth, 83 N.W. 536 (1900)

In Re Duncan, 139 U.S. 449 (1891)

In Re Marriage Cases, 183 P.3d 384 (Cal. 2008)

Leser v. Garnett 258 U.S. 130 (1922)

Livermore v. Waite, 102 Cal. 113, 119 (1894)

Luther v. Borden, 48 U.S. (7 How.) 1, 45 (1849)

Marbury v Madison, 5 US 137 (1803)

Minor v. Happersett, 88 P. 270 (1906)

National Prohibition Cases 253 U.S. 350 (1920)

Pacific States tel & Tel Col. v. Oregon, 223 U.S. 118, 133 (1912)

Perry v. Schwarzenegger 704 F.Supp.2d 921 (2010)

Raven v. Deukmejian, 52 Cal. 3d 336 (1990)

Strauss v. Horton, 46 Cal.4th 364 (2009)

Texas v. Johnson, 109 S. Ct. 2533 (1989)

United States v. Eichman, 110 S. Ct. 2404 (1990)

India

Golaknath v. Punjab, A.I.R. 1967 S.C. 1643

Indira Nehru Gandhi v. Raj Narain, A.I.R. 1975 S.C. 2299

Kesavananda Bharati v. State of Kerala, A.I.R. 1973 S.C. 1461

Minerva Mills v. Union of India A.I.R. [1980] SC 1789

Sajjan Singh v. Rajasthan, A.I.R. 1965 S.C. 845

Sakal Newspapers (Private) Ltd. India, A.I.R. 1962 S.C. 305

Sankari Prasad Singh Deo v. Unión of India, A.I.R. 1951 S.C. 458

Nueva Zelanda

Moonen v. Board of Film and Literature [2000] 2 NZLR9 (CA).

Perú

Sentencia 050-2004-AI/TC

Sentencia No. 050-2004-AI/TC

Sentencia No. 007-2005-PI/TC

Sentencia No. 009-2005-PI/TC

Puerto Rico

Albino Agosto v. Ángel Martínez, 2007 TSPR 111 (2007)

Arroyo v. Rattan Specialties, Inc., 117 D.P.R. 35, 59 (1986)

Berríos Martínez v. Roselló González II, 137 D.P.R. 195 (1994)

S.L.G. v. Alcalde de Aguas Buenas, 154 D.P.R. 117 (2001)

Sudáfrica

In re Certification of the Constitution of the Republic of South Africa, 1996, 1996 (4) SA 744 (C.C.).

In re Certification of the Amendment text of the Constitution of the Republic of South Africa, 1996, 1997(2) SA 97 (C.C.).

Reino Unido

R (Jackson) v. Attorney General [2005] UKHL 56, [2006] 1 AC 262.

Venezuela

Fallo n.º 17 de la Corte Suprema de Justicia de Venezuela (19 de enero de 1999).

LEGISLACIÓN

Bill of Rights Act 1990 (Nueva Zelanda).

Canada Act 1982 (Reino Unido).

Constitution Act, 1982, Schedule B to the Canada Act 1982 (Canada).

Constitución de California (1879).

Constitución de Colombia (1991).

Constitución de Costa Rica (1949).

Constitución de los Estados Unidos (1787).

Constitución de India (1950).

Constitución de Irak (2005).

Constitución de Nicaragua (1987).

Constitución de la República Bolivariana de Venezuela (1999).

Constitution of Switzerland (1998).

Human Rights Act 1998 (Reino Unido).

Ley Fundamental para la República Federal de Alemania (1949).

Constitución del Estado Libre Asociado de Puerto Rico (1952).

Ley Pública 447, 66 Stat. 327 (3 de julio de 1952) (Estados Unidos).

Constitución Política de Uruguay (1967).

Libros y artículos

Ackerman, Bruce. "Neo-Federalism?" en *Constitutionalism and Democracy* (Jon Elster & Rune Slagstad eds.) (New York: Cambridge University Press, 1988).

ACKERMAN, BRUCE. *We the People: Foundations* (Cambridge, MA: Harvard University Press, 1991).

ACKERMAN, BRUCE. "Higher Lawmaking" en *Responding to Imperfection*, (Sanford Levinson, ed.), (Princeton: Princeton Press University, 1995).

ACKERMAN, BRUCE. *We the People II: Transformations* (Cambridge, MA: Harvard University Press, 1998).

ACKERMAN, BRUCE y FISHKIN, JAMES S. *Deliberation Day* (New Haven, CT: Yale University Press, 2004).

AGAMBEN, GIORGIO. *Homo Sacer: Sovereign Power and Bare Life* (Stanford: Stanford University Press, 1998).

AKE, CLAUDE. "Dangerous Liaisons: The Interface of Globalization and Democracy" en *Democracy's Victory and Crisis* (Alex Hadenius). (Cambridge: Cambridge University Press, 1997).

ARATO, ANDREW. *Constitution Making Under Occupation: The Politics of Imposed Revolution in Iraq* (New York: Columbia University Press, 2009).

ARAÚJO RENTERÍA, JAIME. *Teoría de la Constitución* (Bogotá: Ecoe, 1996).

ARISTÓTELES, *The Politics of Aristotle* (Oxford: Oxford University Press, 1962).

AUSTIN, GRANVILLE. *Working a Democratic Constitution: The Indian Experience* (Oxford: Oxford University Press, 1999).

BAAR, CARL. "Social Action Litigation in India: The Operation and Limits of the World's Most Active Judiciary" en *Comparative Judicial Review and Public Policy* (Donald W. JACKSON & C. NEAL TATE eds.) (1992).

BALKIN, JACK y SIEGEL, REVA. *The Constitution in 2020* (Oxford: Oxford University Press, 2009).

BARBER, BENJAMIN R. *Strong Democracy Participatory Politics for a New Age* (Berkeley: University of California Press, 1984).

BARBER, SOTIRIOS A. *On What the Constitutions Means* (Baltimore: The John Hopkins University Press, 1984).

BAXI, UPENDRA. "The Perils and Politics of the Amending Power" in *Reconstructing the Republic* (Delhi: Indian Association of Social Sciences Institutions, 1999).

BEETHAM, DAVID. *The Legitimation of Power* (New Jersey: Humanities Press International, 1991).

BELL LARA, JOSÉ; LÓPEZ GARCÍA, DELIA LUISA y CARAM LEÓN, TANIA. (eds), *Documentos de la Revolución Cubana* (La Habana: Editorial Ciencias Sociales, 2006).

BICKEL, ALEXANDER M. *The Least Dangerous Branch: The Supreme Court at the Bar of Politics* (New Haven, CT; Yale University Press, 1986).

BIDART CAMPOS, GERMÁN. *Historia e Ideología de la Constitución Argentina* (Buenos Aires: Ediar, 1969).

BLACK, CHARLES L. *The People and the Court: Judicial Review in a Democracy* (New York: The Macmillan Company, 1960).

BLACKWELL, CHRISTOPHER W. "The Assembly" en *Demos: Classical Athenian Democracy* (A. Mahoney & R Saife eds.) (2003) online: The Stoa: a consortium for electronic publication in the humanities http: / / www.stoa.org.

BODIN, JEAN. *Six Books of the Commonwealth* (Oxford: Blackwell, n.d.).

BRANDON, MARK E. "The 'Original' Thirteenth Amendment and the Limits to Formal Constitutional Change" en *Responding to Imperfection*, (Sanford Levinson, ed.), (Princeton: Princeton Press University, 1995).

BRETTSCHNEIDER, COREY. *Democratic Rights: The Substance of Self-Government* (Princeton: Princeton University Press 2007).

BREWER CARÍAS, ALLAN R. *Golpe de Estado y Proceso Constituyente en Venezuela* (UNAM: México, 2002).

BURDEAU, GEORGES. *Traité de Science Politique* (Paris: LGDJ, 199), tomo IV, p. 181.

CALHOUN, JOHN. *The Works of John Calhoun* (RICHARD K. CRALLE ed.) (New York: Russell & Russell, 1968).

CANOVAN, MARGARET. *The People* (Cambridge: Polity Press, 2005).

CARRÉ DE MALBERG, RAYMOND. *Teoría General del Estado* (Fondo de Cultura Económica, 1948).

CARTER, LIEF H. *Contemporary Constitutional Lawmaking* (New York: Pergamon, 1985).

CASTORIADIS, CORNELIUS. "The Greek Polis and the Creation of Democracy" en David Ames, ed.: *Castoriadis Reader* (Oxford: Blackwell, 1997).

CLARKSON, STEPHEN. *Uncle Sam and Us, Globalization, Neoconservatism and the Canadian State* (Toronto: University of Toronto Press, 2002).

CLEVES, RAMÍREZ. *Límites de la Reforma Constitucional en Colombia: El Concepto de Constitución como Fundamento de la Restricción* (Bogotá: Universidad Externado de Colombia, 2005).

COHEN, JOSHUA. "Procedure and Substance in Deliberative Democracy" en *Democracy and Difference: Contesting the Boundaries of the Political* (SEYLA BENHABIB, ed.) (Princeton: Princeton University Press, 1996).

COLÓN-RÍOS, JOEL I. *Weak Constitutionalism: Democratic Legitimacy and the Question of Constituent Power* (London: Routlegde, 2012).

CONRAD, DIETRICH. "Limitation of Amendment Procedures and the Constituent Power" *The Indian Year Book of International Affairs* (India: Madras, 1966-1967).

COPPEDGE, MICHAEL. "Venezuela: Popular Sovereignty versus Liberal Democracy" en *Constructing Democratic Governance*, 2d ed. (JORGE I. DOMÍNGUEZ & MICHAEL SHIFTER eds.) (Baltimore: The Johns Hopkins University Press, 2001).

CRAILLE, RICHARD K. (ed), *The Works of John Calhoun* (New York: Russell & Russell, 1968).

DE LA CUESTA, LEONEL A. "Cuatro Décadas de Historia Constitucional Cubana: 1959-1999" en *Cuban Studies* (Lisandro Pérez ed.) (Pittsburgh: University of Pittsburgh Press, 2001).

DAHL, ROBERT. *Democracy and Its Critics* (New Haven: Yale University Press, 1989), JOHN DEWEY, *The Public and Its Problems* (ALLAN SWALLOW ed.) (Denver: Henry Holt and Company, 1954).

DICEY, A.V. An *Introduction to the Study of the Law and the Constitution* (London: Macmillan, 1959).

DWORKIN, RONALD *Freedom's Law: The Moral Reading of the American Constitution* (Cambridge: Harvard University Press, 1996).

DWORKIN, RONALD. *Is Democracy Possible Here? Principles for a New Political Debate* (New Jersey: Princeton University Press, 2006).

DYZENHAUS, DAVID. *Legality and Legitimacy: Carl Schmitt, Hans Kelsen, and Herman Heller in Weimar* (Oxford: Oxford University Press, 1997).

ELSTER, JON. "Legislatures as Constituent Assemblies", en *The Least Examined Branch: The Role of Legislatures in the Constitutional State* (Richard W. Bauman y Tsvi Kahana eds.) (Cambridge: Cambridge University Press, 2006).

FAFARD, PATRICK y REID, DARREL R. *Constituent Assemblies: A Comparative Survey* (Ontario: Institute of Intergovernmental Relations, 1991).

FERGUSON, ADAM. *An Essay on the History of Civil Society, 1767* (Edinburgh: Edinburgh University Press, 1978).

FISHKIN, JAMES S. *Democracy and Deliberation: New Directions for Democratic Reform* (New Haven, CT: Yale University Press, 1991).

FISHKIN, JAMES S. y LUSKIN, ROBERT C. "The Quest for Deliberative Democracy" en *Democratic Innovation: Deliberation, Representation and Association*, (MICHAEL SWARD ed.) (London: Routledge, 2000).

FRASER, GRAHAM. *Rene Levesque & the Parti Quebecois in Power*, 2d ed. (Montreal: McGill-Queen's University Press, 2001).

FRIEDMAN, BARRY. *The Will of the People: How Public Opinion Has Influenced the Supreme Court and Shaped the*

Meaning of the Constitution (New York: Farrar, Straus and Giroux, 2009).

FRIEDRICH, CARL. *Constitutional Government and Democracy: Theory and Practice in Europe and America* (New York: Blaisdell Publishing Company, 1950).

GARGARELLA, ROBERTO. *La Justicia Frente al Gobierno: Sobre el Carácter Contra-Mayoritario del Poder Judicial* (Quito: Corte Constitucional de Ecuador, 2011).

GÓMEZ LEYTON, JUAN CARLOS. "Honduras: El Peligroso Poder Constituyente", *El Clarín* de Chile, June 30, 2009, http://www.elclarin.cl/index.php?option=com_content&task=view&id=17206#.

GRIJALVA JIMÉNEZ, AGUSTÍN. *Constitucionalismo en Ecuador* (Quito: Corte Constitucional, 2012).

HABERMAS, JÜRGEN. *Between Facts and Norms: Contributions to a Discourse Theory of Law and Democracy* (Cambridge: MIT Press, 1996).

HAGOPIAN, FRANCES. "Latin American Citizenship and Democratic Theory", en *Citizenship in Latin America* (Joseph S. Tulchin & Meg Ruthenburd eds.) (Colorado: Lynne Reinner Publishers, 2006).

HARDT, MICHAEL y NEGRI, ANTONIO. *Multitude: War and Democracy in the Age of Empire* (New York: Penguin Press, 2004).

HARRIS II, WILLIAM. *The Interpretable Constitution* (Baltimore: The John Hopkins University Press, 1993).

HART ELY, JOHN. *Democracy and Distrust: A Theory of Judicial Review* (Massachusetts: Harvard University Press, 1980).

HOLMES, STEPHEN. "Precommitment and the Paradox of Democracy", en *Constitutionalism and Democracy* (JON ELSTER y RUNE SLAGSTAD eds.) (Cambridge: Cambridge University Press, 1988).

HOLMES, STEPHEN. *Passions and Constraints: On the Theory of Liberal Democracy* (Chicago: The University of Chicago Press, 1995).

HUTCHINSON, ALLAN C. *It's All in the Game: A Non-Foundationalist Account of Law and Adjudication* (Durham: Duke University Press, 2000).

HUTCHINSON, ALLAN C. *The Province of Jurisprudence Democratized* (New York: Oxford University Press, 2009).

JACKSON, VICKY y TUSHNET, MARK. *Comparative Constitutional Law* (New York: New York Foundation Press, 1999).

JAUME, LUCIEN. "Constituent Power in France: The Revolution and its Consequences", in *The Paradox of Constitutionalism: Constituent Power and Constitutional Form* (MARTIN LOUGHLIN & NEIL WALKER eds.) (Oxford: Oxford University Press, 2007).

Jefferson, Thomas "Letter to Samuel Kercheval, July 12, 1816" en *The Portable Thomas Jefferson* (Penguin, 1975).

Joseph Sieyès, Emmanuel. *What is the Third Estate?* (New York: Praeger, 1963).

Kalyvas, Andreas. *Democracy and the Politics of the Extraordinary: Max Weber, Carl Schmitt, and Hannah Arendt* (Cambridge: Cambridge University Press, 2008).

Kant, Immanuel. *Groundwork of the Metaphysics of Morals* (Virginia: Wilder Publications, 2008).

Karst Kenneth L. y Rosenn, Keith S. *Law and Development in Latin America: A Case Book* (Berkeley: University of California Press, 1975).

Keenan, Alan. *Democracy in Question: Democratic Openness in a Time of Political Closure* (Stanford: Stanford University Press, 2003).

Kelsen, Hans. *General Theory of Law and State* (Cambridge, MA: Harvard University Press, 1949).

Kelsen, Hans. "The Function of a Constitution" en *Essays on Kelsen* (Richard Tur et al., eds.), (Clarendon Press: Oxford, 1986).

Klein, Claude. "A Propos Constituent Power: Some General Viwes in a Modern Context" en *National Constitutions in the Era of Integration* (Antero Jyränki ed.) (The Hague: Kluwer Law International, 1999).

KOMMERS, DAVID. *The Constitutional Jurisprudence of the Federal Republic of Germany* (Durham: Duke University Press, 1997).

KRAMER, LARRY D. *The People Themselves: Popular Constitutionalism and Judicial Review* (Oxford: Oxford University Press, 2004).

KRISHNASWAMY, SUDHIR. *Democracy and Constitutionalism in India: A Study of the Basic Structure Doctrine* (Oxford University Press, 2011).

LANDER, EDGARDO. "Izquierda y Populismo: Alternativas al Neoliberalismo en Venezuela" en *La Nueva Izquierda en América Latina: Sus Orígenes y Trayectoria Futura* (CÉSAR RODRÍGUEZ GARAVITO et al., eds.) (Bogotá: Grupo Editorial Norma, 2005).

LEFORT, CLAUDE. "The Image of the Body and Totalitarianism" en *The Political Forms of Modern Society: Bureaucracy, Democracy, Totalitarianism* (JOHN B. THOMPSON ed.) (Cambridge: The MIT Press, 1986).

LEIB, ETHAN J. *Deliberative Democracy in America: A Proposal for a Popular Branch of Government* (University Park: Pennsylvania State University Press, 2004).

LEVINSON, SANFORD "How Many Times Has the United States Constitution Been Amended? (A) < 26; (B) 26; (C) 27; (D) > 27: Accounting for Constitutional Change" en *Responding to Imperfection*, (SANFORD LEVINSON, ed.), (Princeton: Princeton Press University, 1995).

LEVINSON, SANFORD. *Our Undemocratic Constitution: Where the Constitution Goes Wrong (And How We the People can Correct It)* (New York: Oxford University Press, 2006).

LINDAHL, HANS. "Sovereignty and Representation in the European Union" en *Sovereignty in Transition* (NEIL WALKER ed.). (Oxford: Hart Publishing, 2003).

LOUGHLIN, MARTIN *The Idea of Public Law* (Oxford: Oxford University Press, 2003).

Loughlin, Martin y WALKER. NEIL *The Paradox of Constitutionalism: Constituent Power and Constitutional Form* (Oxford: Oxford UniversityPress, 2007).

LUTZ, DONALD. "Toward a Theory of Constitutional Amendment" en *Responding to Imperfection* (Sanford Levinson, ed.), (Princeton: Princeton Press University, 1995).

MADISON, JAMES. "Federalist num. 10" en *The Federalist Papers* (CLINTON ROSSITER ed.) (New York: New American Library, 1961).

MANDEL, MICHAEL. *The Charter of Rights and the Legalization of Politics in Canada* (Toronto: Thompson Educational Publishing, Inc., 1994).

MANGABEIRA UNGER, ROBERTO. *What Should Legal Analysis Become?* (London: Verso, 1996).

MEIKSINS WOOD, ELLEN. "Democracy: An Idea of Ambiguous Ancestry" en *Athenian Political Thought and the*

Reconstruction of American Democracy (J. Peter Euben et al., eds.) (New York: Cornell University Press, 1994).

Michelman, Frank I. *Brennan and Democracy* (New Jersey: Princeton University Press: 1999).

Monahan, Patrick; Covello, Lynda y Batty, Jonathan. *Constituent Assemblies: The Canadian Debate in Comparative and Historical Context* (North York: Centre for Public Law and Public Policy, 1992).

Morgan, Edmund S. *Inventing the People: The Rise of Popular Sovereignty in England and America* (New York: Norton, 1988).

Muñiz Fraticelli, Víctor "The Problem of a Perpetual Constitution" en *Intergenerational Justice* (Axel Gosseries & Lucas Meyer eds.) (Oxford University Press, 2009).

Murphy, Walter F. "Constitutions, Constitutionalism, and Democracy" en *Constitutionalism and Democracy: Transitions in the Contemporary World* (Douglas Greenberg, Stanley N. Katz, et al, eds.) (Oxford: Oxford University Press, 1993).

Murphy, Walter F. "Merlin's Memory: The Past and Future Imperfect of the Once and Future Polity" en *Responding to Imperfection* (Sanford Levinson, ed.) (Princeton: Princeton University Press, 1995).

Murphy, Walter F. *Constitutional Democracy: Creating and Maintaining a Just Political Older* (Baltimore: The Johns Hopkins University Press, 2007).

NEGRI, ANTONIO. *Insurgencies: Constituent Power and the Modern State* (Minneapolis: University of Minnesota Press, 1999).

NINO, CARLOS. *La Constitución de la Democracia Deliberativa* (Barcelona: Gedisa, 1997).

ORFIELD, LESTER B. *The Amending of the Federal Constitution* (Ann Arbor: University of Michigan, 1942).

PARKER, RICHARD D. *Here the People Rule: A Constitutional Populist Manifesto* (Massachusetts: Harvard University Press, 1994).

PETTER, ANDREW. *The Politics of the Charter: The Illusive Promise of Constitutional Rights* (Toronto, ON: University of Toronto Press, 2010).

PETTIT, PHILLIP *Republicanism: A Theory of Freedom and Government* (Oxford: Oxford University Press, 1997).

POST, ROBERT C. y SIEGEL, REVA B. "Democratic Constitutionalism" en, *The Constitution in 2020* (JACK M. BALKIN y REVA SIEGEL eds.) (Oxford: Oxford University Press, 2009).

PUTNAM, ROBERT D. *Making Democracy Work: Civic Traditions in Modern Italy* (Princeton: Princeton University Press, 1993).

RAMÍREZ CLEVES, GONZALO. *Límites a la Reforma Constitucional en Colombia: El Concepto de Constitución como*

Fundamento de la Restricción (Bogotá: Universidad Externado de Colombia, 2005).

RAMOS DE SANTIAGO, CARMEN. *El Desarrollo Constitucional de Puerto Rico: Documentos y Casos* (San Juan: Editorial de la Universidad de Puerto Rico, 1985).

RANCIÈRE, JACQUES. *Hatred of Democracy* (London: Verso 2006).

RAWLS, JOHN. *Political Liberalism* (New York: Columbia University Press, 2005).

RESNICK, PHILIP. *Towards a Canada-Québec Union* (Kingston: McGill-Queen's University Press, 1991).

RESNICK, PHILIP. *Citizens and Government: Who Decides?* (Calgary: Canada West Foundation, 1991).

ROACH, KENT. *The Supreme Court on Trial: Judicial Activism or Democratic Dialogue* (Toronto: Irwin Law Inc., 2001).

RODRÍGUEZ GARAVITO, CÉSAR. "La Nueva Izquierda Colombiana: Orígenes, Características y Perspectivas" en *La Nueva Izquierda en América Latina: Sus Orígenes y Trayectoria Futura* (CÉSAR RODRÍGUEZ GARAVITO et al., eds.) (Bogotá: Grupo Editorial Norma, 2005).

The Federalist Papers num. 49 (Clinton Rossiter ed.) (New York: New American Library, 1961).

ROUSSEAU, JEAN-JACQUES. *The Social Contract and the Discourses* (London, Campbell Publishers, 1993).

RUSSELL, PETER. "Towards a New Constitutional Process" in *Options for a New Canada* (R.L. WATTS & D.D. BROWN eds.) (Toronto: University of Toronto Pressm 1991).

RUSSELL, PETER H. *Constitutional Odyssey: Can Canadians Become a Sovereign People?* (Toronto: University of Toronto Press, 1992).

SÁNCHEZ AGESTA, LUIS. *Lecciones de Derecho Político* (Granada: Librería Prieto, 1959).

SÁNCHEZ AGESTA, LUIS. *Principios de Teoría Política* (Madrid: Editora Nacional, 1983).

SANTOS, CARLOS. (ed.), *Aguas en Movimiento: la Resistencia a la Privatización del Agua en Uruguay* (Ediciones de la Canilla: Montevideo, 2006).

SCHEUERMAN, WILLIAM E. "Revolutions and Constitutions" en *Law as Politics: Carl Schmitt's Critique of Liberalism* (DAVID DYZENHAUS ed.) (Durham: Duke University Press 1998).

SCHMITT, CARL. *Teoría de la Constitución* (Madrid: Editorial Revista de Derecho Privado, 1927).

SCHMITT, CARL. *Political Theology: Four Chapters on the Concept of Sovereignty* (Cambridge: MIT Press, 1985).

SCHMITT, CARL. *The Concept of the Political* (Chicago: University of Chicago Press, 1996).

SCHMITT, CARL. *Teología Política* (1922) en Héctor Orestes Aguilar, *Carl Schmitt, Teólogo de la Política* (México: Fondo de Cultura Económica, 2001).

SCHMITT, CARL *Constitutional Theory* (Durham: Duke University Press, 2008).

SCHNEIDERMAN, DAVID. *Constitutionalizing Economic Globalization: Investments Rules and Democracy's Promise* (Cambridge: Cambridge University Press, 2008).

SCHUMPETER, JOSEPH. *Capitalism, Socialism and Democracy* (New York: Harper & Row, 1976).

STEWART BROWN, GEORGE. "The Perpetual Covenant in the Constitution", 219 *North American Review* 30 (1924).

SUBER, PETER. *The Paradox of Self-Amendment: A Study of Law, Logic, Omnipotence, and Change* (New York: Peter Lang Publishing, 1990).

SUKSI, MARKKU. *Bringing in the People: A Comparison of Constitutional Form and Practices of the Referendum* (Boston: Martinus Nijhoff Publishers, 1993).

SUNSTEIN, CASS. "Constitutions and Democracies: An Epilogue," en *Constitutionalism and Democracy,* (JON ELSTER y RUNE SLAGSTAD, eds.) (Cambridge University Press, 1993).

TALMON, J. L. *The Origins of Totalitarian Democracy: Political Theory and Practice During the French Revolution and Beyond* (Penguin Books, 1952).

Tocqueville, Alexis de. *Democracy in America* (Richard D Heffner ed.) (New York: New American Library, 1956).

Trías Monge, José. *Historia Constitucional de Puerto Rico,* vol. iii (San Juan: Editorial de la Universidad de Puerto Rico, 1982).

Tushnet, Mark. *Taking the Constitution Away from the Courts* (New Jersey: Princeton University Press, 1999).

Tushnet, Mark. *Weak Courts, Strong Rights: Judicial Review and Social Welfare Rights in Comparative Constitutional Law* (Princeton, NJ: Princeton University Press, 2009).

Urbinati, Nadia. *Representative Democracy: Principles and Genealogy* (Chicago University Press, 2006).

Valadés, Diego. "La Constitución y el Poder" en *Constitucionalismo Iberoamericano del Siglo xxi* (Diego Valadés y Miguel Carbonell eds.) (México: Universidad Nacional Autónoma de México, 2000).

Vega, Pedro de. *La Reforma Constitucional y la Problemática del Poder Constituyente* (Madrid: Tecnos, 1985).

Venter, François. "Constitution Making and the Legitimacy of the Constitution" en *National Constitutions in the Era of Integration* (Antero Jyränki ed.) (The Hague: Kluwer Law International, 1999).

Viciano Pastor, Roberto y Martínez Dalmau, Rubén. *Cambio Político y Proceso Constituyente en Venezuela, 1998-2000* (Caracas: Vadell Hermanos, 2001).

Vile, John R. "The Case Against Implicit Limits" en *Responding to Imperfection: Theory and Practice of Constitutional Amendment* (Stanford Levinson ed.). (Princeton University Press, 1995).

Waldron, Jeremy. *Law and Disagreement* (New York: Oxford University Press, 1999).

Waluchow, Wilfred J. *A Common Law Theory of Judicial Review: The Living Tree* (New York: Cambridge University Press, 2007).

Walzer, Michael. "The Civil Society Argument" en *Theorizing Citizenship* (Ronald Ebeiner ed.). (Albany: State University of New York Press, 1995).

Wolin, Sheldon S. "Fugitive Democracy" en *Democracy and Difference: Contesting the Boundaries of the Political* (Seyla Benhabib ed.). (Princeton: Princeton University Press, 1996).

Zurn, Christopher F. *Deliberative Democracy and the Institutions of Judicial Review* (Cambridge: Cambridge University Press, 2007).

Artículos de Revistas

Abbot, Everett V. "Inalienable Rights and the Eighteenth Amendments", 20 *Col. L. Rev.* 183 (1920).

Ackerman, Bruce. "Constitutional Politics / Constitutional Law", 99 *Yale Law Journal* 453 (1989).

ACKERMAN, BRUCE. "Rooted Cosmopolitanism", 104 *Ethics* 516. (1994).

ALBERT, RICHARD. "Counterconstitutionalism", 31 *Dalhousie Law Journal* 1 (2008).

ALBERT, RICHARD. "Nonconstitutional Amendments", 22(1) *Canadian Journal of Law and Jurisprudence* 5 (2009).

ALTMAN, DAVID. "Democracia Directa en el Continente Americano: ¿Autolegitimación Gubermental o Censura Ciudadana?", 12(2) *Política y Gobierno* 203 (2005).

ARATO, ANDREW "Dilemmas Arising from the Power to Create Constitutions in Eastern Europe", 14 *Cardozo L. Rev.* 661 (1993).

ARATO, ANDREW. "Forms of Constitution Making and Theories of Democracy", 17 *Cardozo L. Rev.* 191 (1995).

ARATO, ANDREW. "Redeeming the Still Redeemable: Post Sovereign Constitution Making" 22(4) *International Journal of Politics, Culture, and Society* 427 (2009).

BACON, SELDEN. "How the Tenth Amendment Affected the Fifth Article of the Constitution", 16 *Virginia L. Rev.* 771 (1930).

BALKIN. JACK M. "Framework Originalism and the Living Constitution", 103 *Nw. UL Rev.* 549 (2009).

BARNETT, RANDY E. "Constitutional Legitimacy", 103 *Columbia L. Review* 111 (2003).

BERNAL PULIDO, CARLOS. "Unconstitutional Constitutional Amendments in the Case Study of Colombia: An Analysis of the Justification and Meaning of the Constitutional Replacement Doctrine", 11(2) *International Journal of Constitutional Law* 339-357 (2013).

BLACK, JR., CHARLES L. "Amending the Constitution: A Letter to a Congressman, 82 *Yale L.J.* 189 (1972).

CASTORIADIS, CORNELIUS. "Socialism and Autonomous Society", 43 *Telos* 104 (1980).

CHILD, SAMPSON S. "Revolutionary Amendments to the Constitution", 10 *Constitutional Review* 27 (1926).

CHOUDHRY, SUJIT. "Old Imperial Dilemmas and the New Nation-Building: Constitutive Constitutional Politics in Multinational Polities", 37 *Conn. L. Rev.* 933 (2005).

CIFUENTES MUÑOZ, EDUARDO. "Los Estados de Excepción Constitucional en Colombia", 8(1) *Ius et Praxis* (2002).

COLÓN-RÍOS, JOEL I. "Reconstituir a Puerto Rico", 67 *Rev. Col. de Abogados de P.R* 109 (2006).

COLÓN-RÍOS, JOEL I. "New Zealand's Constitutional Crisis", 24 *New Zealand Universities Law Review* 448-477 (2011).

COMBELLAS, RICARDO. "El Proceso Constituyente y la Constitución de 1999", 30 *Politeia* 71 (2003).

COOLEY, THOMAS. "The Power to Amend the Federal Constitution", 2 *Michigan Law Journal* 109 (1893).

RENATO CRISTI. "The Metaphysics of Constituent Power: Schmitt and the Genesis of the Chile's 1980 Constitution", 21 *Cardozo L. Rev.* 1748 (2000).

DELLINGER, WALTER E. "The Recurring question of the "Limited" Constitutional Convention, 88 *Yale L.J.* 1623 (1979).

DICEY, A.V. "The Referendum", 23 *National Review* 65 (1894).

DRYZEK, JOHN S. "Legitimacy and Economy in Deliberative Democracy", 29 *Political Theory* 651 (2001).

DWORKIN, RONALD. "Equality, Democracy, and Constitution: We the People in Court" (1990) 28 *Alta. L. Rev.* 324.

EBERLE, EDWARD J. "Human Dignity, Privacy and Personality in German and American Constitutional Law", 1997 *Utah L. Rev. 963* (1997).

ELSTER, JON. "Forces and Mechanisms in the Constitution-Making Process". 45 *Duke LJ* 364 (1995).

FALLON, RICHARD. "Legitimacy and the Constitution", 118 *Harvard Law Review* 1787 (2005).

FELDMAN, NOAH. "Imposed Constitutionalism", 27 *Connecticut Law Review* 857 (2005).

Forsyth, Murray. "Thomas Hobbes and the Constituent Power of the People", 29(4) *Political Studies* 191(1981).

Freeman, Samuel. "Political Liberalism and the Possibility of a Just Democratic Constitution", 69 *Chicago-Kent Law Review* 619 (1994).

Gaebler, Richard F. "Is there a Natural Law Right to Privacy?", 37 *American Journal of Jurisprudence* 319 (1992).

Gardbaum, Stephen. "Reassessing the New Commonwealth Model of Constitutionalism", 8 *International Journal of Constitutional Law* 167 (2010).

Ghosh, Eric. "Deliberative Democracy and the Countermajoritarian Difficulty: Considering Constitutional Juries", 30 *Oxford Journal of Legal Studies* 327 (2010).

Habermas, Jürgen. "Constitutional Democracy: A Paradoxical Union of Contradictory Principles?" 29(6) *Political Theory* 766 (2001).

Herdegen, Matthias J. "Unjust Laws, Human Rights and the German Constitution: Germany's Recent Confrontation with the Past", 32 *Columbia Journal of Transnational Law* 591 (1995).

Herdegen, Matthias G. "Natural Law, Constitutional Values, and Human Rights", 19 *Human Rights Law Journal* 37 (1998).

HERZOG, ROMAN. "The Hierarchy of Constitutional Norms and its Functions in the Protection of Basic Rights", 13 *Human Rights Law Journal* 90 (1992).

HIELBERT, JANET L. "Parliamentary Bills of Rights: An Alternative Model?", 69 *Modern Law Review* 7 (2006).

HOGG PETER y BUSHELL, ALLISON A. "The *Charter* Dialogue Between Courts and Legislatures: (Or Perhaps The *Charter of Rights* Isn't Such A Bad Thing After All)" 35 *Osgoode Hall LJ* 75 (1997).

HOLDING, A.M. "Perils to be Aprehended from Amending the Constitution", 57 *American Law Review* 481 (1923).

HUTCHINSON, ALLAN C. "A 'Hardcore' Case against Judicial Review", 121 *Harv. Law. Rev. Forum* 57 (2008).

ISAACSON, ERIC ALAN. "The Flag Burning Issue: A Legal Analysis and Comment", 23 *Loy. L. A. L. Rev.* 535 (1990).

JACOBSOHN, GARY JEFFREY. "An Unconstitutional Constitution? A Comparative Perspective", 4(3) *International Journal of Constitutional Law* 460(2006).

KALYVAS, ANDREAS. "Carl Schmitt and the Three Moments of Democracy" 21 *Cardozo Law Rev.* 1525 (2000).

KALYVAS, ANDREAS. "Book Review", 8 (3) *Constellations* 413 (2001).

KALYVAS, ANDREAS. "Popular Sovereignty, Democracy, and the Constituent Power", 12 *Constellations* 223 (2005).

KALYVAS, ANDREAS. "The Basic Norm and Democracy in Hans Kelsen's Legal and Political Theory" 32(5) *Philosophy and Social Criticism* 588(2006).

KATZ, ELAI. "On Amending Constitutions: The Legality and Legitimacy of Constitutional Entrenchment", 29 *Colum. J. L. & Soc. Probs.* 251 (1996).

KORNBLITH, MIRIAM. "The Politics of Constitution-Making: Constitutions and Democracy in Venezuela", 23(1) *Journal of Latin American Studies* 61 (1991).

KU, RAYMOND. "Consensus of the Governed: The Legitimacy of Constitutional Change", 64 *Fordham L. Rev.* 535 (1996).

KYRITISIS, DIMITRIOS. "Representation and Waldron's Objection to Judicial Review" (2006) 26 *Oxford J. Legal Studies*, 733.

LEIBHOLZ, GERHARD. "The Federal Constitutional Court in Germany and the "Southwest Case", 36(3) *The American Political Science Review* (Sept. 1950).

LOUSA, LAURA. "La Independencia del Poder Judicial a Partir de la Constitución de 1999", 38 *Politeia* 151 (2007).

MAGLEBY, DAVID B. "Let The Voters Decide? An Assessment of the Initiative and Referendum Process", 66 *U. Colo. L. Rev.* 13 (1995).

MARBURY, WILLIAM. "The Limitations Upon the Amending Power", 33 *Harvard L. Rev.* 223 (1919).

MCGINNIS JOHN O. y RAPPAPORT, MICHAEL B. "Original Methods Originalism: A New Theory of Interpretation and the Case against Construction", 103 *Northwestern University Law Review* 751 (2009).

MICHELMAN, FRANK. "Can Constitutional Democrats be Legal Positivists? Or why Constitutionalism?", 2 (3) *Constellations* 293(1996).

The Process for Amending the Constitution of Canada: The Report of the Special Joint Committee of the Senate and the House of Commons (Ottawa: Ministry of Supply and Services, 20 June 1991).

MONAGHAN, HENRY P. "Our Perfect Constitution", 56 *N.Y.U.L. Rev.* 353 (1981).

MURPHY, WALTER. "An Ordering of Constitutional Values", 53 *Southern California Law Review* 703(1980).

MURPHY, WALTER "Slaughter-House, Civil Rights, and Limits on Constitutional Change", 32 *Am. J. Juris* 1 (1987).

MURPHY, WALTER. "Staggering Toward the New Jerusalem of Constitutional Theory: A Response to Ralph F. Gaebler", 37 *American Journal of Jurisprudence* 337 (1992).

NOHLEN, NICOLAS. "Germany: The Electronic Eavesdropping Case", 3(4) *International Journal of Constitutional Law* 680 (2005).

NOORANI, A.G. "Behind the 'Basic Structure Doctrine: On India's debt to a German Jurist, Professor Dietrich Conrad", *India's National Magazine*, Vol. 18, No. 9 (Apr. 28 - May 11, 2001).

O'CONNELL, RORY. "Guardians of the Constitution: Unconstitutional Constitutional Norms", 4 *Journal of Civil Liberties* 48 (1999).

ORFIELD, LESTER B. *The Amending of the Federal Constitution* (Ann Arbor: University of Michigan, 1942).

PREUSS, ULRICH. "Constitutional Powermaking for the New Polity: Some Deliberations on the Relations between Constituent Power and the Constitution", 14 *Cardozo L. Rev.* 635 (1993).

RAMÍREZ CLEVES, GONZALO A. "El Control Material de las Reformas Constitucionales Mediante Acto Legislativo a Partir de la Jurisprudencia Establecida en la Sentencia C-551 de 2003", 18 *Revista Derecho del Estado* (2006).

RAMÍREZ CLEVES, GONZALO. "Reformas a la Constitución de 1991 y su Control de Constitucionalidad: Entre Democracia y Demagogia", 21 *Revista Derecho del Estado* (2008).

Reed Amar, Akhil. "The Consent of the Governed: Constitutional Amendment Outside Article V", 94 *Columbia L. Rev.* 457 (1994).

Roach, Kent "Dialogic Judicial Review and its Critics", 23 *Supreme Court Law Review* (2nd) 49 (2004).

Rosen, Jeff. "Was the Flag Burning Amendment Unconstitutional", 100 *Yale L.J.* 1073 (1991).

Ross, Alf. "On Self-Reference and a Puzzle in Constitutional Law", 78 *Mind: A Quarterly Review of Psychology and Philosophy* 309 1969).

Sager, Lawrence G. "The Incorrigible Constitution" 65(4) NYU *L. Rev.* 893(1990).

Sartori, Giovanni. "Constitutionalism: A Preliminary Discussion", 56(4) *American Political Science Review* 853 (1962).

Sathe, S.P. "Judicial Activism: The Indian Experience", 6 *Washington University Journal of Law and Policy* 29 (2001).

Segura, Renata y Bejarano, Ana María. "¡Ni una Asamblea Más Sin Nosotros! Exclusion, Inclusion, and the Politics of Constitution-Making in the Andes" 11(2) *Constellations* 217 (2004).

Skinner, George D. "Intrinsic Limitations on the Power of Constitutional Amendment", 18 *Mich. L. Rev.* 213 (1919).

SOLUM, LAWRENCE B. "Semantic Originalism" (2008) Illinois Public Law and Legal Theory Research Paper Series n.º 07-24.

SPECTOR, HORACIO. "Judicial Review, Rights, and Democracy", 22(3-4) *Law and Philosophy* 285 (2003).

STEINHAUER, JENNIFER. "Ballot Issues Attest to Anger in California", *The New York Times,* January 9th, 2010 [http://www.nytimes.com/2010/01/10/us/10calif.html?pagewanted=all].

STOKES PAULSEN, MICHAEL. "How to Count to Thirty-Four: The Constitutional Case for a Constitutional Convention" 34 *Harvard Journal of Law and Public Policy* 837 (2011).

SUBBA RAO, K. "Frequent Amendments to Constitution", *A.I.R. Journal* 21 (1968).

TRIBE, LAURENCE. "Issues Raised by Requesting Congress to Call a Constitutional Convention to Propose a Balanced Budget Amendment", 10 *Pac. L.J.* 627 (1979).

TULLY, JAMES. "The Unfreedoms of the Moderns in Comparison to their Ideals of Constitutional Democracy", 65 *Mod. L. Rev.* 204 (2002).

WALDRON, JEREMY. "The Core of the Case Against Judicial Review", 115 *Yale L.J.* 1346 (2006).

WALDRON, JEREMY. "Can there be a Democratic Jurisprudence?". NYU School of Law, *Public Law and Research Paper* n.º 08-35 p. 1 (2008).

WELLS, CLYDE. "The Case for a Constitutional Convention", *Constitutional Forum*, n.º 2 (Spring 1991); *Resolving the Impasse: The Need for a Constituent Assembly* (Ottawa: Fédération des Francophones Hors Québec, 1981).

WEILL, RIVKA. "Dicey Was Not Diceyan", 62(2) *Cambridge Law Journal* 474 (2003).

ZURN, CHRISTOPHER. "Deliberative Democracy and Constitutional Review", 21 *Law and Philosophy* 467 (2002).

Editado por el Departamento de Publicaciones
de la Universidad Externado de Colombia
en octubre de 2013
Se compuso en caracteres Palatino de 10 puntos
y se imprimió sobre papel propalbond de 70 gramos
Bogotá (Colombia)

Post tenebras spero lucem

Made in United States
Orlando, FL
04 November 2026

90206777R00236